AF247388

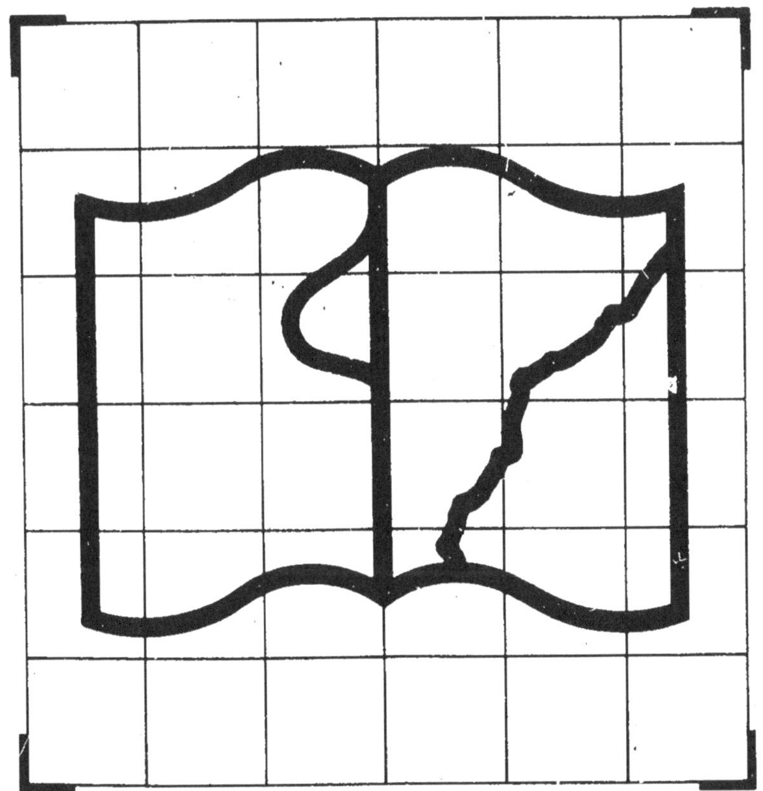

LE TOMBEAU

DE

SAINT RÉGIS

A LA LOUVESC

PAR

Frédéric De CURLEY, S. J.

LYON

LIBRAIRIE GÉNÉRALE CATHOLIQUE & CLASSIQUE
VITTE & PERRUSSEL, DIRECTEURS
3 et 5, Place Bellecour, 3 et 5

—

1886

OUVRAGES
PAR L'AUTEUR DE L'EUCHARISTIE MÉDITÉE

Mgr Bouange, évêque de Langres, dit, dans une notice biographique qu'il a consacrée à l'auteur de l'*Eucharistie méditée* : « Nous lui devons plus de vingt ouvrages ascétiques... écrits avec une exactitude admirable de doctrine, une facilité non moins admirable de pensée et de style, et cette onction pénétrante qui révèle bien vite à quelle source l'auteur a puisé ses inspirations. Ces pages si émouvantes, si pleines de l'Esprit de Dieu, que de bien elles ont fait, que de fruits de vie elles produiront dans tous ceux qui auront le bonheur de les lire ! »

Nous ajouterons : Toute bibliothèque religieuse est incomplète si elle ne possède pas les ouvrages de l'auteur de l'*Eucharistie méditée*.

VOLUMES FORMAT IN-18

Broché, 1 fr. 50 ; anglaise, tranche jaspée, 1 fr. 75 ; anglaise tranche dorée : 2 fr. 25 ; chagrin premier choix : 4 fr. 50.

L'EUCHARISTIE MÉDITÉE, ou Jésus mon amour et ma vie.

SUITE DE L'EUCHARISTIE MÉDITÉE, ou Jésus mon guide et mon consolateur.

LE CALVAIRE ET L'AUTEL, ou quelques heures au pied du tabernacle pendant l'Octave du Saint-Sacrement, les Quarante-Heures, et les jours de l'Adoration perpétuelle.

VERTUS EUCHARISTIQUES, ou l'âme sanctifiée par la Communion fréquente.

COURONNE DE MAI, ou Mois de Marie des paroisses.

MOIS DES SAINTS ANGES, ou Méditations et exemples pour chaque jour du mois d'Octobre.

MOIS DES AMES DU PURGATOIRE, ou Méditations, Prières et Exemples pour le mois de Novembre.

MÉDITATIONS pour l'Octave de la Toussaint et pour tout le mois de Novembre.

TRÉSOR DES ASSOCIÉS DU SACRÉ-CŒUR DE JÉSUS, ou le premier Vendredi de chaque mois sanctifié par la Méditation et la Communion.

HEURES CATHOLIQUES DU CURÉ D'ARS
OU EXERCICES DE PIÉTÉ

spécialement destinés aux pèlerins d'Ars, avec des réflexions spirituelles et des prières de M. J.-B. Vianney, curé d'Ars, 1 vol. in-18. . 1 fr. 60
Reliures en tous genres.

GUIDE PIEUX
OU RECUEIL DE PRIÈRES ET DE MÉDITATIONS

sur les moyens de sanctifier la journée, sur la confession, la communion, l'Eucharistie, sur le Sacré-Cœur, sur la pratique de l'Heure sainte, sur la Passion de Notre-Seigneur Jésus-Christ, sur la dévotion à la Sainte-Vierge, sur la piété envers les morts ; enrichi de prières pour tous les jours de la semaine, et d'un exercice pour chaque mois, 1 vol. in-18, 46ᵉ édition. . . . . 1 fr. 60

Ce Manuel de dévotion, dont les éditions se succèdent rapidement, est le seul complet qui ait vu le jour. Aussi pur par la doctrine qu'affectueux dans les sentiments, nul autre, comme celui-ci, ne fera véritablement les délices des âmes pieuses.

LE TOMBEAU

DE SAINT RÉGIS A LA LOUVESC

OUVRAGES DU MÊME AUTEUR

ARMÉE PONTIFICALE. — MARIE-LOUIS-EDME-PIE GUÉ-
RIN S. J. — LES VOLONTAIRES FRANÇAIS DE 1860
A 1870 (viii-160). — Casterman. — Tournai.

DESCARTES DANS LE NOUVEAU PROGRAMME DES
ÉTUDES.

LE RESPECT DE LA TRADITION.

LES CONGRÉGATIONS DE LA T. S. VIERGE, A AVIGNON
DE 1572 à 1880

MARIE-FRANÇOISE DE SAUMAISE. — ÉTUDE NOUVELLE
SUR LES RÉVÉLATIONS DE PARAY-LE-MONIAL
(iv-283). — Desclée, Lille. — Rue Royale, 1884. — 3 fr.

IHS
PAGAN
LA LOUVESC
RETOURTOUR
TOURNON
LEVI
FAURE
SAINT
REGIS

LE TOMBEAU

DE

SAINT RÉGIS

A LA LOUVESC

PAR

Frédéric De CURLEY, S. J.

LYON

LIBRAIRIE GÉNÉRALE CATHOLIQUE & CLASSIQUE

VITTE & PERRUSSEL, DIRECTEURS

3 et 5, Place Bellecour, 3 et 5

—

1886

IMPRIMATUR

Lugduni, 30 Aprilis 1886.

T. RICHOUD, v. g.

DÉCLARATION DE L'AUTEUR

Nous entendons nous conformer, dans les récits qui suivent, aux décrets portés par Urbain VIII :

> *Le 13 Mars 1625 ;*
> *Le 5 Juin 1631 ;*
> *Le 5 Juillet 1631.*

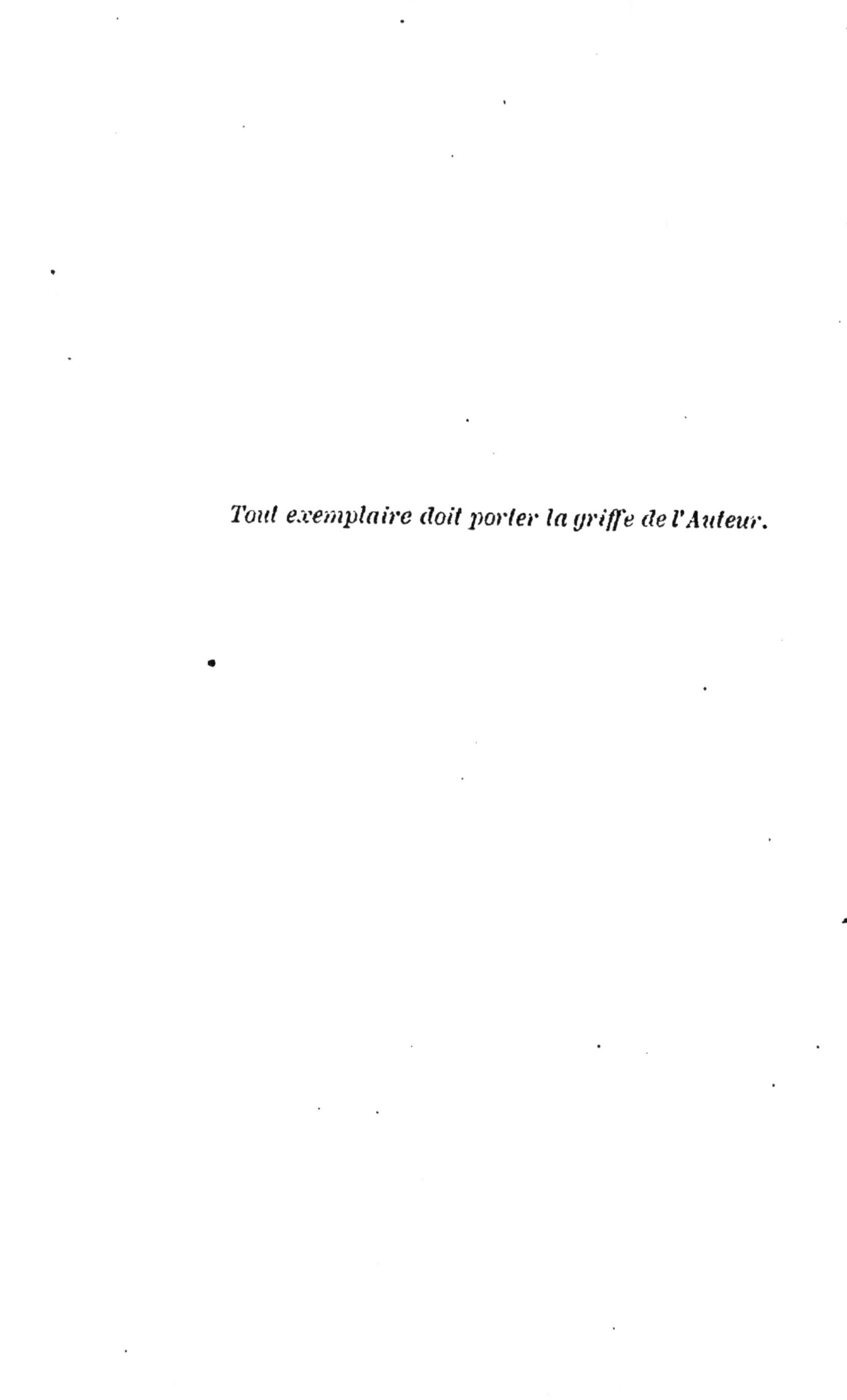

Tout exemplaire doit porter la griffe de l'Auteur.

PRÉFACE

« C'est icy un livre » de recherches, faites pour conserver la mémoire de certaines choses qui allaient se perdre et qui méritaient mieux.

La recherche historique est une chasse d'un genre particulier. La chasse au gibier des bois consiste à découvrir le gibier et ensuite à l'atteindre. La chasse aux documents est tout entière dans la piste. Le document ne bouge pas. Dès qu'on l'a aperçu, on le tient. L'essentiel est donc dans cette vénerie, de tomber sur de bonnes pistes.

C'est ce qui nous est arrivé.

Au moment où nous entreprenions un travail nouveau pour nous, nous avons rencontré sur notre chemin, un guide d'une expérience et d'une sûreté de coup d'œil peu ordinaire. Par ses conseils, par ses ouvrages, par les trésors de ses collections il nous a mis sur la voie véritable. Ce guide fut M. Anatole de Gallier, Président de la Société archéologique de la Drôme.

D'autres personnes nous ont été d'un grand secours. Le Comte de Charpin-Feugerolles, nous a communiqué les livres de la Comtesse de Charpin qui ne sont pas dans le commerce et qui valent des *Manuscrits*. M. le Chanoine Rouchier, si connu par son premier volume de l'*Histoire du Vivarais*, nous a livré les *œuvres inédites* du P. Grasset. Le Marquis de Boisseulh, châtelain du Plantier, nous a ouvert son chartrier, et M. Rostaing, directeur des usines de Vidalon, sa bibliothèque. Nous devons, en outre, des remerciements particuliers à M. l'abbé Mazodier, du Puy.

A La Louvesc, nous avons pu étudier les papiers de famille de MM. Buisson, de la Grangeneuve, du Buisson et du Chifflet, et ceux de M. Alexandre Costet. Grâce à M. de l'Hermusière, nous avons pris connaissance des anciens registres de la paroisse, devenus registres de la commune.

Par une bonne fortune que les connaisseurs apprécieront, nous avons eu entre les mains le manuscrit original et introuvable du Généalogiste Du Solier.

Enfin, nous avons puisé aux archives de l'Ardèche, de l'Isère, de la Haute-Loire et de Vaucluse, ainsi qu'aux archives de la Compagnie de Jésus.

Comme on le voit, les ressources ne nous ont pas fait défaut. Le lecteur dira si nous avons su en profiter.

INTRODUCTION

I

Le Martyrologe romain, après avoir cité, pour la date du 16 juin, plusieurs villes célèbres dans l'antiquité et les temps modernes, Tarse, Amathonte, Mayence, Besançon, Nantes et Lyon ; inscrit l'indication suivante :

« Au village de La Louvesc dans le diocèse de Vienne, en Dauphiné, la fête de saint Jean-François Régis, de la Compagnie de Jésus, homme d'une charité et d'une patience admirables pour le salut des âmes. Il a été mis au nombre des Saints par le Pape Clément XII. »

Saint Régis a, en effet, illustré La Louvesc.

Jean-François des Plas de Régis, naquit le 31

janvier 1597, dans le village de Fontcouverte, en Languedoc. La Maison de Régis était noble et catholique.

II

La Maison *de Planis* (d'Esplanis, Desplanis, des Plas, de Plas, d'Esplas, Desplas) fut la tige des Régis.

Le nom primitif *de Planis*, signifie la partie plate du pays habité par les ancêtres. *Des Plas* et *de Plas* en sont la traduction française la plus exacte. D'Esplas est la forme du dialecte local : on disait *esplas* pour *plas*, comme on disait *es-planer* pour *aplanir*. Du temps de saint Régis, l'apostrophe avait disparu. Mais en 1702, d'Hozier dans une généalogie faite pour l'entrée à Saint-Cyr de trois demoiselles Des Plas, rétablit l'ancienne orthographe. Un arrêt du conseil des Sceaux rendu après 1830, l'a confirmée définitivement. On écrit donc : *Des Plas*.

Nous croyons (sauf rectification et contrairement à l'opinion commune) que les des Plas viennent du Limousin. Plas était un fief situé près de Tulle. Au xie siècle, Bernard et Aymar de Plas, comparaissaient comme témoins dans une charte de l'Abbaye qui donna naissance à la Cité. Comme les comtes des Plas reconnaissent leur parenté avec les anciens possesseurs du fief de Tulle, il nous paraît difficile de remonter plus haut que le xie siècle et inutile de chercher une autre origine.

Les des Plas commencèrent à acquérir du renom dans le Rouergue. La Brouc écrivait en 1650, c'est-à-dire dix ans seulement après la mort du Saint et sous les yeux de la famille : « Ejus pater « ortum duxit ex gente Desplasia perillustri utique « pridem apud Rhutenos. » — *Son père tirait son origine de la maison Desplas très illustre depuis les temps les plus reculés chez les Rhuténiens (habitants du Rouergue).* Bonnet quelques années plus tard, appuyait la même affirmation sur les archives des des Plas : *La splendeur de sa race est attestée par les monuments domestiques. Ces monuments prouvent que la maison Desplas fut très illustre chez les Rhuténiens.*

Le passage d'une branche des des Plas dans le Querci est certain.

En 1393, Joannes des Plas (Des Planis) habitait le château de Périlles dont une tour subsiste encore et a retenu le nom de Desplanis. Si nos informations sont exactes c'est dans le Querci que La Chesnaye des Bois ainsi que l'abbé de l'Espine et La Cabane, conservateurs des manuscrits à la Bibliothèque du Roi signalent la première apparition des des Plas. Ces historiens auraient ignoré par conséquent, et les Chartes de Tulle, et les papiers de famille visés par La Broue et Bonnet.

Enfin un fils cadet de Joannes se transporta en Languedoc, et y fonda la maison de Régis.

« Le plus jeune ayant reçu la portion qui lui revenait dans l'héritage paternel alla dans l'Occitanie (Languedoc) et devint le chef de cette noble famille des Régis » (Bonnet). Il n'est pas facile de dire d'où vient ce nom nouveau, peut-être fut-il le résultat d'une substitution par laquelle les des Plas relevèrent le nom des Régis capitouls de Toulouse depuis l'an 1299.

Un descendant des Régis devint seigneur de Fontcouverte et compta le Saint dans sa postérité.

Un autre Régis, Odot des Plas de Régis, fut secrétaire de Marguerite d'Autriche, fille de l'Empereur Maximilien et de Marie de Bourgogne. C'est de lui que descendent les Régis de Gatimel, ainsi nommés par suite du mariage de Guillaume de Régis contracté en 1698 avec Catherine de Siffredy, dernière dame de Gatimel.

Les alliances des des Plas sont belles : de Guerre (Comtes au XIVe siècle). — Minut (un premier Président au Parlement de Toulouse). — Parisot de la Valette (le fameux Grand-Maître de Malte). — D'Albert de Luynes. — Giraudy. — Siffredy. — Feraudi. — Rovérié de Cabrières. — Cabot de la Fare, etc., etc. (1)

De toutes les branches qui composent cette famille, les de Plas de Tulle, les Des Plas de Périlles, les Régis de Fontcouverte, les Régis de Gatimel, il ne reste plus que les comtes des Plas, descendants de Marquisius fils ainé de Joannes et les Régis de Gatimel. Nous ne savons au juste si les Régis de Provence se rattachent aux des Plas.

En 1789, un des Plas était colonel des Mousquetaires rouges et attaché à la maison de Monsieur,

____

(1) Il y eut des changements d'armes assez nombreux dans cette famille.

Les de Plas de Tulle, portaient, suivant la comtesse de Charpin : « d'argent à trois jumelles de gueules en bande ».

Les comtes des Plas portaient et portent encore : « *d'azur* au lion d'or et neuf besans d'or posés en orle ».

Olot, le secrétaire de Marguerite d'Autriche, portait : « de gueules à trois couronnes ducales d'argent ».

Les Régis de Gatimel, comme cadets, brisèrent les armes précédentes en changeant les couleurs et l'émail. Ils portent : « D'or à trois couronnes ducales de gueules ».

Un membre de cette dernière famille, par son mariage avec Alix de Feraudi joignit à ses armes celles des Feraudi : « de gueules à l'aigle éployée, couronnée d'or et cantonnée de quatre trèfles de même ».

(Voir aux pièces justificatives le n° X).

Comte de Provence. Pendant l'émigration, Joachim comte de Régis Gatimel s'établit à Naples, vit apprécier son mérite par la reine Marie-Caroline et fut député par cette princesse pour assister à l'échange de Marie-Thérèse de France avec les généraux républicains.

Les des Plas sont représentés aujourd'hui par le général comte des Plas et le vicomte des Plas.

En mai 1871 le général des Plas, alors colonel d'état-major et aide de camp de l'Amiral Bruat entra le premier à la Roquette avec un régiment de marins et délivra les otages.

Les Régis de Gatimel sont représentés par les comte Georges de Régis et le vicomte Louis de Régis.

Les autres branches se sont éteintes : les des Plas de Curemonte en 1830 et les Régis du comté de Bourgogne en 1822.

La Branche de Fontcouverte disparut la première. Il n'en restait rien au xviiie siècle. Elle se dessécha presque aussitôt après avoir produit le Saint, comme ces plantes du nouveau monde qui ne survivent pas à leur floraison la plus magnifique. Mais Régis n'était pas une de ces roses qu'une aurore fait épanouir et que le soir tue.

C'était une feuille de la rose immense et immarcessible qui s'étale dans le Ciel à la lumière de Dieu :

« La Sainte Milice que le Christ épousa dans son sang, se montrait à moi en la forme d'une rose blanche. » (Dante. *Paradis* X).

III

Jean-François puisa dans le courage et la piété de sa race, la force qui fait les grands hommes et la foi qui donne à la grandeur humaine le caractère sublime de la sainteté. Dès sa plus tendre enfance, il se trouva rempli du divin amour et il entra au sein de la patrie avec la robe nuptiale de son baptême.

Cet amour inspira à François l'ardeur des sacrifices parfaits. Soulevé par ce souffle puissant, le jeune homme méprisa l'éclat des choses terrestres. Agé de 19 ans, il se consacra au Seigneur dans la Compagnie de Jésus. A 20 ans, prosterné devant le tombeau de saint Saturnin, fondateur de l'Eglise de Toulouse, pénétré d'une sainte horreur en présence de ces restes vénérables, inondé de larmes et embrasé des feux qui font les martyrs, il conçut le désir resté vivace en lui jusqu'à sa mort, de répandre tout son sang pour Jésus-Christ. A 21 ans il jura à Dieu la pauvreté, la chasteté et l'obéissance perpétuelles.

Dès ce moment la pureté qui formait le fond de son âme, se refléta au dehors et l'environna de l'auréole angélique. Sa vue seule frappait de respect et faisait évanouir dans les âmes de ses auditeurs toute pensée basse et charnelle. En communication perpétuelle avec Dieu, il semblait participer à la science divine. Il pénétrait le secret des cœurs, et dévoilait celui de l'avenir. Ce fut ainsi armé qu'il se précipita sur le champ des batailles spirituelles.

François qui voulait mourir pour Jésus-Christ demanda les missions du Canada, alors les plus dangereuses du monde. Ne les ayant pas obtenues, il se mit à évangéliser le Velay, le Vivarais et les Cévennes, luttant avec la dernière intrépidité contre l'hérésie de Calvin et les débordements de la débauche. Rien ne l'arrêta dans ses courses apostoliques : ni les escarpements des montagnes, ni le froid des hivers, ni le dénuement le plus absolu, ni les fatigues d'une prédication à peu près perpétuelle, ni l'empressement des foules qui eût accablé dix autres hommes. La plupart du temps il ne prenait un peu de nourriture que le soir et il allait la mendier à la porte des cabanes. Il fit à lui seul, un travail immense. On peut dire qu'il confessa et communia les trois provinces.

Les prodiges accompagnèrent sa marche et éclatèrent sous chacun de ses pas. Vivante image du Christ parcourant les routes de la Galilée, il consolait toutes les tristesses et guérissait toutes les maladies. On le vit multiplier les blés et faire tomber d'un regard les armes dirigées contre lui.

Enfin après avoir rempli des parfums immortels de la sainteté, les âpres montagnes du Haut-Languedoc, il vint expirer, couvert de gloire, chargé de mérites et épuisé de forces, dans le presbytère de La Louvesc.

IV

La Louvesc est donc le tombeau de saint Régis.

Nous avons voulu faire l'histoire de ce tombeau.

Il nous a paru qu'un pays, si petit qu'il soit, du moment qu'il est honoré à ce point, mérite d'être connu. Du reste on peut voir dans l'histoire de

La Louvesc et des autres villages que comptait cette seigneurie durant l'époque féodale, un raccourci de l'histoire de notre nation. — C'est là ce qui lui donne un véritable intérêt. L'histoire en effet peut se prendre par les grandes lignes ou par les petits côtés. Ceux-ci ne sont pas moins importants que celles-là. C'est même dans l'histoire locale qu'on retrouve le plus fidèlement peintes les idées et les mœurs des temps anciens; et c'est à la lumière de ces détails qu'on peut juger sainement ces époques.

L'histoire d'un village, aux premiers siècles de la monarchie ne manquera donc pas d'attrait. Cette histoire à son tour attirera l'attention sur celui qui en est resté l'apôtre comme il est resté le grand apôtre du Vivarais.

Nous diviserons cette histoire en deux parties. La Louvesc avant et La Louvesc après saint Régis. Nous intitulerons la première : *La Louvesc*, et la seconde, *Saint Régis à La Louvesc*.

✝

LE

TOMBEAU DE SAINT RÉGIS

A LA LOUVESC

PREMIÈRE PARTIE

—

LA LOUVESC

Si l'on en croit les géologues, les masses granitiques des Cévennes avec les collines des Bretons
et des Gallois émergèrent des eaux primordiales,
au troisième jour de la Création et à la troisième
parole du Créateur. Leur soulèvement commença
la séparation des terres et des mers. Ce fut par
leurs pointes que l'élément aride fit son apparition.
Elles reçurent les caresses de la naissante aurore.
Elles envoyèrent au ciel les parfums des premières
fleurs. Autour de leurs mamelons, retentit le premier clapotement des vagues battant un rivage :

1

clapotement vite éloigné, vagues fuyantes et rivage éphémère. Jamais nacelle n'y aborda ni n'en partit. Car les bords reculèrent avec rapidité et les Cévennes se trouvèrent bientôt au centre d'un continent.

Ces montagnes pour être les plus anciennes du monde, n'en sont pas cependant les plus hautes et les plus abruptes. Les siècles ont émietté et rongé leurs cimes; et la terre végétale, en s'accumulant sur leurs flancs, les a sensiblement arrondis. Les points culminants du système ne dépassent pas 1800 mètres. Les hauteurs de La Louvesc qui terminent la chaîne Cévenole dans le Vivarais, n'ont pas plus de 1213 mètres au-dessus du niveau de la mer. Cette élévation bien inférieure à celles des Cordillères et de l'Himalaya, est suffisante pour faire passer sous les yeux du voyageur une grande variété d'aspects.

Quand on monte à La Louvesc par Annonay, on voit se superposer dans cette ascension toutes les zônes végétales qui diaprent les plaines, entre les limites septentrionales du Languedoc et les frontières méridionales de la Suède et de la Norvège.

Au pied des montagnes s'attardent quelques représentants un peu pâlis de la flore du sud : l'amandier, véritable sentinelle du printemps, le pêcher et la vigne avec leurs arômes, les muriers et même les figuiers. En franchissant les premières assises, on laisse à sa droite et à sa gauche les noyers à la verdure foncée et aux larges feuilles. Bientôt on entre dans la région des chataigniers. Les feuilles se découpent et les teintes s'éclaircissent. Après les chataigniers paraissent les chênes, puis les masses sombres des pins et des sapins. Dès qu'on est arrivé à ces derniers arbres, on a atteint les hauteurs; l'air circule tout embaumé de résine : c'est l'encens des grandes altitudes. Le calme de l'atmosphère et le silence des bois vous saisissent; on s'entend marcher et presque respirer.

La route monte et serpente jusqu'aux crêtes des vallées qui divisent comme les rayons d'une étoile les extrémités des Cévennes. Une de ces vallées se creuse en hémicycle. Ses parois sont tapissées par des prairies. Elle ressemble à une coupe taillée dans l'émeraude. Sur les bords de la coupe se dé-- tachent en silhouette des maisons, des couvents, un hospice, une église. C'est La Louvesc.

Le côté opposé n'est pas moins pittoresque. Il se présente par la route de Saint-Etienne qu'a décrite la comtesse de Charpin.

« Pour y arriver de Saint-Etienne, il faut d'abord gravir des rampes cotoyant des gorges étroites et profondes, au fond desquelles roulent des torrents écumants et impétueux. Nos montagnes.... s'échelonnent les unes sur les autres en pentes rapides et sont tapissées soit de vertes prairies, soit de larges plateaux d'un vert foncé, lambeaux de magnifiques forêts de pins, qui autrefois les couvraient tout entiers. On arrive ainsi au premier plateau, sur lequel les prairies et les bois se succèdent de même, et entourent souvent de charmants petits lacs aux eaux de saphir, d'où partent les torrents que je signalais tout à l'heure. Sur les hauteurs la flore est charmante et agréablement odorante. La pensée sauvage d'un violet éclatant, le myosotis d'un bleu si doux et une espèce de petit jonc dont la fleur ressemble à un léger duvet du blanc le plus pur, auquel le pèlerin a donné le nom de plume de La Louvesc, sont parsemés dans ces solitudes.....

« Sur la droite de vastes échancrures, des ouvertures entre les montagnes, laissent voir comme premier plan, la sombre vallée industrielle enveloppée dans son triste manteau d'épaisse fumée qui se glisse comme un serpent noir; puis, par de là se relevant à l'horizon, les montagnes du cours de la Loire, et plus haut et plus loin encore celles du Velay et de l'Auvergne.

« On arrive ainsi à Saint-Bonnet-le-froid, le point culminant de la montagne, et, au sortir de ce bourg, on est surpris en apercevant sur la cîme d'une montagne élevée, dont on n'est séparé que par une sombre et profonde vallée, un château qui se nomme Monthiver. Il n'est habitable que pendant quelques mois de l'année. En arrivant à La Louvesc, on est frappé de l'activité joyeuse qui règne dans cette bourgade : les voitures lourdement chargées de voyageurs venant de loin, les

carrioles, les chars, les tapissières, la sillonnent
en tous sens; les processions villageoises se croi-
sent ou se rencontrent pour entrer à l'Eglise. Des
groupes de paysans détachés suivis de leur
femme et de leurs enfants, chacun chargé de pa-
niers pleins de provisions, pour éviter la cherté
des hôtels ; des prêtres, des religieuses allant et
venant, et tout le monde ignorant ou savant dans
un heureux pêle-mêle occupé des choses du ciel,
des pensées les plus immatérielles.

« Tel est l'aspect de La Louvesc. »

Le village est au milieu des seigles. Par delà
les blés, on s'enfonce dans les allées ombreuses
tracées sous les pins. Plusieurs de ces arbres sont
séculaires. Leurs troncs sont couverts de lichens.
D'autres lichens, suspendus à leurs branches, leur
forment une seconde et blanche chevelure. Il règne
sous ces belles voutes un demi jour, qui parfois
devient la noirceur formidable du poète: *Nigra
formidine lucus.* Entre les troncs des grands pins,
se détachent ça et là des pins en miniature d'une
nuance plus tendre, les genévriers. Plus bas que
les genévriers à un pied de terre, s'étend le myr-
tile. C'est un tapis qui cache le sol, réjouit la vue
et amortit le bruit des pas. Les yeux se reposent
sur tous les tons de la verdure universelle. De place
en place des sources moussues : *muscosi fontes.*

Ces forêts couvrent les montagnes d'alentour,
de la base au sommet. Quelques cimes cependant
finissent par des roches escarpées,et nues. Elles se

dressent comme les témoins des âges écoulés. Dans leurs fentes, la digitale, cette fleur des terrains soulevés et travaillés par le feu central, élève ses grappes pourprées, comme un reflet de l'antique incendie. Il fait bon s'asseoir sur ces hauteurs. La vue y est admirable. L'œil plonge dans les vallées, suit les contreforts mourants des Cévennes, domine au loin les plaines du Dauphiné et s'arrête sur la ceinture blanche et dentelée que déroulent les Alpes à l'horizon.

Ordinairement le paysage est calme et silencieux mais si le vent vient à s'élever, tout semble prendre vie et voix. Les nuages balayés par les souffles de l'atmosphère, traversent rapidement les cieux. De nuit, l'œil fixant leurs masses obscures et volantes subit la même impression que s'il voyait à travers leurs interstices, les astres courir en sens contraire : *quemadmodum solet accidere, ut, quando transeuntes nubes per obscura noctis intuemur, earum caligine sic acies nostra turbatur, ut in contrarium nobis sidera currere videantur* (Saint Augustin). — De jour, les nuages passent devant le soleil. Leurs ombres projetées sur les montagnes et les vallées font glisser sur celles-ci des éclaircies et des obscurités. Ces alternatives entraînent le regard et les forêts elles-mêmes paraissent s'ébranler. En même temps, un bruit monte des bois. Ce sont les pins qui chantent. Car les pins sont harmonieux. Le pin, quand il est isolé sur le bord d'une source, laisse entendre au souffle du

zéphir, une sorte de gazouillement plein de mélodie:
le ψιθύρισμα de Théocrite. L'air en froissant ses fines
aiguilles, produit ce son. Mais quand des forêts
entières bruissent sous le vent, le bruissement
devient une harmonie plaintive et majestueuse, la
voix de la nature célébrant son créateur.

Quand on veut trouver sur le globe la place de
La Louvesc, il faut tirer à l'orient du méridien de
Paris, une parallèle distante de 2', 44', 50", et au
nord de l'Equateur une autre parallèle distante de
50', 13', 25". Le point ou les deux lignes se rencontrent est le point cherché.

I

La Baronnie de Mahun.

L'histoire primitive de La Louvesc est obscure
comme les bois qui entourent ce village. Pendant
longtemps, elle ne se distingue pas de l'histoire
générale des Helviens, peuple chasseur, selon
l'étymologie celtique. Le pays est, en effet, un pays
de chasse : chasse à l'*Elephas primigenius* dans les
temps préhistoriques; chasse aux Urus sous les
Druides et les Mérovingiens; chasse aux ours et
aux chevreuils durant les époques féodales. *Urso·
et caprinis salvagiis.* Plus tard on chassa le loup,

puis le renard et enfin le lièvre. Bien des choses s'amoindrissent ainsi au contact des âges.

La première trouée qui fut faite dans les bois de l'antique Helvie, date de l'Empereur Auguste. Ce furent les haches de Marcus Vipsanius Agrippa qui frappèrent les chênes et les pins sur les hauteurs des Cévennes, une quinzaine d'années avant l'Incarnation.

Les ingénieurs romains traçant la route de Lyon à Marseille ouvrirent à Vienne un embranchement sur le Puy, par une ligne qui courait à peu près directement d'Annonay au Tracol du Puy. Les Romains, les Visigoths, les Burgondes, les Francs, les Allemands firent tour à tour retentir ces routes sous leurs pas. Mais l'ouvrage était si solide que dix-neuf siècles ont pu le fouler sans l'emporter complètement. Il en reste entre autres un fragment assez long à vingt kilomètres d'Annonay. Les localités qui nous occupent, prirent naissance sur cette voie ; et précisément à l'endroit où subsiste encore aujourd'hui la route romaine, nos ancêtres élevèrent le château de Mahun.

Le nom primitif de Mahum est Madunum.

Madunum est celtique.

Ma, en celtique, comme en beaucoup d'autres idiômes, signifie *la Grandeur*. *Dunum* dans la même langue indique toute élévation, montagne ou colline. — *Madunum* était la grande montagne comme *Malatour*, à quelques kilomètres de là, était la grande tour.

Madunum fut bientôt Maudunum (*Cartulaire de saint Chaffre*). Mahun vient de Maudunum, comme Autun vient d'Augustidunum. Mahun fut abrégé ; à côté de *Mahunum*, on trouve *Mau* et *Maum*. Comme les noms pris des choses de la nature sont très antiques, les habitants constatèrent l'antiquité de Mahun en l'appelant Maulevel, Mau-le-Vieil.

Mahun fut le centre d'une vaste seigneurie, qui comprit successivement, Saint-Symphorien, Veyrines, Saint-Pierre des Machabées, La Louvesc, Seray, Satillieu, puis « toute la partie de la vallée de Vocance, située au midi de la rivière de Cance, depuis Saint Bonnet-le-Froid jusqu'à Villevocance ». — Ce territoire répondait dans les temps les plus reculés, à la division romaine appelée *Mandement* (*ager, aisse, district, ministeriat, centurie*). — Il dépendait d'une vicomté ou viguerie, la viguerie d'Annonay ; peut être d'un comté, le comté de Viviers (*pagus Vivariensis*) et enfin d'un duché qui se confondit avec le royaume de Bourgogne.

Durant le moyen âge, Mahun fut une baronnie.

Le château était assis sur les contreforts de la montagne des Quatre-Vents, avait à sa droite la vallée noire, (*Combe-Neyre*), à sa gauche les hauteurs de Seray, derrière lui, un sommet dénudé, devant lui un rocher quadrangulaire, taillé à pic, affleurant le pied de ses murailles et lui formant comme une sorte de forteresse ou plate-forme, plus bas que le rocher, les premières maisons de Saint-

Symphorien, et plus bas encore une vallée charmante arrosée par un cours d'eau.

En quelle année fut-il construit? Il est assez
difficile de le dire. C'est au moyen âge seulement
qu'on entre dans l'époque caractéristique où l'on
ne trouve ni Seigneur sans terre, ni Terre sans
Seigneur, où chaque parcelle du territoire est
armoriée, où la gloire des nobles hommes se
reflète sur leurs domaines. L'histoire de Mahun
date de là. Nous connaissons tous les seigneurs de
cette terre du xi⁰ au xviii⁰ siècle. Cinq races se
succédèrent durant cet intervalle sur ce trône
abrupt, les Pagan, les Retourtour, les Tournon,
les Lévy et les du Faure.

II

Les Pagan, Premiers Barons.

(Pagani et Payani.)

Le château de Mahun et les Pagan apparaissent
ensemble dans l'histoire. Les Pagan sont incon-
testablement les premiers barons de Mahun, et
rien ne démontre qu'ils ne soient pas originaires
du haut Vivarais. Leur nom est illustre en Dauphiné et ils comptèrent parmi les plus puissants

vassaux des deux provinces. Quelques auteurs les appellent même cousins du Roy. Le fait est que leurs armes se rapprochaient des armes de France : primitivement un écu avec une bande accompagnée de deux fleurs de lys en chef et de deux en pointes (*Mémoires du marquis de Satillieu, cités par M. de Gallier*). Plus tard, ils prirent une seule fleur de lys (*du Solier*). Ce fut une race à la fois religieuse et guerrière. Ils ont fondé des monastères et ils en ont pillé d'autres. Ils ont pris part aux actes qui ont fait l'unité de la France aux guerres d'Occident et d'Orient. Leur main fut tour à tour rapace et libérale pour leurs sujets. En un mot, ils furent de leur époque.

Leur illustration date de loin, et plusieurs d'entre eux, dont les rapports généalogiques ne peuvent être établis d'une façon très rigoureuse, se rendirent célèbres à des titres bien différents.

Ainsi, Guigues de Pagan, Evêque de Grenoble se fit excommunier en 1076 par le grand pape Grégoire VII.

Guillaume Pagan, approuvait en 1107, une donation faite à l'abbaye de Saint Barnard de Romans (*Cartulaire de Saint-Barnard*). — Un autre Pagan faisait une donation le 29 septembre 1147, à la commanderie des Templiers de Richerenches dans le Comtat Venaissin (*Pithon, Cart*).

Alamannus et Guigues Pagan furent témoins de l'acte passé en 1155, en présence de Frédéric Ier, roi des Romains par lequel Berthold IV, duc de

Bourgogne, céda au Dauphin Guigues IV ses droits
sur la ville de Vienne (*A. de Gallier*).

Hugues Pagan fut maître de la Commanderie de
Saint-Jean-des-Près, à Montbrison (1162).

Le chevalier Pagan devint seigneur de Caïphas
en Palestine. Il fut consulté en 1190 comme un
des principaux seigneurs du royaume au sujet de
la dissolution du mariage d'Isabeau, fille d'Amaury,
roi de Jérusalem (*Mainbourg*).

Les Pagan sont qualifiés « *Viri nobiles* » (*Cartulaire de Saint-Chaffre)* dès le xie siècle. Les ano-
blissements étant alors inconnus, la noblesse des
Pagan se confond avec la conquête.

III

Les Monastères.

Comme les grandes sources, pour ne pas dire
toutes les sources de notre histoire locale sont les
cartulaires des anciennes abbayes, nous dirons un
mot des monastères fondés aux environs de La
Louvesc. Nous commencerons par Veyrines, centre religieux du pays, d'où dépendaient La Louvesc
et Saint-Pierre des Machabées.

Veyrines est aux dernières racines du Mont-
Chaix, dans un ravin. C'est une église romane,

avec un chœur semi-circulaire, une seule nef et
deux chapelles pour transept. Le portail est formé
par six colonnes soutenant trois cintres pleins et
superposés : sur chacune des six colonnes, au
sommet de chaque chapiteau, on lit une des six
premières paroles de la salutation angélique, telle
que la récite l'Eglise Romaine.

Ave — Maria — Gratia — pour les trois colonnes de gauche.

Plena — Dominus — Tecum — pour les trois de
droite.

L'église est dédiée à Notre-Dame.

Nostra Domina de *uiterinis, viterinis, vitrinis.*

Il n'y a pas d'autres sculptures dans l'église
que les chapiteaux des colonnes qui décorent l'entrée du chœur. A gauche, on voit Ève entre le
serpent et Adam. Elle prend *un* fruit de la *gueule*
du serpent et en offre un *autre* à Adam. — A
droite, un dragon dévorant un pécheur, une croix,
des hommes qui luttent, des fruits, des fleurs de
lys et des étoiles.

Le monastère de Veyrines ne fut pas inauguré
par des moines du pays. Les religieux qui y furent appelés avaient des origines bien anciennes
et bien glorieuses. Si nous voulons connaître la
source première de cette fondation monastique, il
faut remonter jusqu'au ive siècle de notre ère et
nous transporter, par dessus les massifs des Cévennes et les plaines de la Provence, jusqu'aux
îles « jetées par Dieu comme un collier de per-

les sur la mer Méditerranée, où le bruit mystérieux des flots se maria au chant des hymnes ; »
où Dieu fut adoré longtemps par les Eucher, les
Cassien, les Salvien, par Saint-Patrice, apôtre des
Irlandais, par Saint-Hilaire, évêque d'Arles, par
Saint-Loup, évêque de Troyes ; jusqu'aux îles
appelées par les poètes, les îles d'Or, et par les
géographes, les îles de Lérins.

Veyrines est un essaim de la ruche de Saint-
Honorat.

Seulement l'essaim ne traversa pas d'un seul
vol la mer, les plaines et les montagnes ; il fit une
halte entre Lérins et Veyrines, dans un lieu du
Velay et des Hautes Cévennes qui devint plus tard
le monastère de Saint-Chaffre. C'est au monastère de Saint-Chaffre que le fondateur de Veyrines demanda des religieux.

C'était à peu près en 1050. — Le monastère
avait déjà quatre siècles d'existence.

L'ancienne villa Carmery, (ainsi nommée de
Calmeliac, duc en Aquitaine, gouverneur de Clermont et constructeur du couvent en 641), avait
passé par certaines vicissitudes. Saint-Théofred,
second abbé de Carmery, avait attendu de pied
ferme les bandes Musulmanes fuyant le champ de
bataille de Poitiers, et avait été frappé à mort en
haine de la foi. Ce martyre avait eu un grand re-
tentissement. Louis-le-Pieux avait fait restaurer
le monastère. Une ville s'était élevée peu à peu
autour du cloître et s'était appelée la ville de

Saint-Theofred, puis la ville de *Saint-Chaffre*. L'aspiration initiale de Théofred, fortement accentuée avait produit cette métamorphose.

Pendant que le monastère de Carmery était ravagé par les Musulmans, la règle de Saint-Benoit était introduite à Lérins, par Aygulphe, le même qui avait arraché les corps de saint Benoit et de sainte Scolastique aux ruines du Mont Cassin. Le monastère de Saint-Chaffre, restauré, suivit l'exemple de Lérins et embrassa la règle fameuse.

Veyrines vient donc de Saint-Honorat par Saint-Théofred et Saint-Benoit (1).

Voici l'acte de fondation.

« Comment Aymon, homme noble, Seigneur du château de Mahun, à (*Castelli Mauduni*), donna Saint-Théofred le lieu de Sainte-Marie de Veyrines, pour y construire un monastère. »

« Nous faisons savoir à tous les fidèles de la sainte Eglise de Dieu qu'un homme noble, Aymon, seigneur du château de Mahun, a donné à Saint-Théofred et à l'abbé, pour obtenir le pardon de ses péchés, pour racheter son âme ainsi que l'âme de ses parents, le lieu de Sainte-Marie de Veyrines, situé dans le diocèse de Vienne, à cette fin, qu'on y construisit un monastère et qu'on y consacrât des moines à Dieu.

____

(1) Le peuple n'a pas perdu le souvenir de cette origine. Encore aujourd'hui, les médailles de saint Benoit, sont en grande vénération dans la contrée.

« Fait en l'honneur de Saint-Aymon et des autres Saints qui ont vu et entendu.

Nous venons de donner l'acte primitif. Plus tard, un second acte fut rédigé dans lequel on rappela et on résuma le premier.

« Il y a aussi le lieu de Sainte-Marie de Veyrines qui est dans le même diocèse et qui fut donné à saint Théofred, par un homme noble nommé Aymon, seigneur du château voisin qu'on appelle Mahun, pour y construire un monastère. »

Dans la première pièce, Mahun s'appella *Maudunum*, et dans celle-ci, *Maudum*. La pièce ajoute d'autres détails.

« Le même seigneur donna autour de l'église des terres et des possessions, dont jouit encore ce lieu sans aucune contradiction ni calomnie. Plus tard, son fils, nommé Foulques, qui se fit religieux, eut soin, d'accord avec ses frères, d'augmenter et de confirmer le don de son père : » (*Cartulaire de Saint-Chaffre, par M. U. Chevalier*). Nous apprenons par là qu'Aymon eut au moins trois fils, Foulques qui entra au monastère de Veyrines et deux frères, « *cum fratribus.* »

Enfin, tout ce qui regarde Veyrines dans le cartulaire, se termine par cette annotation : « Ainsi, lit-on dans les chartes. » En somme, cette seconde pièce relate trois chartes originales : la charte de fondation, parvenue jusqu'à nous, la charte d'extension accordée ensuite par Aymon Ier, et la charte de confirmation donnée par Foulques et ses frères.

. Nous avons dit que Veyrines avait été fondé en 1050. — Cette date est approximative, car il n'y a point de date dans la charte de fondation. Il est certain néanmoins, qu'elle n'est pas antérieure au fait. Elle lui serait plutôt postérieure. D'abord dans le cartulaire de Saint-Chaffre, les chartes datées sont rangées par ordre chronologique. Pourquoi les chartes non datées ne seraient-elles pas rangées dans le même ordre, connu par l'auteur de la collection? Or la charte qui précède celle de Veyrines est de la fin du dixième siècle, et la charte qui la suit de la seconde moitié du onzième.

De plus, cette date de 1050 s'appuie sur un raisonnement généalogique qu'il nous paraît difficile d'infirmer.

Il y eut quatre Aymon Pagan, seigneurs de Mahun (1). Le premier connu, Aymon Ier, est

(1) Voici la filiation des Pagans:
Aymon Ier, seigneur de Mahun et fondateur de Veyrines.
(1050).
Guigues Ier, fils d'Aymon I, seigneur de Mahun.
(1080).
Willelm-Hugues, frère de Guigues I.
Foulques, frère Willelm-Hugues, religieux à Veyrines.
Hugo de Paganis fils de Willelm-Hugues (?).
Aymon II, fils de Guigues I, seigneur de Mahun et d'Argental.
(1120-1184).
Artaud, Prieur de Saint-Sauveur, et frère d'Aymon II.
(1245)
Guigue II, fils d'Aymon II, seigneur de Mahun et d'Argental.
(1104).
Guigues III, fils de Guigues II, seigneur d'Argental.
(1600).

celui qui fonda Veyrines, et il ne saurait être confondu avec aucun des trois autres.

De ces trois, les deux derniers, Aymon III, et Aymon IV sont postérieurs à 1200, époque à laquelle, d'après des documents écrits, Veyrines existait déjà comme monastère depuis 20 ans au moins.

Quant au premier, Aymon II, il était seigneur d'Argental en 1120, y résidait la plupart du temps, et n'eut qu'un fils nommé Guigues, né à Argental. Aymon II ne peut donc être confondu avec Aymon Ier qui résidait à Mahun et qui eut au moins trois fils.

Aymon II n'est pas même le fils d'Aymon Ier; car il eut pour père Guigues Ier et pour oncle, Willelm-Hugues.

Aymon Ier, seigneur de Mahun est donc l'aïeul au moins d'Aymon II. Est-ce trop que de mettre 50 ans entre Aymon II qui vivait en 1100 et son aïeul ? Évidemment non.

Enfin, les lettres de l'*Ave Maria*, gravées sur les colonnes du portail, indiquent, d'après les paléo-

---

Aymon III, frère de Guigues III, seigneur de Mahun et chanoine de Vienne.
(1200).
Guigues IV, fils de Guigues III, neveu d'Aymon III, seigneur de Mahun et d'Argental.
(1230-1270).
Aymon IV, fils de Guigues IV, seigneur de Mahun et d'Argental.
(1270-1303).
Jean fils d'Aymon IV, seigneur de Mahun et d'Argental.
(1303-1311).
Guigues V, fils de Jean, seigneur de Mahun et d'Argental.

graphes, le xiᵉ siècle. Ce sont les belles lettres Romaines.

Remarquons que l'endroit appelé Sainte-Marie-de-Veyrines (*de Vitrinis*) n'était pas désert au moment de cette fondation. Il avait un nom et sa place marquée dans le diocèse de Vienne. C'était vraisemblablement une chapelle entourée de quelques chaumières. Vraisemblablement aussi les premiers habitants de ces cabanes furent des ouvriers en verre. Le nom de Veyrines, *Vitrinæ*, *Verrinæ* (actes de 1202, relatés par Du Cange) indiquent manifestement cette fabrication. On connaît la haute antiquité des verreries établies dans les Gaules, dès le temps de Pline. Veyrines se trouvait, nous l'avons dit, le long d'une voie romaine.

Veyrines n'était pas le seul monastère établi aux environs de La Louvesc.

A peu près à la même époque, l'église de Rochepaule, fondée en 660, était donnée à l'abbaye de la Chaise-Dieu. L'édifice actuel de style roman, comme Veyrines, a encore un porche du xiᵉ siècle. Ce fut probablement l'œuvre des moines de la Chaise-Dieu.

Plus haut que Rochepaule, se trouvent La Mastre et Macheville.

Macheville est un faubourg de La Mastre. En 961, sous le règne de Lothaire, Gelinus, homme puissant, fit don à l'abbaye de Saint-Chaffre d'une église au lieu nommé : *Mansus Cavallianus* (Macheville). Cette église était consacrée au Sauveur. Il ajouta à l'église, la paroisse, des vignes et un verger. Macheville était alors paroisse et La Mastre simple chapelle. « *Ecclesiam de Monte-Cavillano cum capella de Mastro.* » Aujourd'hui les dénominations sont interverties.

L'abbaye de Saint-Chaffre possédait aussi la chapelle de Retourtour, non loin de La Mastre. « *Et capella de Retortorio.* »

Le Monastère de Saint-Sauveur peut être considéré comme terminant la zone monastique du pays. Saint-Sauveur est situé au pied des montagnes qui séparent le Velay du Forez Viennois, à l'entrée de la vallée de la Deaume, à une lieue environ au sud-ouest de Bourg-Argental. Artaud, Ier du nom, seigneur d'Argental, avait épousé Fia qu'on croit descendre d'Arestagnus, le premier seigneur connu du pays. — En 1060, « par le conseil et du consentement de sa femme Fia, et du consentement aussi de tous les chevaliers d'Argental, il donna à l'abbaye de la Chaise-Dieu, entre les mains de saint Robert, son premier abbé, l'église de Saint-Sauveur et toutes les appartenances, pour y établir une maison de son ordre. » (Comte de Charpin).

Ainsi toutes les vallées du pays modulaient les chants du Mont-Cassin, faisant écho au reste de la France et prolongeant jusque dans les replis du territoire national les gloires du Patriarche d'Occident.

IV

Le Temple.

On a dit que le souvenir est l'âme des ruines. Il est l'âme des ruines comme la pensée est l'âme de la parole. Sans le souvenir, les ruines ne parlent pas, elles sont bien mortes. Il est rare cependant qu'elles soient absolument muettes. Les hommes perdent difficilement la mémoire des événements dont une cité, un temple, une forteresse, un tombeau furent le théâtre. Quand les hommes ne se souviennent plus, ils rêvent. Ils peuplent d'êtres fictifs et de scènes idéales ce qui se perd dans les ténèbres du passé. La nuit des temps s'éclaire des images d'une poésie grande ou naïve, selon la culture de ceux qui rêvent. Les ruines vivent alors d'une vie factice.

La légende qui entoura longtemps le château de Mahun, est-elle un vestige proprement dit du passé, ou un songe du patriotisme local ?

Voici d'abord la légende.

Aymon Ier, fondateur de Veyrines, avait eu trois fils : Foulques, Guigues Ier et Willelm-Hugues. Foulques était entré à Veyrines. Guigues Ier eut un fils Aymond II. Willelm-Hugues en eut un aussi.

Il l'appela *Hugues*, selon la coutume du moyen âge ; on donnait alors facilement le nom du père ou celui de l'aïeul. Hugues naquit et grandit au château de Mahun. Pendant que son cousin s'apprêtait à devenir, par son mariage avec Béatrix, le puissant seigneur d'Argental, le jeune Hugues formait des desseins plus hauts. C'était le temps des Croisades. En chassant dans les bois et les montagnes des possessions paternelles, il songeait aux combats des Francs contre l'Islam. Il résolut de se donner à Dieu sans quitter son épée, et conçut le plan grandiose d'une milice de moines-chevaliers voués à la défense des lieux saints. Hugues Pagan devint le *Hugo de Paganis* des chroniqueurs, le *Hugues des Payens* des historiens Français, le fondateur de l'ordre du Temple, l'homme vénéré des papes et des rois pour sa sainteté et son incomparable valeur. Ses chevaliers remplirent bientôt toute la terre chrétienne, et succombèrent, bientôt aussi, dans une catastrophe sans exemple et sans remède.

« En la saison, (écrit Odon de Gissey), que Baudoin régnait, IIIe roy de Jérusalem, l'an 1118, deux gentilshommes français servirent d'instrument à Dieu, pour l'institution de l'ordre des chevaliers et gendarmes, nommés Templiers, ainsi dits, à raison, que, n'ayant domicile ni retraite certaine en leur commencement, le roy de Jérusalem leur permit d'habiter, pour un temps, en son palais, proche du Temple. »

« L'un de ces deux gentilshommes étaient Hugues des Pagans, natif du Vivarais, d'un château
proche de Veyrines. » Le sombre château de
Mahun se relie donc au temple de Jérusalem par
la courte et brillante apparition des chevaliers
bardés de fer, couverts du manteau blanc et ornés
de la croix rouge.

La légende est belle. Est-ce une tradition ? L'i-
dentité des noms et la concordance des dates gé-
néaologiques sont évidentes. Au xviii⁰ siècle, c'é-
tait encore « l'opinion commune en Vivarais, »
ainsi que le témoigne le marquis de la Tourette,
dans un mémoire sur ce sujet. Odon de Gissey
qui écrivait en 1620 affirme le fait sans hésitation
et comme chose connue. Nombre d'écrivains ont
soutenu cette origine.

Une opinion commune, venant de loin, et dans
l'ordre des faits, est toujours une présomption
grave, qu'il n'est pas permis de mépriser.

Néanmoins, cette opinion n'est plus l'opinion
courante. Il n'est pas aujourd'hui de biographe,
historiographe ou lexicographe qui ne fasse sortir
Hugo de Paganis, du fief de Payns en Champagne
et qui ne rattache le premier grand maître des
Templiers, à la maison de Champagne elle même.
Dernièrement une réaction s'est produite, timide
encore et jusqu'ici peu connue, contre l'assertion
de Feller. Un archéologue distingué, M. Henry
Fraisse, mort curé de Monistrol, a soutenu l'ancienne croyance. Sonnyer du Lac (dont l'autorité

est mince), l'avait mis sur une voie qu'il croyait sûre. Sonnyer donne comme père à Hugo de Paganis, Willelm-Hugues, et il lui donne comme frère, Artaud, époux de Béatrix d'Argental. Nous savons maintenant que l'époux de Béatrix ne s'appelait pas Artaud mais Aymon, qu'il n'était pas fils de Willelm-Hugues, mais de Guigues Ier et qu'il avait pour frère, Artaud, Prieur de Saint-Sauveur. Cette rare accumulation d'inexactitudes désespérait l'archéologue. Mais le nom de Willem-Hugues, fut pour lui un fil conducteur. Chose singulière ! ce nom, auquel on croyait peu, se retrouve dans le cartulaire de Saint-Sauveur. Willelmus-Hugo était l'oncle paternel, *Patruus* d'Aymon II d'Argental, et par conséquent le frère de Guigues Ier. Henry Fraisse se faisait fort d'arriver, à une conclusion certaine, s'il avait pu remonter, d'un degré, dans la généalogie des Pagan. Il aurait pu remonter de deux degrés, c'est-à-dire, à Guigues Ier, père d'Aymon II, et à Aymon Ier, père de Guigues.

C'est un grand pas, sans doute, ménagé à la question, puisque c'est un cadre qui s'adapte parfaitement pour les dates et les noms, à Hugo de Paganis ; mais ce n'est pas une démonstration.

H. Fraisse avait remarqué le grand nombre des temples construits et des fondations faites en faveur des Templiers, dès le commencement de l'Ordre, dans le Vivarais, le Dauphiné et le Velay. Cette remarque n'est pas à dédaigner.

Car si Hugo de Paganis est originaire du Vivarais, il est naturel qu'il ait d'abord rempli le Vivarais des fondations de son Ordre.

Il est même naturel, s'il est né à Mahun, qu'il ait légué à son Ordre naissant la part qui lui revenait dans l'héritage paternel. En ce cas, cette part ne serait autre qu'une maison à La Louvesc appelée l'*Hôpital* et des propriétés assez nombreuses, dépendantes du Mas de la Vialette, passées lors de la destruction du Temple en 1312, aux Chevaliers de Saint-Jean de Jérusalem et à leur commanderie de Monchamp-Sainte-Epine de Tournon. La première reconnaissance faite aux chevaliers de Malte de ces propriétés sises à La Louvesc, est du 13 avril 1321. La donation proprement dite, remonte par conséquent plus haut.

Toutes ces considérations, et d'autres du même genre, ne dépassent pas la force de l'hypothèse ; on conçoit que nous ne puissions tenter ici la démonstration.

Il faudrait retrouver l'origine des deux opinions, les suivre dans leur histoire, apprécier les documents sur lesquelles elles s'appuyent ; c'est-à-dire, qu'il faudrait un volume.

Il nous suffira d'avoir appelé les recherches sur un point intéressant de l'histoire locale, en relatant la légende de Mahun, qu'elle soit un souvenir véritable, ou le souvenir d'un rêve.

V

Alaudiscum

Une tour, rendez-vous de chasse des sires de Roussillon, grands *louvetiers;* puis des dépendances pour les équipages des chevaliers; puis des chaumières pour les traqueurs, piqueurs, valets de chiens, etc.; puis une église avec un clocher et une cloche dont les tintements répondaient aux sonneries du cor dans le fond des bois, furent les commencements de La Louvesc, selon les touristes. Rien de plus vraisemblable que cette origine. Sans aucun doute le pays abondait en loups. Entre La Louvesc et La Louveterie, il n'y a pas grande différence : un élève de quatrième trouverait facilement dans La Louvesc, *Lupi Esca,* la nourriture du loup; il pourrait même en conclure que d'immenses et gras troupeaux attiraient les fauves dans ces solitudes. Les sires de Roussillon, seigneurs d'Annonay, ne pouvaient se dispenser de poursuivre la dangereuse bête. Il leur fallait un abri. Dès lors on voit les choses sortir de terre dans un ordre fort naturel, la tour, les dépendances, les chaumières, l'église. C'est poétique et cela se lit dans Ovide de Valgorge.

Ces poétiques vraisemblances sont des fables auxquelles ne se prêtent ni les personnes, ni les dates, ni les noms.

Les chasses seigneuriales des Roussillon n'ont pas semé au milieu des pins les premières cabanes de La Louvesc, parce que ce village existait bien avant que les Roussillon fussent seigneurs d'Annonay. Le premier document absolument authentique où il soit question de La Louvesc est daté du 1er avril de l'an 1179. Le document est grave. C'est une bulle pontificale adressée par :

« Alexandre évêque, serviteur des serviteurs de Dieu à son cher fils, Guillaume, abbé du monastère de Saint-Théofred et à ses frères présents et futurs professant la vie religieuse. » (*In P. P. M. perpetuum*) « pour perpétuelle mémoire. »

Cet Alexandre est Alexandre III. La bulle contient les priviléges du monastère, énumère les possessions territoriales de Saint-Chaffre, et constitue les religieux *patrons* des paroisses placées sous leur juridiction.

« Dans les églises paroissiales que vous possédez, c'est à vous de choisir les prêtres et de les présenter à l'évêque, lequel, s'il les juge capables, leur confiera le soin des âmes. »

Dans l'énumération des possessions territoriales du monastère, nous voyons figurer La Louvesc, qui s'appelait alors Alaudiscum.

Le document pontifical énumère méthodiquement les lieux appartenant au monastère, c'est-à-dire, dans l'ordre de leurs positions géographiques, en commençant par les lieux les plus proches et finissant par les plus éloignés.

Il y a d'abord les alentours du monastère : « *Locum ipsum in quo prædictum monasterium situm est. Cùm omni ambitu suo.* »

Il y a ensuite les possessions situées dans le territoire du Puy, « *in Podio.* »

Il y a enfin les possessions des autres diocèses. Nous arrivons ainsi, pas à pas, à ces trois indications placées à côté l'une de l'autre : « *Ecclesiam de Vitrinis, ecclesiam de Alaudisco, ecclesiam sancti Machabœi.* »

Il n'y a que La Louvesc entre Veyrines et Saint-Pierre-des-Machabées qui puisse répondre au nom d'*Alaudiscum*. Du reste, Veyrines ne posséda jamais d'autres églises que ces deux-là.— La Louvesc s'appela donc d'abord *Alaudiscum* (1179). — Quelques temps après (1250 à 1300), *Alaudiscum* devint *Alauvescum*, — *Alovescum, L'Alovescum — La Lauvescum, Lalauvescum*, et en dernier lieu : *Lalouvescum. La Louvesc* est la forme la plus moderne.

Il faut donc renoncer à l'étymologie tirée des loups et des louves.

En 1179, La Louvesc était déjà *paroisse, église* (*ecclesia*), et non pas simple *chapelle* (*capella*).

La Louvesc, paroisse en 1179, nous reporte plus loin pour son origine, car il est absolument invraisemblable qu'un pays placé si haut, dans un site do si difficile accès, se soit peuplé tout d'un coup. Il faut probablement attribuer cette origine aux causes générales qui ont peuplé ces régions, causes dont nous ignorons la nature, mais qui remontent à une époque reculée. Les hommes, quelle que soit la rigueur de leur pays natal, s'y attachent et ne l'abandonnent presque jamais.

Hasardons une étymologie.

Du Cange n'a pas le terme *Alaudiscum*, mais il a les termes *Alodis*, *Alodus*, *Alodium* et *Alaudum*, qui confinent au premier. *Alodis*, d'après l'illustre glossateur, est la forme la plus ancienne. Alodis signifie un fond de terre (*fundus quivis*). C'est l'*alleu*. Il signifie aussi un fond de terre libre de toute juridiction et imposition. C'est le *franc-alleu*.

Nous n'avons pas à chercher quelle est la source du mot *alodis*, qu'on a dit plus difficile à trouver que celle du Nil (1). Mais nous constatons que la source d'Alaudiscum paraît être *Alodis*. D'Alodis à Alaudiscum, en passant par *Alaudum*, il n'y a pas loin.

Une particularité singulière nous confirme dans notre opinion. La portion du territoire de La Louvesc, appelée La Grange-Neuve, et possédée par MM. Buisson depuis 600 ans, était exempte, avant 89, de toute imposition ecclésiastique et féodale. C'était un reste de l'*Alleu*.

---

(1) D'après Littré, Alleu vient de All-Od. *Toute-propriété*, propriété complète.

La Louvesc, fut donc primitivement un franc-alleu. Le nom d'Alleu lui a été donné et lui est resté parce que c'était le *seul* Alleu du pays.

On va le voir.

VI

Seigneurs et Vassaux (1)

La baronnie de Mahun vécut en paix sous le gouvernement d'Aymon II, sire de Pagan, seigneur de Mahun et d'Argental. Les richesses, la religion et la longévité forment son caractère. Ce fut un patriarche. Ses possessions s'étendaient dans le Vivarais (Mahun et Seray), dans le Velay (Ulmats) et dans le Forez (Argental, Riotord, Vanosc, La Fay, Saint-Sauveur, Saint-Julien). Il protégea magnifiquement le monastère de Saint-Sauveur. Il lui donna le droit de prendre dans ses forêts le bois nécessaire pour la construction et le chauffage du monastère et du bourg, le droit des eaux et le droit de pacage dans toute la seigneurie. En 1184 il se retira à la Grande-Chartreuse. La

(1) Les détails contenus dans ce chapitre, sont tirés : *des Chartes de Saint-Sauveur*, éditées par le comte de Charpin et Guigue ; de l'ouvrage de M. de Gallier sur *Les Pagan* et *des Archives particulières* du pays.

même année, il fut choisi par Jean, évêque de Grenoble, pour lui servir de procureur dans son traité avec le duc de Bourgogne.

En même temps de grands troubles commençaient pour Mahun et Argental. Car Guigues II fils et successeur d'Aymon II ne ressembla pas à son père. Figure assez originale en son genre, mais plus intéressante pour ses historiens que pour ses sujets. Son père, se défiant des fougues de son tempérament avait voulu engager sa conscience pour l'époque où il serait maître de ses actes.

Il lui avait fait jurer de maintenir les franchises du monastère de Saint-Sauveur. Nous avons ce serment :

« Moi Guigues de Pagan, je m'engage par promesse, entre les mains de l'archevêque Robert et d'Albert le prieur, de maintenir et observer inviolablement tout ce qui a été établi par mon père et par ma mère, ainsi que cela est contenu dans cette charte. »

A peine Guigues fut-il en possession de ses domaines qu'il oublia ses promesses, l'autorité de l'archevêque, les droits du prieur, le souvenir de son père et de sa mère. Il se mit à ravager les terres de Saint-Sauveur, à rançonner les habitants, à piller les maisons, à incendier les récoltes : entre le haut justicier et un brigand des grands chemins, la différence devenait imperceptible. Il vola une fois 640 sols d'or. La sécurité allait disparaître de Mahun et d'Argental.

On ne sait combien de temps durèrent ces débordements, ni quelle cause les fit cesser. Ce fut peut-être le mariage de Guigues avec Fayna. Quoiqu'il en soit, Guigues II se calma, revint à des sentiments plus chrétiens, se repentit et si bien qu'il parut un autre homme. Il montra tant de douceur dans ses rapports avec ses sujets qu'il fut surnommé « le doux » *qui, ob pacatos mores dulcis vocabatur* ».

Il fit d'abord pour effacer ses crimes, ce que faisaient une foule de seigneurs dans les circonstances semblables. Il partit pour la croisade en 1190. Ayant pris part à la conquête de Ptolémaïs avec Philippe Auguste, il revint en 1191. Il acheva en 1195, de réparer ses dévastations par des dons considérables, cens et terres, au monastère de Saint-Sauveur. Le monastère à son tour, pour lui témoigner sa reconnaissance, lui fit des présents qui montrent la rareté de certains objets en ces temps primitifs. Il lui donna vingt-quatre livres de la monnaie de Vienne, un mulet de dix livres, et.... *une coîte de duvet (una coltra de pluma fola)*.

Guigues II laissa deux fils : Guigues III, seigneur d'Argental, et Aymon III, seigneur de Mahun. Nous ne nous occuperons que de ce dernier.

Le gouvernement d'Aymon III, (-1200) fixa la forme des redevances dans la baronnie.

Il y avait comme on le sait, deux genres de redevances ou tailles : la taille *fixe* dont le chiffre déterminé une fois pour toutes,était maintenu quels que fussent les changements survenus dans les ressources des contribuables ; et la taille *flottante* appelée taille à merci, *ad misericordiam domini*. Cette taille pouvait varier d'une année à l'autre. Comme il était difficile au seigneur d'asseoir par lui-même le chiffre de la taille, il était obligé d'avoir recours à une sorte de conseil de prud-hommes. En conséquence le montant de la taille résultait de l'équité ou de l'avidité du seigneur, des revenus ou des ruses des vassaux, de l'impar-tialité ou de la complicité des prudhommes soit avec le seigneur, soit avec les vassaux. Il y avait plus d'un point de ressemblance entre cette taille et notre budget. Tandis que la taille fixe ne dispen-sait pas des autres impôts en vigueur dans le pays, la taille à merci exemptait les taillables de toute autre redevance, même royale, le fisc n'avait aucune prise sur eux.

Les sujets de Mahun préférèrent-ils la dernière taille, ou cette taille leur fut-elle imposée? Nous ne saurions le dire. Le fait est qu'ils la reconnu-rent comme la taille légitime et perpétuelle de Mahun. Ils déclarèrent en outre qu'ils ne pouvaient sans la permission d'Aymon, passer sous la domi-nation d'aucun autre seigneur, même sous celle du roi ; à peine de confiscation de leurs biens. Enfin il fut entendu, que cette taille saisissait indistinctement tous les sujets de Mahun, quelle que fut leur qualité. Les gentilshommes n'avaient

pas d'autre privilège que celui de pouvoir quitter
la baronnie. Un siècle plus tard, la même déclaration fut renouvelée et la sénéchaussée de Bau-
caire fit d'inutiles efforts pour lever les impôts du
roi dans ces régions. Ce point fait comprendre
combien les franchises de La Louvesc tranchaient
sur ce système de *taillabilité* et pourquoi ce petit
village reçut le nom d'*Alleu*.

A ce moment là aussi (1200) les relations entre
Mahun et Veyrines se modifièrent. Une transaction intervint. Les clauses qui la constituent peuvent se diviser en deux parties : les unes sont en
faveur du seigneur de Mahun, les autres en faveur
du prieur de Veyrines.

CLAUSES EN FAVEUR DU SEIGNEUR DE MAHUN

1 — Veyrines est sous la sauvegarde du seigneur de
Mahun.

2 — Les hommes de Veyrines pourront être requis par
le seigneur de Mahun, pour faire « tout ce que les nobles et
valvasseurs font et observent ».

3 — Le seigneur de Mahun aura toute justice, sauf pour
les délits ordinaires.

4 — Le seigneur de Mahun pourra prendre sur les
hommes du prieuré demeurant *dans le district du dit
Seigneur* une quarte seigle sur les moissons chaque
année.

5 — Les vautours et autres oiseaux de proie ou de
chasse appartiendront au seigneur de Mahun.

CLAUSES EN FAVEUR DU PRIEUR

1 — Le Prieur et ses moines sont exempts de la juridiction du seigneur.

2 — Ils ont la justice pour les délits ordinaires.

3 — Droit de pêche le long de la vallée qui longe le prieuré.

4 — Le seigneur ne pourra imposer aucun ban sur les propriétés du prieuré, si ce n'est du consentement du prieur.

5 — Le seigneur ne pourra imposer d'amende aux hommes du prieur demeurant dans le district du seigneur, au delà de cinq deniers à trois sols par an pour les délinquants de jour et sept sols six deniers pour les délinquants de nuit.

Le monastère obtint encore d'autres avantages en 1309.

Pendant que le seigneur de Mahun acquérait le droit de prendre des bois dans les forêts du couvent, les hommes de Veyrines et du Rouvet obtinrent le droit réciproque dans tous les bois de Mahun : « *Et in aliis nemoribus Domini de Mahuno prout ad eos pertinet et pertinere debet.* »

Les choses restèrent en cet état sous l'administration de Guigues IV (1230-1270), neveu d'Aymon III, d'Aymon IV fils de Guigues IV (1270-1303).

Au point de vue militaire, les habitants de la baronnie avaient été assez tranquilles. Depuis la croisade où Guigues II en avait mené à sa suite un assez grand nombre, ils n'avaient eu de contingents à fournir que pour les démêlés de Guigues IV avec Philippa de Fay, comtesse de Valentinois. Cette tranquillité fut troublée en 1325. — Ils avaient alors pour seigneur, Jean, fils d'Aymon IV. Jean fut un homme de guerre, et jeta un grand éclat sur une race prête à s'éteindre.

Il combattit avec ses vassaux, sous les étendards du dauphin Guigues VIII à la sanglante bataille de Varey contre Edouard de Savoie (7 août 1325). Il alla même au secours de Philippe de Valois, et rompit de bonnes lances à Cassel contre les Flamands.

Il fut témoin dans plusieurs conventions célèbres. Il signa le traité de Saint-Vallier. Il fut garant dans celui ou Guichard, sire de Beaujeu se déclara vassal du dauphin Guigues, et lui jura fidélité envers et contre tous, excepté « contre l'église de Lyon, le duc de Bourgogne, le comte de Clermont, et l'abbaye de Sainte-Barbe. » — Enfin il ratifia la cession du Dauphiné à la France. Il n'eut qu'un fils, Guigues V (1341-1362) qui mourut fort jeune et sans postérité.

Ainsi finirent les premiers barons.

VII

La Maison de La Louvesc.

La Louvesc n'a pas manqué d'une certaine notoriété locale sous la domination des Pagan. Car
ce fut le temps où une famille porta ce nom et le
porta bien. Nous en avons retrouvé huit membres
disséminés dans l'espace de deux siècles (de 1200
à 1400). Les La Louvesc étaient gentilshommes.
Ils sont qualifiés seigneurs dès l'an 1294. Le Père
Grasset les appelle des *personnes de condition*.
Dans les commencements, ils s'occupaient de
jurisprudence. Il y eut des clercs dans leur famille, et les seigneurs voisins les choisissaient
volontiers comme juges.

Leur maison de La Louvesc était une maison
forte avec tour et chapelle. Il en reste aujourd'hui
peu de chose. La tour a été démolie ou diminuée.
La chapelle n'existe plus. Les cintres ou les
ogives ont cédé la place aux lignes droites des
fenêtres modernes. Une seule partie, sorte d'avant-
corps, conserve ses ouvertures et ses escaliers
antiques. Cette maison est appelée, dès le xvie siècle, au moins, la maison *claire* (peut-être primitivement la maison des *clercs*).

Les La Louvesc furent en relations longues et intimes avec les Pagan. Seigneurs de la Tour de La Louvesc, ils avaient probablement obtenu sur la paroisse une juridiction seigneuriale dépendante de celle de Mahun. La ressemblance des armes ferait même croire à une alliance entre les deux maisons. Les La Louvesc portaient : « d'argent au chef d'azur chargé d'une fleur de lys ». (P. Grasset.)

LES PREMIERS LA LOUVESC

Les trois premiers s'appelaient Siméon (1200-1278). Siméon I n'a pas de profession connue. Siméon II était juge des terres de Guigues Pagan, seigneur d'Argental. Siméon III était curé de Vocance. André, qui vient ensuite, était juge dans le Vivarais et dans le Valentinois. Ces quatre La Louvesc apparaissent, à chaque instant, comme témoins, arbitres ou juges, dans les différends des Pagan de Mahun, des prieurs de Saint-Sauveur, des seigneurs d'Argental, des abbesses de Clavas et des chevaliers d'alentour. Voici, à titre de curiosité, un jugement rendu en 1274 par Siméon II.

« A tous ceux qui verront ces présentes, Siméon de La Louvesc *(Simeon de Lalauvesco)*, juge de noble homme Guigues de Pagan, seigneur d'Argental........, salut :

« Que tous sachent que le seigneur Boson de

Mahun, chevalier de Malleval, constitué en ma présence, et en la présence des témoins ci-dessous désignés, à la requête du seigneur Artaud, prieur de Saint-Sauveur, a confessé et reconnu en toute connaissance de cause et liberté, pour lui et ses successeurs... qu'il était feudataire du Prieur et de la maison de Saint-Sauveur. »

(Suit la liste des terres et cens qui font l'objet du litige).

« Après reconnaissance faite des dits fiefs au Prieur, le dit chevalier comme vassal, légal, ou feudataire, a juré fidélité sur les saints Evangiles de Dieu, au dit Prieur, pour les fiefs précités.

« Fait dans le cloître de Saint-Sauveur, l'an du Seigneur 1274, dans la quinzaine du Bienheureux Jean-Baptiste.

« En foi de quoi, et pour que la chose soit ferme à toujours, moi juge dit, à la prière et sur les instances du dit Boson, chevalier, j'ai apposé à cette charte le sceau du dit noble homme, Guigues, voulant et faisant que cette charte ait la valeur d'un instrument public. » (Cartulaire de Saint-Sauveur.)

Nous savons fort peu de choses sur Sylvion de La Louvesc qui vivait en 1291. Nous n'en saurions absolument rien, sans un procès minuscule qu'il eut avec le seigneur de Sogel. Il s'agissait d'une rente de trois sols. A quoi tient la notoriété humaine ! Un jour, un de ces hommes, dont la spécialité paraît être de ramasser les vieilles choses et de retrouver parfois les choses perdues, regardait couler ce grand fleuve, qui charrie tant d'épaves et qu'on appelle en prose le Temps. Il aperçut, par hasard, au milieu des débris flottants, la feuille d'assignation qui s'en allait à la dérive. Le généalogiste se baissa, arrêta la feuille légère, en détacha l'extrémité et jeta le reste : *Tres solidos quos percipit de censu in prato Domini Sylvionis de La Louvesco.* Ce bout de feuille titre mieux Sylvion que tous ses prédécesseurs. Il y est qualifié : « Dominus ». *Le seigneur Sylvion de La Louvesc.* Et c'est là un bon billet, et sur dix familles, aujourd'hui titrées, cinq au moins ne pourraient rien produire de semblable.

Cette appellation incline même du Solier à conclure qu'il était seigneur de La Louvesc. La conséquence ne serait pas rigoureuse : autre chose est de se titrer : *Le seigneur Sylvion* de La Louvesc, ou de se titrer : Sylvion, *seigneur de La Louvesc.*

JEAN DE LA LOUVESC

(1330)

Ce fut lui qui illustra la maison de La Louvesc; et ses rapports avec les Roussillon, seigneurs d'Annonay, commencèrent sa fortune.

Les Roussillon ont une origine assez incertaine. D'après quelques auteurs, le paladin Gérard, comte de Roussillon dans les Pyrénées, aurait promené ses boucliers d'or et ses aigles rouges, jusque dans la Provence, le Lyonnais et le Viennois ; là il aurait bâti un château du nom de Roussillon ; sa postérité se serait fixée dans le pays ; un de ses descendants, Artaud Ier de Roussillon, aurait épousé Marguerite, fille unique d'Aymon, seigneur d'Annonay, et aurait recouvert ses vieilles aigles de l'échiquier aux cases d'argent et d'azur. D'autres, bien entendu, pensent qu'Artaud n'eut pas cette peine, n'ayant rien de commun, pas même les armes, avec Gérard le Mérovingien. D'autres se permettent de croire que Gérard n'a pas d'existence en dehors des romans de chevalerie. Quoi qu'il en soit, les Roussillon d'Annonay furent d'opulents seigneurs et tinrent à Annonay une véritable cour.

Or, Guillaume de Roussillon, seigneur d'Annonay, vers l'an 1330, avait choisi pour juge de toutes ses terres Jean de La Louvesc. Jean était de plus intendant de la maison de Guillaume. Cette dernière charge l'obligeait à des séjours prolongés au château seigneurial.

C'était l'époque de la plus grande puissance du cardinal Pierre Bertrand. Successivement, professeur dans les Universités d'Avignon, de Montpellier et d'Orléans, avocat au Parlement de Paris, conseiller au même Parlement, conseiller d'Etat, chancelier de Jeanne de Bourgogne, évêque de Nevers et d'Autun, il étonnait la France, et en un sens l'Europe, des prodiges de sa parole. Jamais peut-être orateur n'avait eu à plaider des causes plus importantes et ne les avait plaidées plus heureusement. Ses clients étaient les princes et les rois. Il fit adjuger la Flandre à Jean, comte de Nevers, contre Robert, comte d'Artois. Il fit gagner à Charles Norbert le royaume de Hongrie. Il fit triompher Philippe-le-Long et la loi salique de Jean, comte de Bourgogne. Enfin, il défendit victorieusement les droits de la sainte Eglise devant le Parlement de Paris, et reçut sur ses épaules la pourpre cardinalice. Il se montrait admirable diplomate dans les légations de France, d'Italie et de Flandre.

Toute sa parenté occupait les plus hautes positions à Annonay. Un de ses neveux, Guillaume Bertrand, était chevalier de Guillaume de Roussillon, chevalier bachelier du comte de Forez, sénéchal d'Autun et gentilhomme ordinaire de la chambre du Roy. Guillaume avait épousé, en 1309, Anne de Malatour, alliée à la maison de la Tour d'Auvergne. Il en eut une fille, Guillemette, qui finit par épouser Jean de La Louvesc.

Les choses d'autrefois, racontées par d'anciens auteurs, revêtent une sorte de gravité et une grâce qu'elles n'eurent peut-être pas toujours en leur temps. Laissons la parole au P. Grasset :

« Guillemette... fut élevée fort tendrement, âgée de dix ans, fut donnée à Dame Béatrix de la Tour, dame d'Annonay, pour demoiselle d'honneur. Elle était d'une riche taille, d'un maintien grave, ayant la parole fort douce. Son esprit était promp' ıx

réparties, son visage un peu long, ses joues assez
pleines et d'une blancheur qui ne le cédait pas à
la neige, sa bouche petite, ses lèvres vermeilles et
toujours riantes... ayant une chevelure blonde.
Enfin, toutes les autres beautés de cette petite
cour ne semblaient être que terre et celle-ci avoir
été formée parmi les globes célestes. Son jugement la faisant admirer de tous, elle fut recher-
chée en mariage par le seigneur Jean de Lalou-
vay.... Cette recherche tout au commencement
fut rejetée. Mais, comme ce gentilhomme se trouvait d'un esprit bien fait, savant et bien éloquent,
d'un corps très bien proportionné, gagnant les
bonnes grâces de sa maitresse (Béatrix de la
Tour), qui ne mettait aucun obstacle à sa demande; par l'intervention de ses amis et de ceux
qu'il servait, sa demande fut agréée et il épousa
cette jeune demoiselle en 1338.

Par ce mariage Jean de La Louvesc entra dans la
famille et dans l'intimité des deux plus grandes
illustrations d'Annonay au moyen âge, le cardinal
Bertrand et le cardinal du Colombier.

CATHERINE DE LA LOUVESC

Catherine était sœur ou cousine de Jean. Elle se
résolut à servir Dieu dans un des ordres récemment fondés et des plus austères, l'ordre de Sainte-
Claire. Sa parenté avec le cardinal, l'amena sous

un ciel plus clément que celui de sa naissance.
Elle entra en religion dans la ville :

« Au grand château qui touche aux nues,

« Lançant à la cime du ciel,

« Sur l'énorme dos de ses voûtes,

« La carrure prodigieuse

« De ses sept tours en pierre dure,

« Dont le jet orgueilleux rappelle

« Une demeure de géants. »

Avignon, en ce temps-là, était sous la domination pontificale, et remplaçait Rome, comme capitale du monde.

« Tout ce qui croit en Jésus-Christ

« Avait fidèlement tourné son char

« Vers le séjour de son vicaire :

« Les nations buvaient au Rhône (Mistral-Nerto). »

Le monastère des Dames Clarisses occupait l'île qui confine aux rues actuelles de la Masse et Pétramale. On pénétrait d'abord dans une église intérieure suivie d'un cimetière et d'un jardin. Autour du jardin et du cimetière se déployaient les cloîtres et les cellules. Cette maison était près du grand monastère des Cordeliers, dont le collège Saint-Joseph occupe l'emplacement. Il n'y avait pas encore un siècle que le couvent était construit. On cite une lettre du pape Grégoire IX (1239) adressée au podestat et aux consuls d'Avignon pour leur recommander sœur « Marie » venant d'Assise. La fondation se fit en 1250. Au xiv° siè-

cle, la vie religieuse y était dans sa première
ferveur, et les murs de Sainte-Claire avaient déjà
abrité d'illustres existences. On avait remarqué,
parmi les premières abbesses, Gérarde de Sabran.
Ce fut sous le gouvernement de Gérarde, en 1274,
qu'on vit entrer dans le monastère, une jeune fille,
âgée de dix ans, aux yeux d'ange et au cœur
virginal. Elle s'appelait Roseline de Villeneuve,
était fille de Gaspard de Villeneuve, seigneur des
Arcs et de Trans, et de Béatrix de Sabran. Elle
venait au monastère pour recevoir les leçons de
Gérarde sa parente. Elle apprit entre autres vertus
la charité, cette charité prodigue qui, dix ans
après, changeait en roses vermeilles, le pain de
ses aumônes. Roseline mourut en 1329, sur les
confins des deux seigneuries : tous les chrétiens
peuvent encore, après six siècles, y contempler
son corps et ses yeux conservés, comme au soir
de sa mort. Catherine de La Louvesc arriva à Avignon, au moment où on exhumait Roseline, où
les premiers récits du prodige faisaient tressaillir
le monastère et l'embaumaient à nouveau des
roses de Villeneuve.

Nous ne savons pas précisément comment se
nommait l'abbesse. Nous savons seulement qu'en
1324 Bérengère de Corvo succédait dans la dignité
abbatiale à Alasie de Salvano. Catherine fit profession et resta dans la ville des papes jusqu'en
1348. Elle en sortit alors, par les ordres du cardinal Bertrand, et voici dans quelles circonstances :

« En 1347, fleurissait dans la ville d'Annonay, le couvent des RR. PP. Cordeliers de l'ordre de Saint-François, qui, par leur sainte vie, mortifications, prédications et dévotes conférences, avaient élevé un grand nombre de belles âmes en l'amour de Dieu, qui vivaient comme religieuses, sans toutefois avoir aucun couvent destiné à leurs exercices. Le seigneur cardinal du titre de Saint-Clément, Pierre Bertrand, jaloux de la gloire de Dieu et par une inspiration toute divine, à la demande de ces pieuses âmes, prit la résolution de fonder en la dite ville, un couvent de Dames religieuses de l'ordre de Sainte-Claire, sous la règle de Saint-François. » (P. Grasset).

Par un bref, en date du 2 mai 1348, Clément VI donna au cardinal et à son neveu le cardinal du Colombier, le droit de nommer l'abbesse et les 12 religieuses. Le P. Provincial des Cordeliers de la province de Lyon accepta la fondation et délégua le P. Prieur d'Annonay.

« Ensuite duquel pouvoir et mandement, ce père gardien donna l'habit à six dames novices et nomma par la bouche du seigneur cardinal dame Catherine de La Louvay sa cousine, abbesse du dit couvent. » (it.).

Les six premières religieuses furent : Jeanne de Charlieu, Antoinette de Matrès, Marguerite de Colay, Anne de Gurin, Françoise de Petit, et Claudine de Fayas. Toutes appartenant aux premières familles du pays.

PIERRE DE LA LOUVESC

(1363.)

Pierre était fils de Jean de La Louvesc. Quand le cardinal du Colombier alla couronner à Rome l'empereur Charles IV, il prit avec lui ces deux seigneurs. Jean accompagnait le cardinal comme orateur, et il harangua « en toutes les occasions nécessaires. » Aucune de ces harangues ne nous a été conservée. Quant à Pierre, il fut créé, dans ce voyage, chevalier du Saint-Empire. Les splendeurs d'un couronnement impérial et une création de chevaliers, sont des choses si loin de nous qu'elles ne peuvent manquer d'intéresser les lecteurs. Nous en avons retrouvé les détails dans les manuscrits du P. Grasset.

Nous suivons le cardinal étape par étape, d'Avignon à Rome, par Nove, Orgon, Nice, Savone, Gênes, Pise et Sienne.

Il sort d'Avignon, le 9 février 1355, accompagné de tous les cardinaux, les laisse à la Durance, passe la rivière accompagné seulement de quatre cardinaux ses amis, va coucher à Nove, en repart le 10, s'arrête peu à Orgon et arrive le 12 à Nice.

« A Nice, il réforma son train, ne prenant pour sa suite que vingt personnes de marque, tant ecclésiastiques que séculiers, qui composaient avec leur suite le nombre de soixante chevaux, sans y compter les volontaires. Le seigneur Pierre de La Louvay, son petit neveu, était seul de ses parents, proche de sa personne. »

A Savone il donna audience aux ambassadeurs de Charles.

A Gênes, où il arriva le 25, il fut reçu magnifiquement.

La première entrevue du Cardinal et du Prince eut lieu à Pise le 15 mars :

« Le dit Empereur fut au-devant du Sr Cardinal, le 15 du même mois, avec 1,000 fantassins e 600 cavaliers, ainsi que de toute sa cour et des évêques qui furent le recevoir.... et attendit le Sr Cardinal Légat près de l'entrée de la ville. Sa Majesté n'était pas couverte de ses habits somptueux ni monté sur son cheval royal, mais bien d'un vêtement fort humble et sur un cheval de commun pris pour honorer le vicaire de J.-C. en terre, en la personne de son Légat avec plus de respect, et l'abordant mit pied en terre, se découvrit. Le Sr Cardinal incontinent mit pied en terre, ôta son chapeau et sa calotte et aborda sa dite Majesté, laquelle après l'avoir profondément salué, l'embrassa, accola de l'un et de l'autre côté, se donnant mutuellement le baiser de paix, et après beaucoup de compliments ledit Cardinal reprit sa calotte, ensuite son chapeau, et rendant une permission de demande à sa Majesté, par une profonde inclination de tête, monta à cheval, laquelle le voyant à cheval remonta aussi sur le sien, ne voulant reprendre son chapeau, mais seulement sa cape ou toque, donnant la dextre audit Cardinal, lui, prenant la gauche, et ainsi se cotoyant l'un l'autre chevauchèrent ensemble jusqu'à l'entrée de la ville. »

Le séjour du Cardinal à Sienne ne fut pas aussi tranquille qu'à Pise. Il fut troublé par l'émeute.

A peine Charles eut-il franchi les portes de la ville « qu'une partie de ses cavaliers citoyens (les gardes bourgeoises) investirent la personne de Sa Majesté, ne lui permettant d'aller prendre son logis préparé par les ministres de la cité dans le palais du S* Jean Philippe de Gambacurta, le plus puissant et riche de tous les citoyens et tribuns de la cité, mais le forcèrent violemment et nonobstant ses gardes, d'aller descendre dans le palais de la ville, criant avec clameur : *Vivat, vivat, l'Emperator Carolo quarto, Rege Romano cùm liberta di Sienna.* — Les uns tenant les rênes de son cheval, les autres la housse, les autres lui baisant la botte... — Etant arrivé à ce palais et entré, la porte fut fermée et très bien gardée. »

Charles fut délivré après un rude combat par l'archevêque de Prague, grand maréchal du royaume de Bohême, et satisfaction fut donnée aux Siennois pour les libertés qu'ils réclamaient.

Grasset a décrit l'entrée de l'Empereur à Rome sur des notes étendues prises par un témoin oculaire et placé dans l'entourage impérial. Il entre dans les derniers détails, et le costume du prince nous est présenté du haut en bas.

Sa tête était coiffée d'un bonnet en drap d'or et à fond d'argent fourré de zibeline; le bonnet était surmonté d'un panache en plumes rouges et blanches au milieu duquel brillaient de magnifiques pierreries. Charles était couvert d'une robe écarlate aux boutons et aux broderies d'or, et ceint d'une écharpe rouge. A sa gauche, pendait un cimeterre, et à sa droite, à la selle de son cheval, sa longue épée. Les fourreaux n'étaient qu'or et diamants.

C'était l'usage, et un usage très solennel, que l'empereur, à son entrée à Rome et avant son couronnement, fît un certain nombre de chevaliers du Saint-Empire. En conséquence, une foule de ducs, marquis, comtes, barons et autres grands seigneurs de différentes nations furent avertis qu'ils auraient l'honneur insigne d'être armés chevaliers des mains de Charles IV. La porte Crescentienne fut indiquée comme le lieu de la cérémonie. On dressa une vaste et riche estrade au pont du château Saint-Ange, un peu au delà des arcs triomphaux.

A l'heure indiquée, les seigneurs désignés pour la promotion avaient pris leurs places, et l'empereur arrivait, quand tout faillit manquer par un incident imprévu, mais pourtant facile à prévoir. La population romaine n'était pas plus patiente que celle de Sienne et elle était encore plus avide de toutes sortes de spectacles. Le spectacle des chevaliers était si curieux qu'une foule immense envahit les abords de l'estrade. Bientôt elle commença à onduler comme une moisson agitée par le vent. Plusieurs personnes furent dangereusement blessées. Les clameurs s'élevaient, pareilles aux clameurs séditieuses de Sienne. L'empereur, pour éviter de plus grands malheurs et pour abréger la cérémonie, déclara qu'il toucherait de son épée trois seigneurs seulement, à savoir : Pierre de La Louvesc, Pierre de Monestier et Guillaume de Saint-Didier. Il leur faisait cette politesse, comme neveux du cardinal légat et Français, non vassaux naturels de l'Empire.

Voici quel était l'aspect de l'assemblée.

L'empereur sur son trône. Aux quatre coins du trône, quatre capitaines des gardes du corps, l'épée nue, cuirassés et à cheval. A côté de l'emreur l'électeur de Cologne, l'électeur de Mayence et le comte Louis de Brandebourg, chancelier. Debout devant le prince, les quatre grands secrétaires de l'empire. Autour, les sénateurs, les princes, les gentilshommes ; plus loin, des escouades de l'armée allemande et le peuple romain.

La cérémonie eut trois phases : l'armement, la remise des insignes et le serment.

L'armement se fit par l'empereur. Le prince Robert, comte palatin du Rhin, lui mit l'épée nue à la main. Pierre de La Louvesc, Pierre de Monestier et Guillaume de Saint-Didier furent appelés par leurs noms : « Ils étaient richement couverts à la française ». Ils saluèrent cette grande assemblée, puis se mirent à genoux. L'empereur frappa de l'épée, par trois fois, sur les épaules et sur le dos des trois seigneurs, leur disant, en langue allemande : « Par saint Pierre et par saint Paul, défenseurs de la sainte Eglise romaine et du saint empire. — Car vous êtes chevaliers du grand empereur Charlemagne. »

Comme on le voit, bien que l'empire eût passé des Francs aux Allemands et parlât tudesque, il relevait encore de Charlemagne.

Vint ensuite la remise des insignes : c'étaient les éperons, l'épée, la cotte, les ordres.

Les éperons étaient d'or, et ils furent attachés par des pages.

L'épée fut ceinte aux chevaliers, qui avaient en terre un seul genou, par le connétable. L'empereur disait : « C'est par la force de cette pointe et de ce tranchant que vous surmonterez vos ennemis, et par la dextérité et adresse de votre corps, que vous chevaucherez les ennemis de la sainte Eglise et de l'Empire, courageusement. »

Le capitaine Wualde de Vurtemberg fit apporter les cottes : des pages en vêtirent les chevaliers. Ces cottes étaient de satin cramoisi, à manches ouvertes, fourrées de velours noir, parsemées de devises en broderies, ayant sur les épaules un double cordon de soie rouge et blanche, à houpettes de même couleur, garnies de fils d'or et d'argent.

Les ordres furent apportés sur le commandement de Nicolas de Luxembourg, frère de l'empereur.

Il y avait des chaînons, des colliers et des croix d'or. L'Empereur demanda si les seigneurs français avaient donné des preuves de leur courage. Le prince répondit qu'ils en avaient donné et mit les ordres au cou des chevaliers.

La cérémonie se termina par le serment. Le serment était écrit sur parchemin avec les sceaux pendants en cire verte et les armoiries des seigneurs. Le parchemin fut présenté aux chevaliers. En même temps, un des secrétaires tenait devant eux le livre des Evangiles. Quand vint son tour, Pierre de La Louvesc prononça les paroles suivantes :

Je, noble Pierre de La Louvesc, chevalier bachelier de la Couronne de France et chevalier du Saint-Empire, promets par la foy de mon corps, comme loyal chevalier, de défendre et de protéger la sainte Eglise romaine et le saint Empire contre tous leurs ennemis, voulant être tenu pour faux, mauvais et déloyal chevalier, parjure et foy mentir, si je fais le contraire. Ainsi Dieu m'aide en ces saints Evangiles, que je touche. »

Immédiatement après les serments, les trompettes, clairons, hautbois et autres instruments sonnèrent et l'Empereur descendit de l'estrade.

C'est ainsi qu'à l'entrée de l'Empereur Charles IV dans Rome, il ne fut fait que trois chevaliers, « du nombre desquels était Pierre de La Louvesc. »

Le cardinal du Colombier était de retour à Avignon le 27 juin. Le Pape lui donna un grand dîner, ainsi qu'à tous les cardinaux. — Les cardinaux « l'après-dîner l'accompagnèrent à son logis, où tous en particulier lui rendirent visite le jour suivant, et lui à iceux avec beaucoup d'honneur, toujours accompagné des seigneurs de Monestier, de Saint-Didier et de La Louvesc, ses neveux. »

Pierre de La Louvesc avait été fait chevalier du saint empire en 1355. — Nous ne le trouvons plus qu'après la mort du cardinal dans différents actes où il intervient pour faire respecter les dernières volontés de son parent. C'est ainsi qu'il installa les religieux Célestins dans le château du Colombier, qu'il porta plainte au Conseil du Roy contre l'expulsion violente de ces religieux par Adhemar de Roussillon qu'il réclama auprès de Jean II, alors à Avignon, le rétablissement des religieux dans le château, et enfin assista aux obsèques solennelles du cardinal.

« Six religieux Célestins, nous dit Filhol, ouvraient la marche. Puis venaient quatre prêtres séculiers, savoir : Albert Raoul, doyen de Langres Mondon de Pessano, chanoine de Nevers, Guillaume Le Blanc et Jean de la Porte. Douze serviteurs du cardinal, vêtus de noir et portant des torches à la main précédaient le char funèbre et douze le suivaient. Enfin les seigneurs de Montchal, de Saint-Didier, de Monestier et de La Louvesc, fermaient la marche accompagnés de tout leur train en habits de deuil. Le cortège arriva au Colombier, le 23 du même mois (mars 1363) vers les quatre heures du soir. »

Cinq siècles plus tard, le 29 juin 1801, un cortège public vint prendre ce qu'on crut être les ossements du cardinal ensevelis sous les ruines du monastère, pour les déposer dans le cimetière d'Annonay ; comme en 1363, un char funèbre traînait les ossements, mais aucune pompe religieuse n'environnait le Prince de l'Eglise. Des gendarmes et des gardes nationaux remplaçaient les vingt-quatre serviteurs porteurs de torches. Au lieu des cinq seigneurs entourés de leur magnifique cortège, on voyait huit citoyens d'Annonay, chargés d'organiser la cérémonie et se titrant modestement *Commissaires de la fête.*

La maison de La Louvesc semble avoir été ensevelie avec le cardinal du Colombier. A partir de cette époque nous perdons ses traces. C'était le moment où s'éteignait Guigues V⁰ du nom, le dernier des Pagan. Les deux familles disparaissaient ensemble.

VIII

Les Retourtour de Beauchastel.

Les Pagan s'étaient fortement attachés à la terre de Mahun. Jean voyant la faible constitution de son fils Guigues et ne voulant pas que la baronnie fît retour à l'Etat, désigna lui-même ceux qui devaient recueillir l'héritage de ses ancêtres. Il fit un testament qui marque bien la toute-puissance paternelle et la liberté testimoniale dans les premiers temps de la ·monarchie. Il nomme son fils Guigues son héritier universel, en lui substituant des successeurs au cas où il viendrait à mourir sans enfants. Sa sœur Raymbaude avait épousé Odon de Retourtour; de ce mariage était né Bryand de Retourtour. Ce fut ce neveu que Jean de Pagan substitua à son fils Guigues.

Lorsque Guigues se sentit mourir à la fleur de ses années, il testa en faveur de Bryand son cousin et consacra ainsi la volonté paternelle. Par une précaution semblable à celle qu'avait prise son père, il établit une substitution en faveur de Guillaume Bastet, seigneur de Crussol. Les Bastet avaient avec les Pagan une parenté plus lointaine que celle des Retourtour. Vers 1250, Giraudet

Bastet, seigneur de Crussol avait épousé Marguerite de Pagan.

Tous les efforts faits pour retenir Mahun au
pouvoir des représentants les plus éloignés des
Pagan devaient être inutiles.

Bryand de Retourtour, seigneur de Beauchastel
succéda à Guigues. Il portait : *d'or à trois retortes
(cornues ou cornemuses) en pal de sable de quatre
pièces (du Solier).* Son gouvernement fut très doux
et son testament de 1378; devint comme la grande
charte de Mahun.

Bryand constatait que ses prédécesseurs n'a-
vaient pas coutume d'exiger plus de trois corvées
par an. Il déclara que cette coutume serait désormais une règle invariable, et que ses sujets de
Mahun seraient tenus « ab illis in quibus et cum
« quibus ipse Dominus Bryandus et sui prædeces-
« sores consueverant habere *corvatas tres* dun-
« taxat in anno » (*Mémoires du marquis de Satillieu*).
— Il ajouta qu'au cas où ses successeurs ne seraient pas de sa race, le mandement de Mahun devrait une seule corvée. Ce fut cette dernière hypothèse qui se réalisa.

Bryand fut le seul des Retourtour qui posséda
Mahun, et la seigneurie passa ensuite aux Tournon. Les auteurs ont parlé diversement de ce passage. D'après le marquis de Satillieu, le plus à
portée, sans contredit des meilleurs renseignements, Jean de Pagan aurait chargé son testament
de trois substitutions : substitution de Bryand de

Retourtour à Guigues, substitution de Guillaume
Bastet à Bryand, et substitution de Gúillaume de
Tournon à Bastet. Cette triple substitution indi-
querait dans Jean de Pagan une vue de l'avenir
assez rare chez les hommes.

Selon d'autres la substitution de Bryand serait
le fait de Jean, celle de Bastet le fait de Guigues, et
celle de Guillaume de Tournon, le fait de Bryand.

Quoi qu'il en soit au moment ou Bryand de
Retourtour expirait, Guillaume Bastet était déjà
dans l'éternité, et Guillaume de Tournon recueillit
en vertu d'une substitution l'héritage des Pagan.

IX

Les Comtes de Tournon.

Les Tournon sont connus, et leur histoire est
partout. Descendants de Saint-Just, évêque de Lyon,
possesseurs de 37 seigneuries et de plus de 100 villages, ils portaient : *mi-partie au lion d'or rampant
au champ de gueules et mie-partie de France.*

Les Tournon commencèrent à s'éloigner de
Mahun. Ils ne dépassèrent guère Satillieu. Ce fut
au château de Satillieu, qu'habita longtemps « Blanche de Tournon, veuve de Jacques de Coligny oncle de l'amiral, et plus tard... la célèbre dame de

Tournon et comtesse de Roussillon, Claudine de la Tour-Turenne, qui défendait elle-même Tournon contre les Huguenots, et lisait Pindare dans le texte. » (*Anatole de Gallier*).

La forteresse de Mahun fut abandonnée peu à peu. Un chatelain y fut logé pour commander la place. La tradition porte qu'elle fut détruite en 1420, — « par une bande de routiers, appelés vulgairement Anglais et venant du côté d'Angoulême. Ils l'attaquèrent au milieu de la nuit, le pillèrent, le saccagèrent et l'incendièrent ; puis, ils se dirigèrent sur Saint-Symphorien. Le chatelain et le syndic les attaquèrent à l'aube du jour près du Cros (ruisseau) d'Afforty. Le sang rougit le ruisseau et la rivière dans laquelle il se jette jusqu'au pont de Noyas près de Satillieu. Depuis ce temps, ce ruisseau est appelé le Cros du Bourreau. » (*Filhol*).

Le château fut relevé en partie de cette première ruine. En 1534, il était encore habitable. Nous trouvons dans les papiers du marquis de Boysseulh : « Commission donnée par M. de Tournon, lieutenant-général pour le Roy, à Noble Antoine de la Chavas, capitaine d'infanterie pour commander dans le château de Mahun et ville de Satillieu, comme poste très important au service du Roy, le 10 janvier 1587. »

En 1763, ce n'était plus qu'une masure.

C'est maintenant (1886) un pan de mur. Dans quelques années, ce ne sera plus rien.

Le gouvernement des Tournon fut l'époque des transactions bienveillantes entre les seigneurs et les tenanciers. Il y en eut deux principales.

La première est du 15 mars 1424.

Helmagie de Grolée, dame de Tournon, accorda aux habitants du mandement de Mahun, la permission de construire une sorte de forteresse sur la place située près de la chapelle de Mahun, pour y mettre en sûreté leurs biens contre les troupes du seigneur de Tournon logées au château de Mahun. En retour ils devaient entretenir à perpétuité la chapelle et le château de Mahun.

La seconde est du 29 septembre 1511.

Les griefs des habitants portaient sur les corvées, les sergents et l'usage de la forêt de *Combe-Neyre*, ou *Vallée-Noire*, ainsi nommée de l'épaisseur des bois et des ombres.

Le nombre des corvées n'avait pas été augmenté : il y en avait une ; mais on l'exigeait sans prévenir les corvéables un jour à l'avance et souvent durant le temps des moissons. Les habitants demandaient à être prévenus un jour à l'avance et ne plus être astreints à la corvée durant les moissons.

Le chapitre des sergents était plus compliqué. D'abord, il y en avait trop. Comme les anciennes ordonnances en instituaient seulement quatre, on demandait qu'on revînt aux quatre sergents. De plus, ces sergents outrepassaient leur pouvoir.

Quand un chef de maison mourait, ils mettaient
ses biens en séquestre et exigeaient ensuite, pour
les livrer à l'héritier de grandes sommes d'argent. Il leur arrivait aussi de poursuivre les cri-
minels sans informations préalables, de refuser
caution, de faire le rapport de leurs exécutions en
matière civile, sans qu'aucune des parties le de-
mandât. Puis, viennent des accusations moins
graves. Les sergents se mêlaient de visiter les
chemins « voisins, » (les chemins de ferme à
ferme). Quand ils visitaient, selon leur droit, les
chemins « publics, » (les chemins d'église à église
et de château à château) ils se permettaient de
quêter des œufs et des fromages.

Les habitants de Mahun déclarent toutes ces
choses contraires au droit, aux coutumes et aux
ordonnances des anciens seigneurs, et en demandent l'abolition. Détail caractéristique. Ils insis-
tent pour qu'on n'envoie personne faire la visite
des chemins en dehors de quatre hommes de Satillieu, de Saint-Symphorien, de Saint-Pierre et de
La Louvesc désignés pour cela et faisant leur visite « au frais du Seigneur » surtout qu'on n'envoie plus d'ouvriers, parce que, « souvent, ayant
été tués, ils ne pouvaient être retrouvés. »

Les dernières déclarations portent sur la forêt
de Combe Neyre. Les habitants demandent purement et simplement de pouvoir prendre dans
cette forêt tout le bois qui leur sera nécessaire. Ils
affirment que cela s'est toujours fait et ils assurent

posséder un titre établissant ce droit véritablement princier.

Toutes ces réclamations étaient adressées par
vingt notables du mandement de Mahun au
« magnifique et puissant Seigneur , » Just de
Tournon. La réponse fut faite « au nom de celui
qui est la vraie paix et concorde. » Tout, à peu
près, fut accordé.

Le seigneur de Mahun s'engage à prévenir un
jour d'avance, pour la corvée annuelle. Les sergents seront réduits à quatre. Il n'y aura plus de
sequestre lors des décès, plus d'enquête au crimi-
nel sans informations préalables. Tout accusé
pourra fournir caution. Tout rapport en matière
civile devra être demandé au moins par une des
parties. Les sergents ne visiteront plus les chemins vicinaux.

Quant à la forêt de Combe-Neyre, Just de Tournon demanda que le titre lui fût exhibé.

Nous ne savons si ce titre fut présenté au seigneur. Mais il est certain ou qu'il le fut, ou que
Just se contenta du témoignage des habitants,
car les quatre paroisses de Saint-Symphorien, de
Veyrines, de La Louvesc et de Saint-Pierre, recommencèrent à prendre leur bois dans la forêt.

Les rapports entre les Tournon et Mahun ne
changèrent jamais. Le marquis de Satillieu con-
servait une obligation de 600 livres, en date de
1525, et en faveur de Just de Tournon, seigneur
de Mahun, souscrite par les habitants du mande-

ment et « ce à cause et pour la rançon de mon dit seigneur de Tournon s'il est en vie, et pour la rançon de mon seigneur de Beauchastel à présent détenu de là les monts par les ennemis. »

X

La Compagnie de Jésus

La Compagnie commença à étendre ses possessions dans la baronnie de Mahun sous le gouvernement des Tournon. A cette époque, la vie monastique était déchue de sa splendeur première. Une multitude d'abbayes et de prieurés étaient tombés en *commande*. — Ce n'était plus que de simples bénéfices dont la sainte Église avait droit de disposer pour la plus grande gloire de Dieu. — Quand les collèges de la Compagnie de Jésus furent établis, un grand nombre de ces prieurés leur furent annexés à titre de fondations. — On peut donc dire que quand Ignace vint habiter sous les tentes de Benoît plantées dans le Haut-Vivarais comme Japhet sous les tentes de Sem, ces tentes étaient depuis longtemps vides.

Les pères de la Compagnie entraient en possession de ces prieurés avec tous les droits anciens et en vertu des concessions anciennes perpétuellement en vigueur dans un pays que n'avaient pas encore touché les révolutions. Dès 1603, les pères étaient prieurs de Veyrines. Ils étaient en même temps seigneurs de Veyrines de par la transaction intervenue l'an 1200, entre Aymon III de Pagan et le Monastère. — Ils étaient de plus patrons des églises de Veyrines de La Louvesc et de Saint-Pierre, de par la bulle d'Alexandre III.

Ils étaient pareillement prieurs et patrons de Macheville et de La Mastre. L'église de ce village fut reconstruite au xviiᵉ siècle, sous leur direction et sous celle de M. de Reboulet. Ils étaient prieurs, patrons et co-seigneurs de Mont-Regard; au xviiiᵉ siècle, ils partageaient la seigneurie avec MM. de Chambarlhac et de Boissy.

Ils étaient aussi prieurs de Colombier-le-Jeune, patrons de Lafare, et plus loin, prieurs de Polignac, de Solignac et de Bains.

Ces bénéfices appartenaient au collège du Puy. D'autre part, le collège de Tournon avait hérité d'autres prieurés chers aux premiers Pagan. Antoine Portal, dernier prieur commandataire de Saint-Sauveur s'était démis entre les mains du pape Paul IV. Celui-ci, sur la demande de Just de Tournon et de Claude Aquaviva, général de la Compagnie de Jésus, annexa ce prieuré au collège de Tournon, par la bulle : « *In supremo apostolicæ dignitatis culmine* » datée du 19 avril 1607.

Les mêmes pères étaient patrons d'Argental, de Bourg-Argental, de Rustiange, de Saint-Julien-

Molin-Molette, de la Croix de Vaucance, de Saint-Désirat, de Valencieu, de Réoux, d'Andance, etc.

Les pères du collège de Vienne étaient prieurs de Saleize, patrons de Chanas, etc.

On voit que La Louvesc et ses environs dans un rayon assez vaste se trouvaient placés sous le patronage de la Compagnie de Jésus.

Les mêmes Tournon qui avaient introduit la Compagnie de Jésus dans leurs possessions du Haut-Vivarais, y virent paraître saint Régis.

XI

Les Ducs de Levi-Ventadour.

Un arrêt du Parlement de Paris, du 4 juillet 1654, adjugea la succession des Tournon à « Haute et puissante Dame Marguerite de Montmorency. » Celle-ci fut l'aïeule paternelle du duc de Lévy-Ventadour et lui transmit la même succession.

Les Lévy (*D'or à trois chevrons de sable*), avaient trop de passé, trop de souvenirs, trop de gloire, trop de titres, trop de charges, trop de terres, trop de préoccupations en tous genres pour s'occuper beaucoup d'un territoire qui leur arrivait si tard. Ils étaient : « sires de Lévi, de Vitry, de Marly, de

Mirepoix, Monségur et Florensac ; ducs de Ventadour et de Damville ; princes de Mombuisson ; maréchaux héréditaires de la Foy, grands sénéchaux héréditaires de Carcassonne et de Béziers ; pairs de France et grands d'Espagne ; marquis, comtes et vicomtes d'Annonay, de Château-Morand, de Valromay, de Lezan, de Poligny, de Villars, de Charles, de Caylus, de Lautrec, de Sommargues et de Terrides. » (De Courchamp, *Souvenirs de la marquise Créquy*).

Ils se contentèrent d'ajouter, pendant quelques années, à cette nomenclature, d'ailleurs incomplète, le titre de barons de Mahun, et le 17 février 1691, Louis-Charles de Lévi-Ventadour vendit la baronnie à Just-Louis du Faure de Saint-Sylvestre.

XII

Les Marquis de Satillieu.

Just Louis du Faure de Saint Sylvestre, né à Paris, le 9 janvier 1627 ; tenu sur les fonts baptismaux par Just Louis, comte de Tournon et par la duchesse de Saint-Simon ; page à la cour de Louis XIII et à celle de Louis XIV, devint un de nos officiers généraux les plus remarquables

Il servit pendant 40 années sous Turenne, Créqui, Catinat et Noailles. Il se battit en Franche-Comté, en Alsace, en Hainaut, en Flandre, dans les Pays-Bas, en Souabe, dans le Haut et le Bas-Rhin, en Savoie, en Italie, en Roussillon et en Corée, contre les Espagnols, les Hollandais, les Allemands, les Piémontais et les Turcs. Il se couvrit de gloire et de blessures à Mignault, à Cannée, à Fribourg et à Charleroi. Il se distingua surtout à Palamas et à Gironne. Il lutta avec avantage contre le Prince d'Orange et ravitailla Bonn assiégée par trois armées. C'est à lui, principalement, qu'on doit le gain de la bataille de Staffarde (Savoie) suivie bientôt de la prise de Suze, de Nice, de Montmélian, etc., etc.

Quand il quitta le service, il était, commandeur de Saint-Lazare et de Saint-Louis, lieutenant-général des armées du Roy, gouverneur de la ville et des forts de Briançon, commandant en chef dans le Roussillon et la Catalogne. Mais il n'était pas maréchal de France. Ses démêlés avec Noailles l'empêchèrent seuls d'obtenir le bâton fleurdelysé.

Ce fut pour le récompenser de ses services que la terre de Satillieu, récemment acquise par lui, fut érigée en marquisat. Les lettres patentes d'érection sont de novembre 1693 et très élogieuses. En voici les considérants :

« Ayant pris un soin particulier, à l'exemple des Rois nos prédécesseurs, de récompenser la

vertu, et ayant reconnu que rien ne touchait plus
vivement une âme généreuse que les titres d'honneur, nous avons estimé que ces marques de distinction ne devaient pas se renfermer dans la
seule personne de ceux qui, par leurs services et
leurs belles actions les avait méritées, et qu'elles
devaient comprendre leurs maisons, terres et seigneuries, pour laisser par là un monument réel à
la postérité, de la considération que nous avons
eue de leur vertu et générosité. — C'est sur ces
motifs qu'étant bien informé de la valeur et mérite singulier de notre cher et bien-aimé Louis du
Faure de Saint-Sylvestre, Chevalier de l'ordre de
Saint-Louis, Lieutenant-Général de nos armées
et Gouverneur de Briançon, lequel dans les différents emplois que nous lui avons confiés, s'est
trouvé dans plusieurs batailles, rencontres et siè-
ges de place où il nous a donné des preuves écla-
tantes de sa valeur, sage conduite, fidélité, zèle et
affection à notre service : nous avons cru, par
toutes ces considérations, ne pouvoir lui témoigner plus avantageusement la satisfaction qui
nous reste de son attachement, qu'en décorant du
titre et dignité de Marquisat sa terre et seigneurie de Satillieu, située dans le pays du Haut-
Vivarais, laquelle est composée de deux mande-
ments relevant immédiatement de Nous, et qui
renferment huit paroisses d'une grande étendue,
en toute justice, haute, moyenne et basse, dont
relèvent plusieurs fiefs considérables, le château

de Satillieu étant d'une ancienne structure, avec des tours, grand corps de logis, fossés, cours et jardins, le revenu de laquelle terre consiste en beaux droits seigneuriaux, rentes, prés et bois, etc., etc., etc.

Les lettres patentes nous ont été communiquées par Mademoiselle de Questa, petite-nièce des marquis de Satillieu. Des nouvelles lettres, en date de 1697, transfèrent le marquisat à Alexis, neveu de Just, en considération de ses services dans les armées du Roy, ainsi que des services de son père et de son aïeul.

Les du Faure portaient : *d'argent à la bande ou bâton d'azur enfilé dans trois couronnes d'or.*

Il surgit entre le marquis de Satillieu et les habitants de Mahun un procès curieux par l'acharnement que mirent les deux parties à le soutenir, à le reprendre, finalement à le prolonger durant près de deux cents ans. Ce fut un des procès les plus longs de France.

L'objet du litige était la forêt de la Vallée-Noire où Combe-Neyre. Les concessions des Pagan, des Retourtour et des Tournon, avaient donné le droit aux quatre communes de Saint-Symphorien, de Veyrines, de La Louvesc et de Saint-Pierre, de s'y fournir du bois nécessaire pour leurs constructions, leurs clôtures et leurs foyers, avec le droit d'y mener paître leurs troupeaux. Ce droit, exercé primitivement sous la surveillance des seigneurs avait dégénéré, paraît-il, en une sorte de coupe désordonnée, ou si l'on veut, de dévastation réglée.

Les ressources du marquis de Satillieu ne lui permettaient pas de laisser les choses en l'état. Entré dans la carrière des armes comme cadet de famille avec un capital de 3000 livres, il avait récolté sur les champs de bataille plus de blessures que de pensions. L'appoint qu'il avait apporté dans l'achat de Mahun, Seray, Ay et Satillieu avait été la somme insignifiante de 24,000 livres. Le reste, c'est-à-dire, le total, à peu près, avait été fourni par Alexis, son neveu. Il voulut donc arrêter le saccagement de ses bois. Il se plaignit ; les habitants ne voulurent rien entendre et l'affaire fut d'abord portée à un tribunal d'arbitres. La sentence, rer   le 15 décembre 1698, portait que le marquis, pour couper court à tout différent ultérieur, céderait aux habitants de Mahun, voisins de la forêt en litige, 100 *cêterées* sur les 350 que comprenait la forêt. La cêterée est une ancienne mesure de 4000 *pas* ou *mètres* carrés. — Les habitants pourraient dorénavant couper le bois qui leur serait nécessaire dans ces 100 cêterées, sous réserve de la seigneurie et de la justice conservées au marquis. Mais ils ne pourraient plus rien sur le reste de la forêt. — La sentence exigeait des concessions de part et d'autre. En conséquence elle ne contenta personne. Le marquis trouva qu'on lui faisait tort de 100 cêterées, les habitants qu'on leur faisait tort des

250 autres, et on résolut d'en appeler des deux côtés au Parlement de Toulouse.

Il arriva alors ce qui arrive dans tous les procès du monde : on finit par excéder ses droits et par demander plus pour obtenir moins. Le marquis demanda la répression de l'abus et en même temps l'extinction de l'usage. Les habitants ajoutèrent à leurs réclamations, le droit de chasse. Différentes circonstances aigrirent les deux parties. Des gentilshommes voisins se mirent du côté des habitants, de là des rivalités, des procédés désagréables, des colères, des ressentiments dont on trouve des traces dans les *factums* du procès.

« Le Sieur partie adverse, sortit de son fief le 5 août 1699, avec quelque mauvais dessein, du moins avec celui d'offenser le Sieur exposant ; marcha en équipage de chasse vers le château de Satillieu ; brava courageusement le jeune marquis (Alexis) qui chassait ; affecta toujours de lui couper la chasse, tantôt en lui prenant les devants, tantôt en marchant à côté, et toujours en tirant sur le gibier que ce jeune seigneur faisait lever. »

Les débats au Parlement de Toulouse durèrent près de quatre ans. Le 1er octobre 1702, le Parlement constatant et confirmant les actes des anciens seigneurs de Mahun, donna arrêt contre le marquis de Satillieu en faveur des habitants de Mahun représentés par le seigneur de l'Hermuzière, syndic de Saint-Symphorien. D'après l'arrêt, les habitants avaient droit au bois et au pa- · cage ; il n'était pas question du prétendu droit de chasse.

La sentence de la Cour Souveraine étant sans appel, mit fin à tout débat judiciaire, mais non aux conflits entre les officiers du marquisat et les syndics ou consuls des villages ; il y en eut pour jusqu'à la Révolution.

En 1789, le dernier marquis de Satillieu avait 37 ans. Il était capitaine au corps royal du génie et il a laissé des *Mémoires* considérables dont la plus grande partie se trouve maintenant au château de Montmelas, chez les comtes de Tournon, ses héritiers. Son intelligence, ses connaissances en tous les genres, son courage, sa loyauté, sa haute position, lui valurent alors une distinction enviée, quoiqu'elle fut jointe à une responsabilité très lourde. Il fut choisi par la noblesse du Haut-Vivarais pour représenter son ordre aux Etats Généraux.

Le marquis avait reçu de ses commettants le mandat suivant : « La noblesse, toujours guidée par les mêmes principes d'équité qu'elle a développés persiste dans le vœu qu'elle a déjà énoncé de voter par *tête* dans tous les objets relatifs à l'impôt et à son emploi ; mais elle se réserve de voter par *ordre* pour tous les objets qui peuvent intéresser l'existence et les prérogatives légitimes de chaque *Ordre*. »

La concession était énorme et la réserve illu-

soire. Cette réserve gênait encore le marquis.
Dans ce temps-là le mandat était rigoureusement
impératif, et ni l'honneur, ni la conscience n'eussent permis au représentant de la noblesse d'outre-
passer ses prescriptions. Le marquis de Satillieu
(dont nous ne partageons pas le libéralisme),
n'eut rien à se reprocher au point de vue de
l'honneur. Il provoqua une réunion nouvelle des
gentilshommes, ses électeurs, le 21 juillet (9 heures du matin), à l'hôtel de ville d'Annonay, pour
faire élargir son mandat. Il obtint cet élargisse-
ment dans les termes qui suivent :

« L'Ordre de la Noblesse a arrêté que : quoique
M. le marquis de Satillieu, son député à l'Assemblée nationale, eût la liberté de voter suivant sa
conscience, pour le bien général de la nation et
la gloire du Roy, qui ne peuvent s'opérer que par
l'union la plus intime, la plus indissoluble entre
les trois Ordres, un excès de délicatesse l'a porté
à penser qu'il pourrait y avoir des circonstances
où il se trouverait gêné par son mandat. En conséquence, pour satisfaire à cette délicatesse, l'Ordre lui déclare qu'il doit voter par tête sur tous
les objets. »

Cette pièce était signée : CHEVALIER DE MISSOL.
— MORETON. — MONTEIL DE CORSAS. — DE
LA-VÈZE-MONJON. — LESTRANGE. — BOSAS. —
PEYRAUD. — DU PELOUX. — DE SERRES. — LOM-
BARD DE MARS. — DE LISLE DE CHARLIEU.
— LE CHEVALIER D'INDY. — CHEVALIER DE LISLE.

— DE FIGON. — DE LISLE DE VAURE DE CHARLIEU. — CANSON. — VEYRE DE SORAS. — D'AYME, *Président.* — LOMBARD DE QUINCIEU, *Secrétaire.*

Le nouveau mandat du marquis de Satillieu unissait les trois Ordres en les détruisant. C'était un écho de Vizille.

Le marquis de Satillieu n'en usa que pour voter constamment avec la droite. Rentré dans son château après le renversement de la constitution française, il trouva les choses bien changées autour de lui. La seigneurie, la justice, les redevances, les corvées n'existaient plus. Il ne pouvait désormais compter que sur les fruits de ses propriétés immobilières, diminués par les impôts d'institution nouvelle. Il accepta la situation; mais il voulut en percevoir les avantages en même temps qu'il en subissait les inconvénients. Il lui parut équitable que les habitants de Mahun, ne lui donnant rien, ne reçussent rien de lui. En conséquence, il fit garder ses bois. Les habitants, de leur côté, regardaient les chartes seigneuriales et les arrêts des Parlements comme de véritables lois locales, toujours en vigueur tant qu'elles n'étaient pas abrogées, et ils pensaient que les décrets abolissant les redevances féodales, ne s'étendaient pas plus loin que leur objet. Ils forcèrent donc, sans scrupule, la garde des bois. Pendant la période aiguë de la Révolution il y eut conflit à main armée. Les gardes assermentés du pays, la

municipalité de Saint-Julien, les gardes nationales, les gendarmeries d'Annonay et de Tournon,
des troupes de ligne, s'employèrent à protéger les
forêts. Plus tard, des instructions parties du camp
impérial d'Austerlitz, vinrent appuyer l'action militaire. Rien n'y fit. Les habitants laissèrent ces
forces respectables bivouaquer tant qu'elles le
voulurent ; et, insensibles aux instructions d'Austerlitz, ils recommencèrent, après le départ des
soldats, à se pourvoir de poutres, de haies et de
combustible.

Les bois furent vendus dans les premières
années de la Restauration. Les nouveaux propriétaires, armés du code Napoléon et de leur contrat
de vente, se crurent plus forts que les marquis de
Satillieu. Ils se trompaient ; les habitants leur
firent voir :

« Qu'un rat n'est pas un éléphant. »

Cette fois-ci, ils pénétrèrent dans la forêt, la
hache d'une main et le fusil de l'autre. On échan-
gea des coups de feu. Il fallut retourner aux tribunaux.

Un jugement du tribunal de Tournon, rendu en
1821, n'eut pas plus de succès que la sentence
arbitrale de 1698. Il ne contenta ni les uns ni les
autres, et on en appela à Privas.

Les magistrats de Privas, appliquant une jurisprudence dont le mystère nous échappe, conclu-
rent au rebours du Parlement de Toulouse et, par

rien n'y fixerait les habitants. La Louvesc serait près de sa fin.

Au lieu de cela, La Louvesc est maintenant une commune des plus prospères, presque une ville. Elle est visitée chaque année par tous les départements voisins, et de temps à autres par des étrangers venus des points les plus éloignés du monde. La Louvesc a une physionomie particulière et une histoire distincte du reste de la France.

C'est qu'à La Louvesc, l'œuvre des hommes, qui est petite, a été absorbée par l'œuvre de Dieu.

L'œuvre de Dieu se distingue par un caractère de force, qui dépasse évidemment la puissance de la matière et les facultés de l'homme. Le Créateur de l'univers et de l'humanité, élève ainsi le monde inférieur à la connaissance des œuvres qu'il accomplit dans une sphère plus haute, dans la sphère du monde surnaturel. Il le fait par le *prodige*.

Bien que les lois suivies par Dieu dans ces manifestations, n'aient pas été révélées à l'homme, et qu'il se réserve d'étonner ses créatures par la soudaineté et la variété de ces coups, l'histoire des sociétés humaines nous laisse entrevoir les grandes lignes entre lesquelles se meuvent les lois de l'invariable et adorable Providence.

Nous savons, par exemple, que le prodige se trouve au commencement de toutes les phases humaines. Il éclate au moment où Dieu met l'homme sur la terre, par les conditions d'immor-

talité dans lesquelles il place sa créature mortelle.
C'est un prodige qui fait flotter sur les eaux du
déluge, le berceau de l'humanité renaissante. Des
prodiges sans nombre, entourent les origines du
peuple de Dieu, et le dégagent de la masse des
autres hommes. Le Messie, rejeton et fin unique
de cette race privilégiée, apparaît dans un ciel plus
constellé de prodiges que le ciel visible ne l'est
des brillantes étoiles. Les temps apostoliques qui
amenèrent le monde à la foi du Messie, furent des
temps éminemment prodigieux. Enfin, la conversion particulière des différentes nations qui formèrent plus tard la chrétienté, ressemble en cela aux
temps apostoliques.

Mais Dieu ne borne pas au commencement des
choses humaines, les manifestations de sa droite.
Les temps qui s'écoulent de la conversion du
monde à sa transformation finale, nous offrent,
soit dans une contrée, soit dans une autre, ces
grandes traces de la main divine. Qu'on prenne
la peine de compulser les annales des peuples,
qu'on parcoure l'histoire de tous les Saints qui ont
illustré l'Église catholique dans les anciens et dans
les nouveaux continents, qu'on note tous les prodiges qui émaillent les fastes sacrés et profanes,
et l'on se convaincra que ces prodiges éclatent
tantôt sur un point, tantôt sur un autre de la
périphérie terrestre, formant, en réalité, un système continu et non interrompu de manifestations
miraculeuses. Si l'on conçoit une ligne idéale,

passant par tous les prodiges opérés au sein des temps et de l'Église, cette ligne , sans doute, fera bien des sinuosités. On la verra successivement au Pont Milvius, sur les ruines du temple de Jérusalem, dans le soleil des solitudes Egyptiennes et dans les sombres monastères des Anglo-Saxons, des Danois, des Gaulois et des Germains. Elle quittera l'Occident pour l'Orient. Après s'être reposée sur Jeanne-d'Arc, elle traversera les mers avec les vaisseaux de Colomb et reviendra sur les vierges admirables d'Espagne et d'Italie. On la retrouvera sur François-Xavier évangélisant les Indes. Ce sont là quelques-uns de ses méandres les plus apparents. Elle en tracera encore bien d'autres ; mais cette ligne ne souffrira pas d'interruption morale, et ses points se toucheront, à leur manière, comme se touchent les instants de la durée.

L'apostolat de saint Régis, n'est pas un des points les moins étincelants de cette ligne.

Sans doute on n'y voit pas un thaumaturge comme Xavier : « soumettant un monde entier à l'empire du vrai Dieu, répandant en plus de trois mille lieues de pays la lumière de l'Evangile, fondant un nombre presque innombrable d'églises, entrant en possession de cinquante-deux royaumes pour y faire régner Jésus-Christ, domptant partout l'infidélité du paganisme, l'obstination de l'hérésie, le libertinage de l'impiété, conférant de sa main le baptême à plus d'un million d'idolâtres, et produisant pour fruits de son apostolat des troupes sans nombre de toutes nations, de tous peuples, de toutes tribus, de toutes langues » *(Bourdaloue).*

L'apostolat de saint Régis n'a pas ces caractères ; mais sa puissance thaumaturgique, pour être restreinte à une seule langue, à quelques provinces d'un même peuple, n'en est peut-être que plus apparente. Elle ne s'est pas exercée dans le lointain des plages orientales, mais dans les limites de notre France. Elle ne se perd pas dans la nuit des temps, elle rayonne dans le xviie, le xviiie, et le xixe siècle.

Il est difficile, pour quiconque réfléchit, de ne pas reconnaître la main de Dieu dans saint Régis à La Louvesc. Les destinées de ce petit hameau furent profondément modifiées. Il sortit de l'obscurité dans laquelle ils s'enfonçait de plus en plus. La bénédiction céleste descendit sur ce coin de terre, comme la rosée sur la toison de Gédeon. Elle ne l'a pas quitté. Depuis l'an 1640, c'est-à-dire depuis deux siècles et demi, il est devenu le centre et la source d'une foule de choses véritablement admirables qui ont étendu ici-bas la gloire de notre Dieu, et l'honneur de son grand serviteur saint Régis.

Nous essayerons de suivre les traces divines en disant l'arrivée de saint Régis à La Louvesc, ses derniers jours, son culte, l'histoire de ses ossements, des lieux sanctifiés par sa présence, et de ses œuvres.

5.

CHAPITRE PREMIER

—

L'ARRIVÉE

Quelques écrivains se sont mal expliqué le trépas de saint Régis à La Louvesc. Ils y ont vu, sinon un hasard, au moins une disposition de la Providence dont rien ne nous donnerait la clef. Ils se sont trompés. Il est rare, en effet, que le Créateur tende brusquement à ses fins. Il les voit de toute éternité ; il les prépare de loin, et la surprise que nous éprouvons tout d'abord, en contemplant le grand tombeau du Saint comme perdu sur ces hauteurs, diminue beaucoup quand nous nous rendons compte des événements qui y ont acheminé Régis. Commençons par jeter un coup d'œil sur ce qu'était La Louvesc au moment de l'arrivée de saint Régis.

I

Le Pays.

En l'année 1640 , Lalouvesc dépendait de
Tournon. Les Barons de Mahun n'y avaient conservé d'autres propriétés que les redevances féodales, et l'ancienne famille qui avait porté le nom
de La Louvesc, était éteinte depuis longtemps. Les
seuls documents écrits qui puissent nous rensei-
gner sur les noms et le nombre des habitants sont
deux cadastres, l'un de 1648, l'autre de 1650. La
date du premier a été ajoutée au crayon dans les
dernières pages. Du reste ce cadastre est conforme
au second, lequel est homologué et authentique.
Comme on le voit, on n'était pas encore bien loin
de l'arrivée du Saint, et on peut conclure d'une
façon presque certaine pour les habitants les plus
notables. Nous transcrivons les noms, tels qu'ils
se trouvent dans ces documents.

La maison forte des La Louvesc appartenait alors
à noble Gilles de la Franchière, seigneur de
Girodon, *allié* à Louise de Romesins, dame de la
Franchière, si fameuse pour l'éclat de sa conversion et son attachement à saint Régis. On comptait comme principaux propriétaires, noble Guillaume de Julliens, seigneur de Rocheume et Jean

Buisson de la Grangeneuve, dont la famille subsistait déjà à La Louvesc depuis plusieurs siècles.
La Commanderie de Sainte-Epine-les-Tournon,
appartenant à l'ordre de Malte, possédait encore à
La Louvesc, la maison appelée la maison de l'Hôpital, et des propriétés. Il y avait en outre deux
docteurs en droit, MM. Jean Prêles et Guillaume
de Sauzea. Cinquante-quatre autres familles se
partageaient le territoire. Une trentaine au moins,
n'habitaient pas le pays. Le plus grand nombre
étaient dispersés dans les hameaux dépendant du
village. Quant au village proprement dit, les témoins qui déposèrent dans les enquêtes ecclésiastiques sont unanimes à lui donner *trois* ou *quatr*
maisons, outre l'Église. C'était une véritable déca-
dence. Dans des temps plus anciens, La Louvesc
avait été paroisse. — Nous l'avons vu qualifier
église et non chapelle dans la bulle de 1179. En
1463, la paroisse avait encore plusieurs prêtres, le
curé se nommait Antoine de Riverio. — En 1522,
elle avait un curé et un vicaire. Mais dès l'an 1602
au moins, La Louvesc était devenue simple annexe
de Veyrines. Le chapelain de Veyrines, la desservait
et Veyrines à son tour comme n'ayant plus aucune
importance avait été annexé au prieuré de Macheville.

Le pays se dépeuplait.

Il offrait un aspect plus sauvage que maintenant.
Les trois ou quatre maisons se cachaient presque
dans les arbres. Point de culture autour d'elles

Ce qui est aujourd'hui champ de blé, était bois. Les eaux descendant des sommets voisins avaient formé un petit lac à l'endroit le plus abaissé. Puis au delà, à perte de vue, s'étendaient les forêts : forêts si vastes et si épaisses, que selon le proverbe pittoresque de la contrée, « un écureuil pouvait aller du grand pont de Tournon au Mézenc sans toucher terre ». Les hommes incapables comme on le sait de suivre la voie aérienne des écureuils, avaient à leur service des chemins, appelés vulgairement « chemins des seigneurs », assez mal entretenus, moins larges que les routes actuelles, assez semblables à des sentiers, ignorant la méthode des contournements, et arrivant au but en ligne directe, par monts et par vaux. Ce pays, de si difficile accès dans la saison de l'année la plus chaude, devenait presque inabordable dans les saisons les plus froides.

Représentons-nous ce qu'il devient au moment où la terre s'éloigne de l'été en l'année 1640. C'est une transformation complète. Le soleil qui donne à ces contrées de si beaux horizons et de si belles ombres, se voile peu à peu de légers nuages. Les brumes montent des plaines, rasant le sol, silonnant les forêts et abandonnant aux arbres des flocons d'une laine vaporeuse. Les pins élèvent leurs branches vers le ciel, montrent l'envers de leurs aiguilles, et teintent le paysage d'une verdure plus pâle. Les pluies détrempent la terre. Les tapis de myrtiles disparaissent sous une végétation nouvelle et bigarée des plus riches couleurs. Les agarics blancs comme le lait, les blondes cocherelles, les chanterelles safranées, les coraux phosphorescents, les amanites d'un rouge vif, d'autres agarics au suc sanglant, les ceps bronzés couvrent pour un instant le sol et se fondent bientôt. Les vols de pigeons traversent le ciel assombri d'automne. Puis l'air se raréfie et se refroidit, les vols de grives succèdent aux vols de pigeons. Les premiers flocons de neige tombent. C'est l'hiver. On se livre à la chasse, nonobstant les quatre sergents de Mahun. Le soir on fait rôtir le gibier à un feu de résine dans les cheminées occupant tout le fond de la salle. Peu à peu la neige augmente, elle remplit les vallées, s'amoncelle sur les sommets, s'amasse dans les ravins, et tout disparait sous une éclatante blancheur. Les routes deviennent aux endroits bas de véritables fondrières. — Bientôt les habitants se renferment dans leurs maisons aux toits surbaissés et chargés des larges dalles du Mézenc. Ils prêtent l'oreille à la chute des pins que la neige renverse avec un bruit de tonnerre. Le mois de décembre touche à sa fin. Le bruit se répand alors que le *Saint* va accomplir sa promesse et se rendre à La Louvesc pour y donner la mission.

Cette date fait l'éloge de l'apôtre et des fidèles. L'homme de Dieu donnait ses missions dans les instants les plus rudes de l'année, parce que c'étaient les seuls libres pour les robustes populations du Vivarais. Le travail était interrompu par l'hiver et personne ne reculait devant la fatigue quand il s'agissait d'aborder une église. Les femmes n'hésitaient pas à sortir, *pourvu qu'elles n'eussent pas de la neige au-dessus du genou.* — Quant à Régis, il ne tenait aucun compte des éléments. Son âme était absolument maîtresse de son corps et le gouvernait comme si, au lieu d'être attachée à la chair, elle n'avait eu d'autres rapports avec lui, que les relations du cavalier et du cheval. — Régis était un terrible cavalier. Couvert de la robe noire des fils de Loyola, il affrontait les fatigues et les périls sur les sommets des Cévennes, avec autant d'ardeur que le firent jamais dans les plaines de la Palestine, les anciens preux de Mahun, d'Argental et du Temple.

II

Motifs et prévisions.

Son arrivée n'avait rien de fortuit. Les motifs qui l'amenaient étaient autres que l'intention générale d'évangéliser une paroisse de plus dans le Vivarais. Il accomplissait, au nom de son ordre, un devoir de charité.

Les Pères de la Compagnie de Jésus avaient, nous l'avons vu, des relations spirituelles multiples

avec toutes ces populations. Leurs prieurés leur
donnaient charge d'âmes. Comme La Louvesc était
le dernier village placé sous leur juridiction,
Saint-Régis ne voulut point qu'il fût le seul à ne
pas entendre la parole du salut. Ce motif est certain. Il est consigné dans la lettre du P. Arnoux,
supérieur de Régis, écrite sept jours après la mort
du Saint :

« Ce lieu est un village annexe de Macheville
(par Veyrines), prieuré uni au collège du Puy, où
il travaillait ces fêtes passées (les fêtes de Noël),
pour faire part *à nos sujets* du bien qu'il avait
fait *aux autres* durant quatre mois de mission » (1).

Nous estimons que les PP. de la Compagnie de
Jésus ont rempli surabondamment les devoirs de
leur patronage sur La Louvesc, en lui envoyant
saint Régis.

Il abordait cette mission avec des dispositions
intérieures toutes particulières. C'était pour lui,
l'acte le plus solennel de sa vie : car il savait que
La Louvesc serait sa dernière mission, qu'il y
mourrait, qu'il y serait enseveli et qu'il y repose-
rait jusqu'au jugement. Ce n'était pas en lui simple
pressentiment. Il le savait par une lumière plus
haute que les impressions des organes. Dieu lui

____

(1) Hac finita Missione ad Nostros Lalouœenses advolavit, ut quam
operam « cum magno fructu posuerat in aliorum salute curanda, camdem
conferret in *Nostros* subditos ». (Lettre circulaire du P. Arnoux, citée
dans le Procès.)

avait révélé qu'il allait l'appeler à lui et qu'il ne retournerait pas dans son ancienne maison. Nous ne pouvons préciser à qu'elle époque remonte cette révélation, ni sous quelle forme elle lui arriva. Nous savons seulement qu'elle lui fut accordée après qu'il eut annoncé la mission de La Louvesc pour les derniers jours de l'Avent.

Dans quel endroit Régis reçut-il la communication céleste ?

C'est un point difficile à préciser.

Régis avait sur la fin de l'année 1640, commencé à donner des missions. Inaugurées au mois de septembre, elles durèrent quatre mois *complets* (*Per quatuor menses absolutos*, dit le P. Arnoux), et elles furent prêchées dans les villages qui avoisinent La Louvesc (*In aliis pagis qui sunt in vicinia*). Le dixième témoin entendu dans le procès de béatification donne l'ordre de quelques-unes de ces missions : « Quand Régis ayant achevé une mission, partait pour en ouvrir une autre, ceux qui l'avaient entendu dans le premier endroit, le suivaient pour l'entendre encore. J'ai vu ce que je dis, l'ayant suivi moi-même avec beaucoup d'autres personnes de Montregard à Montfaucon, de Montfaucon à Rocoules, etc. » Nous n'avons pas trouvé d'autre mention dans les débats imprimés du procès. Cependant le dernier historien du Saint, Baronne de Castellan, place Veyrines après Rocoules et donne la mission de Veyrines, comme ayant précédé immédiatement celle de La Louvesc. Cette interprétation ne paraît pas concorder avec la lettre du P. Arnoux. D'après cette lettre, les quatre mois de missions se passèrent dans des paroisses qui ne dépendaient pas de la Compagnie de Jésus « *in aliorum salute curanda* ». Mais Veyrines était dans cette dépendance. Daubenton écrit que Régis avait donné la mission à Veyrines *quelque temps* avant de la donner à La Louvesc.

Quoi qu'il en soit, Régis était dans les environs de La Louvesc, quand il annonça la mission pour ce dernier village. Ce fut vers le 17 décembre qu'il quitta ces régions d'une façon subite, pour mettre entre sa dernière mission et celle de La Louvesc, le voyage du Puy.

Ce voyage des environs de La Louvesc au Puy, pour retourner ensuite à La Louvesc est vraiment extraordinaire. Quelques jours seulement séparaient Régis de la mission de La Louvesc. Rien n'était plus naturel que d'attendre l'instant de s'y rendre, au lieu de la dernière mission. En allant au Puy, le saint augmentait ses fatigues ; mais il se préparait à la mort. Comme Dieu est bien maître de nous ! Si Régis se fût rendu directement à La Louvesc, il n'aurait pas contracté la maladie qui l'emporta. Il n'eût pas atteint si tôt l'extrémité de sa carrière terrestre. En définitive, le voyage du Puy, par ses conséquences, amenait cette mort dont il préparait la sainteté.

Régis s'arrêta sur le soir du 18 dans la maison de campagne du collège. Il comptait y trouver un

des prêtres de la maison, que le premier auteur
de la vie du Saint, le P. de la Broue, ne nomme
pas, mais que nous pensons être le P. de la Broue
lui-même. Quand les Pères et les professeurs du
Collège virent arriver Régis d'une façon aussi inat-
tendue, ils laissèrent éclater leur joie et se félici-
tèrent de pouvoir le posséder durant les fêtes de
Noël. Ils le lui dirent et voici quelle fut la réponse
du Saint : « Un homme engagé, comme je le suis,
dans le ministère des missions ne peut rester
oisif, surtout en ce moment-ci. Je suis attendu
dans les montagnes par mes paysans qui vont
célébrer la naissance du Christ ; ce serait une
faute grave de les priver, dans cette circonstance,
du pain de la parole divine et de la participation
aux sacrés mystères (P. Bonnet). »

Régis, ayant aperçu le Père qu'il cherchait, le
prit à part et lui dit : « Je vais vous découvrir à
vous, le plus cher de mes amis, la cause de mon
arrivée. Mon cœur me dit que le dernier jour de
ma vie est proche : c'est pour m'y préparer,
comme il convient, que j'ai désiré repasser avec
vous et avec le plus grand soin, dans une confession salutaire tout ce que j'ai jamais dit, fait et
pensé. (it.) »

Régis, par modestie, ne disait pas encore tout
ce qu'il savait.

Le Père auquel il s'adressait, fut d'abord étonné
de cette déclaration. Il crut Régis en proie à une
crainte vaine ou à quelque pressentiment non jus-

tifié. Il essaya d'éloigner cette crainte et ce pressentiment de l'âme de Régis. Ne pouvant y
parvenir, il répondit à son ami :

« Ce sera, mon père, comme vous le voudrez. Je
serai à votre disposition tant qu'il vous plaira.
Vous pourriez en trouver plus d'un parmi les
nôtres, plus capable que moi, de vous rendre ce
service, mais vous en trouveriez difficilement un
plus fidèle. » (Le P. de la Broue. — *Edition latine
du P. du Creux, citée dans le Procès.*)

Régis le remercia et lui dit :

« Laissons donc les autres prendre les devants.
Je désire n'arriver au collège qu'à la nuit, afin de
ne pas être dérangé par les étrangers qui ne
manqueraient pas de remarquer ma présence. » (it)

Les choses se passèrent comme Régis l'avait
voulu. Les deux religieux arrivèrent de nuit au
collège, personne ne les remarqua et Régis s'enferma aussitôt dans sa chambre.

Un mot sur cette chambre.

Quelques-uns ont prétendu, pour des motifs que
nous n'examinerons pas ici, que cette chambre
était un dessous d'escalier. Rien n'est moins
exact, c'était une chambre semblable à celles des
autres religieux, à deux fenêtres et exposée au
midi. Elle avait :

$5^m,95$ de long,

$3^m,93$ de large,

$2^m,82$ de haut, sous les solives à la française.

Elle était au second étage : sept chambres se

partageaient cet étage, toutes de la même grandeur. Celle de saint Régis était la cinquième en commençant de compter par le couchant. Entre le mur occidental de la première chambre et le mur occidental de la chambre de saint Régis, il y avait 15 mètres 80.

Le lit du Saint était placé le long du mur occidental, après sa mort, une croix et une couronne en marquèrent la place.

Nous savons, par l'histoire de Saint-Régis, qu'il avait à sa disposition une chambre voisine de la sienne, pour mettre en dépôt les provisions des pauvres; cette chambre était donc la quatrième ou la sixième.

La chambre du Saint subit quelques modifications en 1855. Les deux anciennes fenêtres furent remplacées par une seule comme dans les autres chambres, pour consolider la façade.

De plus on démolit le mur oriental, et on prit sur l'ancienne chambre du saint 1 mètre 15 pour élargir un cabinet de physique, la chambre actuelle n'a donc plus que 2^m 78 de large.

L'ancienne porte, haute de 1^m,90, et large de 0^m,80, fut remplacée par une porte haute de 2^m,05, et large de 0^m, 87; au-dessus de cette porte nouvelle, on plaça l'inscription suivante :

SANCTI JOANNIS FRANCISI RÉGIS

OLIM CUBICULUM

AB ANNO 1625 USQUE AD ANNUM 1640

NUNC SACELLUM.

C'est en effet, maintenant, une chapelle.

L'autel qu'on y voit aujourd'hui est en chêne sculpté, avec un bas-relief représentant la mort du Saint (nous préférerions voir le saint réprésenté dans l'extase de la prière, en souvenir des trois derniers jours qu'il passa dans cette chambre). Il date de 1878, et est adossé à la cloison orientale, à l'opposite de la place occupée autrefois par le lit du Saint.

Cette chambre fut vénérée de tout temps par les fidèles du pays. De nombreux pèlerins venus des contrées les plus lointaines l'ont visitée tour à tour (1).

Rien n'est donc plus traditionnel et plus vénéré que cette chambre.

Ces murs que Régis ne devait plus revoir furent sanctifiés par lui pendant trois jours. Il y passa le 19, le 20, et le 21 préparant sa confession générale. On peut dire que c'est de là qu'il commença en esprit son ascension vers le ciel : « Méprisant la bassesse de la terre, il s'élevait de toute l'ardeur de son âme, vers les hauteurs éternelles. (it.) »

---

(1) Nous pouvons citer pour les temps présents :
Mgr Guillemin, évêque de Canton.
M. Maumus, procureur général près la cour d'Alger.
Mgr Jamot, évêque de Sarepta, vicaire apostolique du Canada septentrional.
Le Révérend James Mac Callen, directeur du grand séminaire de Baltimore.
Mgr Mermillod, évêque de Genève.
Hermenegilde Jacas, de Barcelone.
Robert Kane, s. j. de Dublin.
Auguste Miller, s.j. de New-York.
Basilide Ra-Hidy, s. j. de Nossi-Bé, etc., etc.

Il se confessa au soir du 21.

Après la confession, il y eut un dialogue entre le pénitent et le confesseur. Le dialogue nous a été conservé. Régis prophétisa sa mort de la manière la plus catégorique.

Il commença par affirmer à son confesseur, que son voyage à La Louvesc était nécessaire, qu'il lui était imposé par notre Seigneur et qu'il lui était interdit d'en changer la date. Il fut amené là par une observation du confesseur sur la rénovation des vœux au collège du Puy. Ces rénovations, comme on le sait, ont lieu en été et en hiver, et celle d'hiver approchait pour le collège du Puy. Le confesseur lui avait demandé à quelle époque, il comptait reprendre ses travaux apostoliques et Régis avait répondu :

« Demain au plus tard. — Il faut que demain, je retourne à l'endroit d'où je suis venu ». (it.)

« Mais », lui dit alors le confesseur, « comme vous le voyez, la rénovation des vœux est proche, — vous feriez mieux d'attendre pour partir qu'elle soit faite ».

Régis répliqua :

« Cela ne se peut, car le *Maître* ne le veut pas. (it.) » Par le *Maître*, il entendait notre Seigneur Jésus-Christ. Son interlocuteur, s'imaginant que par le Maître, Régis entendait le supérieur de la maison, lui répondit non sans quelque surprise : « *Le Maître !* que voulez-vous dire ? Je sais au contraire de la façon la plus certaine que vous ferez le plus grand plaisir au P. Recteur, si vous demeurez ici, durant ces quelques jours » (it).

Régis sans chercher à détromper son ami, persista dans sa première réponse :

« *Le Maître* ne le veut pas. Il ne le veut absolument pas. Il veut au contraire, il exige que je parte demain. »

C'était là une affirmation bien solennelle dans la bouche d'un homme aussi réservé que l'était ordinairement Régis.

Le bienheureux devint de plus en plus explicite. Non content d'affirmer que son voyage à La Louvesc était dans les desseins de Dieu pour cette époque précise, il annonça que ce voyage serait le dernier et qu'il n'en reviendrait pas.

La persistance du confesseur motiva cette nouvelle déclaration. — Voyant que le départ de Régis était chose irrévocable, il songea au retour et dit au Saint : « Vous ne serez donc absent que peu de temps, et vous reviendrez pour le jour dont je parle (le jour de la rénovation des vœux) » (it.)

Régis dit alors sans aucune hésitation :

« Je n'y serai pas pour ce jour-là, mais mon compagnon y sera. »

Le confesseur qui ne croyait pas à la mort prochaine d'un homme dans la force de l'âge, prit le change de nouveau. Il fit observer à Régis, qu'il ne serait pas convenable de renvoyer son compagnon pour rester seul à la campagne, que le public

on parlerait sûrement, et que lui Régis encourrait
le blâme de ses supérieurs. Régis ne parut pas
ému de ces conséquences ; il répéta :

« Il en sera pourtant ainsi. Rien n'est plus certain. Mon compagnon y sera et je n'y serai
pas ».

Enfin sur des instances nouvelles du confesseur,
Régis redit une troisième fois que son compagnon
mais non pas lui, serait au Puy ce jour-là.

Comme on le voit, la prédiction de Régis était
formelle. Elle allait même jusqu'à une certaine
précision du moment de sa mort.

Une remarque en passant.

Les premiers historiens auraient dû soigner
davantage la partie topographique et chronologique de leurs écrits. Des noms et des dates
auraient éclairé le côté merveilleux de certains
faits et gestes du Saint, beaucoup mieux que les
beautés rythmiques de leur phraséologie. Les
journalistes de Trévoux reprochaient déjà à d'Aubenton, des inexactitudes pour les noms des localités cités par lui. Il y a bien autre chose. L'ordre
manque absolument dans ses narrations, et grâce
à ces négligences, l'itinéraire du Saint nous a
échappé. Même observation pour la chronologie.
Qu'aurait-il coûté, par exemple, au P. de la Broue,
de nous dire l'époque de la rénovation des vœux
indiquée ici ? Il le pouvait facilement, car il y
avait assisté. Il n'y a pas pensé, et il nous réduit,
nous autres, aux conjectures.

6

Les dates des rénovations n'étaient pas alors absolument fixes. Très souvent la rénovation d'hiver se faisait au 1er janvier. On choisissait ce jour, comme la fête onomastique de la Compagnie. C'est en effet, au moment où il fut circoncis que le Sauveur du monde, reçut légalement et officiellement le nom de Jésus. Il n'y avait pas encore de solennité, pour célébrer sous un titre spécial le nom sacré. Très souvent aussi, le jour choisi était l'Epiphanie. Il nous paraît probable que la rénovation des vœux au collège du Puy, devait avoir lieu cette année le jour de l'Epiphanie.

Elle n'eut pas lieu le 1er janvier, puisque Régis est mort aux premières heures de ce jour et que, d'après le P. de la Broue, il mourut avant le jour de la rénovation. (*Et evenit planè id quod prædixerat vates veridicus, ante eam diem obiit.* L'événement confirma la prophétie, Régis mourut avant ce jour.)

Du reste le Saint avait annoncé deux choses :

1° Qu'il ne serait pas au Puy le jour de la rénovation ;

2° que son compagnon y serait.

Comme la date de la rénovation était proche, le confesseur dut comprendre que le compagnon du Saint serait au Puy, non pas plusieurs jours d'avance, mais juste à temps pour assister à la solennité. Le F. Bideau qui était ce compagnon, resta à La Louvesc le premier janvier, jour de la mort, et le deux, jour des funérailles. A supposer qu'il partit de La Louvesc le 3 (ce qui n'est pas nécessaire), il lui fallut deux jours pour arriver au Puy. Il arriva donc dans cette ville le 4 ou le 5 au soir. Le 6 était le jour de l'Epiphanie. Ce fut le 7, *probablement le lendemain de la rénovation*, que le P. Arnoux envoya la lettre circulaire après avoir, dans la journée du 6, reçu, du F. Bideau lui-même, les détails de la mort de Régis.

Régis a donc prédit, probablement jour pour jour, le moment de sa mort.

Régis se sentait donc poussé par une force supérieure sur cette route du Puy à La Louvesc qui fut le chemin de sa croix et de sa gloire. Comme sa volonté était parfaitement conforme à celle de Dieu, on doit dire qu'il voulait mourir à La Louvesc et qu'il y vint expressément pour cela. Il savait que chaque pas fait par lui, dans ces âpres sentiers, le rapprochait de la patrie céleste. On peut donc conjecturer avec quelle ardeur de l'âme, il entreprit ce voyage dont le terme devait être pour lui si brillant.

III

Le Voyage.

Les habitants de La Louvesc attendaient le Saint, pour le soir du 23 décembre, c'est-à-dire pour le jour et l'heure auxquels il s'était fait annoncer. Ils l'attendirent inutilement. Le soir vint, puis la nuit, sans amener Régis. Ce retard allait donner Régis à La Louvesc pour toujours et Dieu accomplissait son œuvre comme il le fait la plupart du temps, par le moyen de la faiblesse humaine et des forces de la nature.

Régis était parti du Puy à pied, accompagné du frère coadjuteur N. Bideau. Ce frère lui avait été donné pour le servir, et il allait être un témoin précieux, un témoin unique pour plusieurs des faits que nous racontons.

Le 22 au matin, le temps était horrible. La route montueuse et inégale, se trouvait alors coupée par les torrents et hérissée par les glaces. Il devenait malaisé de suivre le chemin dissimulé sous les neiges. Souvent il fallut le faire en écartant la neige et en brisant les glaçons. Régis fut obligé plus d'une fois, de se traîner sur les mains pour ne pas glisser dans les ravins ou pour escalader les rochers. Ainsi dépose Louise de Romesins.

Il y a du Puy à La Louvesc environ quatre-vingts kilomètres. Les mêmes témoins, dans le procès de béatification, nous laissent croire que Régis coucha à Rocoules, et qu'il en repartit le lendemain 23. « *Pater Régis Regolesio Lalovescum profectus* » (Louise de Romesins).

Le chemin devenait de plus en plus difficile, à mesure qu'on approchait de La Louvesc. L'obscurité s'étendait sur la terre, car on était dans les jours les plus courts de l'année. Enfin, à un moment donné, Régis s'écarta du chemin qui conduisait au terme de sa route, il s'égara. C'était le commencement de l'œuvre divine. L'ange qui l'avait préservé tant de fois du poignard des impies et des précipices de la montagne, ne le détourna pas de cet égarement. Peut-être même fut-il son guide invisible, car la voie oblique devenait pour Régis, la voie droite, puisqu'elle allait lui montrer le royaume de Dieu. « *Deduxit Justum... per vias rectas... et ostendit illi regnum Dei* » (Sap. X 10).

Il s'aperçut, à la nuit déjà tombée, qu'il avait dépassé La Louvesc, et atteint les premières maisons de Veyrines.

En quelques instants, il fut resserré dans une de ces positions, où tout appui nous échappe et où nous sentons planer sur nous la main puissante de Dieu. Les forces ne lui permettaient point d'aller plus loin, et il fallait de toute nécessité passer la nuit à Veyrines. La prudence commandait de chercher l'hospitalité dans le village. L'hospitalité ne fut pas accordée. Le prieuré était fermé ; le curé attendait Régis à La Louvesc ; la plupart des habitants y étaient aussi pour la mission. Pas un de ceux qui étaient restés ne voulut recevoir le Saint. Régis se trouvait donc à Veyrines comme s'il eût été seul sous les pins chargés de neige.

Sortant du village par le côté qui regarde La Louvesc, il avisa sur sa gauche une masure abandonnée et ouverte à tous les vents. La masure a aujourd'hui disparu. A sa place, ont été dressées

successivement plusieurs croix. Le socle de la
dernière subsiste et porte cette inscription :

CROIX DE S. P. J. F.
RÉGIS. 1844

L'apôtre n'avait pas à choisir et il dut se con-
tenter de cet abri. Se coucher sur le sol humide
après l'agitation d'une journée de marche, s'en-
dormir sans autre couverture que les vêtements
du voyage raidis de givre, aspirer durant plusieurs
heures les souffles de la nuit, si frais d'ordinaire,
si froids sur les montagnes, glacés alors par les
neiges de décembre, tout cela devait avoir pour un
homme usé de travaux et d'austérités, une issue
fatale et imminente. La mort allait l'effleurer de
son aile et le marquer de son sceau. L'homme de
Dieu ne fit pas ces réflexions. Il songeait, l'âme
absorbée dans les choses d'en haut, à la célébration des grands mystères dont une trentaine
d'heures à peine le séparait. Il se souvint de Marie
ne trouvant pas d'asile à Bethléem, du Sauveur
naissant dans une caverne, et c'est en adorant
Dieu qu'il s'étendit sur la terre nue. Il se releva
avant l'apparition du soleil. L'inflammation pleu-
rétique s'étant déclarée, une fièvre ardente le
consumait. Jusque-là, il savait seulement qu'il
allait à Dieu sans savoir par quelle voie. Il commença à comprendre par quel moyen Dieu l'attire-
rait à lui. Portant la mort en son sein, il prit le
chemin ordinaire qui conduit encore de Veyrines

à La Louvesc et qui longe les contreforts du mont
Chaix, à peu près à mi-côte, vers le midi. — Il
arriva à La Louvesc au lever du jour, c'est-à-dire
sur les huit heures du matin.

IV

Le Saint.

Au moment où le Saint parut à La Louvesc, il
était couronné des plus beaux feux de l'auréole
apostolique. Il avait évangélisé le Velay, le Vivarais, et les Cévennes. Il annonçait la divine parole
depuis dix années : c'est-à-dire que depuis dix
années, il passait les nuits en prière, et les jours
à l'autel, en chaire et au confessionnal. Il venait
de donner quatre mois consécutifs de missions,
durant lesquels il avait confessé jusqu'à neuf mille
personnes. Les Saints augmentent en perfection
d'année en année et de jour en jour ; leurs actions
participent de plus en plus au caractère divin. On
peut donc dire que jamais Régis n'avait été im-
prégné de la divinité comme il l'était quand il
approche du lieu de sa mort.

Quel était son aspect ?

Trois sources nous restent pour faire revivre les
traits de son visage et son apparence extérieure :
ses ossements, ses portraits et ses apparitions.

L'examen des ossements peut nous donner la

hauteur de la taille et la forme de la tête. Un témoin oculaire, qui a pu voir ces saints ossements
en 1873, bon observateur du reste et homme de
science, affirme « attendu les dimensions considérables des grands os des membres inférieurs, que
la taille de saint Régis, devait être au-dessus de
la moyenne » (*Ducis, s. j.*)

Les portraits de saint Régis sont nombreux, et
ne manquent pas d'authenticité. Aucun n'a l'auréole, ce qui les reporte avant la béatification. Ils
représentent le Saint à différents âges. Depuis
vingt-quatre jusqu'à quarante-trois ans. Tous
reproduisent, à ne pas s'y méprendre, le même
type, modifié par les années et les fatigues. D'après
ces portraits, Régis avait l'ovale de la figure assez
allongé, le front haut, les yeux longs, beaux et
doux. Le nez était grand et très légèrement aquilin. La bouche était plutôt grande que petite.
Il portait les cheveux courts et toute la barbe.

Les apparitions de saint Régis, après son trépas
ne sont pas à dédaigner. Ces apparitions post-
humes ayant pour but de faire reconnaître les
saints, les représentent par conséquent comme ils
étaient au moment de leur mort. Elles ne préjugent
en rien, les apparences futures et telles que les
fera la transformation de la gloire. Elles sont pour
le présent, pour les vivants qui en sont favorisés.
Elles sont donc ressemblantes.

Saint Régis apparut à une religieuse de Québec,
et voici la description qui nous en a été laissée.

« Il avait l'aspect grave et le port majestueux...
couvert de l'habit des Jésuites, il portait à la main
une croix de bois... son front était serein, la couleur de son visage était blanche, son nez était un
peu long. Il tenait les yeux baissés vers la terre.
La couleur de ses cheveux était entre le noir et le
blond » (chatains).

Quand il descendit du mont Chaix et se montra
aux habitants de La Louvesc, il avait sur le front
un reflet des années éternelles, vers lesquelles il
s'avançait à grands pas.

CHAPITRE DEUXIÈME

LES DERNIERS JOURS

Saint François Régis est tombé sur le champ des combats. Il est tombé en distribuant aux peuples chrétiens la parole extérieure de la doctrine que Jésus ordonne à ses apôtres de répandre sur la terre : « *Docete omnes gentes.* » — Il est tombé en laissant couler sur les âmes des baptisés, la parole sacramentelle qui efface les péchés du monde : « *Quorum remiseritis peccata remittuntur eis* ». — Il est tombé enfin, en déposant sur les lèvres des purifiés, la parole substantielle et vivifiante, le Verbe divin enfermé sous les apparences eucharistiques : « *Hoc facite in meam commemorationem.* » — Ce sont là les grandes batailles livrées au nom de Dieu, contre l'ignorance, le péché et le trépas. Ces batailles sont souvent mortelles pour les combattants : elles l'ont été pour Régis, si l'on peut appeler mortel un combat qui a brisé les chaînes de son âme et lui a donné l'immortelle liberté. Il nous faut entrer dans les détails de cette mort.

Arrivé à La Louvesc, le 24 décembre au matin, Régis y vécut jusqu'à minuit du 31 décembre, c'est-à-dire huit jours. Il fut visible au peuple les trois premiers jours. Les cinq derniers furent une longue et douce agonie. Nous allons le suivre durant cet espace de temps, jour par jour, et, quand nous le pourrons, heure par heure.

I

Journée du 24.

Quoique saint Régis eut passé les deux journées précédentes dans une marche des plus pénibles à travers les neiges et les précipices, et quelques heures de nuit sous un hangar, dans les premières agitations de la fièvre, il n'hésita pas à commencer la mission au moment même où il arrivait.

« Il faisait un froid extraordinaire et les vêtements du Saint étaient trempés d'eau » (*Déposition des habitants*).

Il se rendit droit à l'Egiise et prononça incontinent son premier discours. Sa parole était ordinairement une parole de feu, elle fut plus ardente que jamais. Il ne descendit de chaire que pour entrer au confessionnal, où il resta jusqu'au milieu du jour. Ce fut alors seulement qu'il célébra la sainte messe. Il se rendit enfin au presbytère, pour y prendre quelque nourriture. Le reste du jour fut consacré entièrement aux confessions.

Nuit du 24.

Cette nuit était la grande nuit qui avait vu naître l'Homme-Dieu, la vigile par excellence. Le Saint se souvenant que dans cette nuit, le Sauveur avait voulu donner audience aux bergers, ne voulut pas d'autre compagnie que leurs descendants, et il passa la nuit entière au confessionnal (*d'Aubenton*). — (*P. de la Broue, Vie de 1659*). « *Vesperum pervigilii Nativitatis cum sequenti nocte* ». — « Il confessa le soir de la vigile de Noël, et la nuit suivante. » (*P. Bonnet, Vie de 1691*). « *In pervigilio Christi Natalis, quamquam jam morbo tentari cœperat, audiendis tamen confessionibus noctem integram vacavit.* » — « La Vigile de Noël, quoique déjà malade, il passa la nuit entière à entendre les confessions. »

II

Journée du 25 (fête de Noël).

Le jour de Noël, le Saint prêcha trois fois. « *Ter insequenti die, pro concione dixit ad popu-*

lum » (P. Bonnet). C'était dans la matinée et à chacune de ses messes (Déposition de Mathieu Rome).

Il passa le reste du jour au confessionnal. « *Die postero continuavit* » (P. de la Broue).

Nuit du 25

Le Saint passa la nuit au confessionnal (P. Arnoux).

III

Journée du 26 (fête de saint Etienne).

Ce jour, qui rappelle la mort du premier des martyrs, devait porter le coup mortel au Saint du Vivarais.

La matinée

Il venait de passer une douzaine d'heures au confessionnal, dans la nuit, respirant un air méphitique, entendant le récit des misères morales les plus profondes, enseignant, avertissant, consolant, menaçant, répandant toute son âme pour sauver celles qui s'ouvraient à lui. La maladie contractée à Veyrines faisait des progrès rapides. Quand l'aurore vint le surprendre au saint tribunal, elle éclaira l'arrivée de nouveaux pèlerins.

Il ne sortit pas de l'église. Mais il se dirigea vers la chaire, et prononça un premier sermon.

Les historiens récents prétendent qu'il en prononça, ce jour-là, jusqu'à cinq ou six. Ils s'appuient sur la lettre du P. Arnoux, dans laquelle nous lisons : « Le jour de Saint-Etienne, ayant confessé en ce petit lieu, tout le jour et la nuit de Noël, tout le jour de Saint-Etienne, jusqu'à deux heures après midi, et prêché cinq ou six fois, la pleine église de peuple chaque fois, il alla dire la Messe. »

Il nous paraît évident que le P. Arnoux a l'intention de résumer toutes les confessions et toutes les prédications non pas seulement du jour de Saint-Etienne, mais de tout le séjour à La Louvesc. La phrase est lourde, incorrecte, peu claire, peu exacte même; mais elle laisse percer ce sens et ce sens seul. Du reste, il est difficile de placer six sermons dans une matinée, car les sermons se seraient touchés. C'est d'autant plus impossible, qu'après chaque sermon, le Saint entrait au confessionnal pour recueillir, dans une moisson hâtive, ce qu'il venait de semer. D'Aubenton est très affirmatif : « Le jour de Saint-Etienne, quoique tout mourant, il fit encore trois sermons. » Il faut se tenir à ce chiffre. Ces trois sermons furent prononcés par lui, avec « plus de véhémence que jamais ». C'était ses derniers sermons, son testament apostolique, *novissima verba.*

La soirée

A deux heures de l'après-midi, le Saint célébra le dernier sacrifice qui devait être offert ici-bas par sa bouche et ses mains sacerdotales. Il est à croire qu'il se savait à l'autel pour la dernière fois, car la fatigue dont il avait constaté l'aggravation dès le jour de Noël, était sur le point de l'accabler.

La foule était si compacte, qu'il ne fallait pas songer à sortir de l'église après la messe. Régis ne put même pas aller jusqu'à son confessionnal. Il se plaça sur une chaise, à côté du maître-autel et en face d'une fenêtre dépourvue de vitres et de volets. Il était tête nue, il se mit ainsi à entendre les confessions, et resta à cette place jusqu'au soir.

Le soir venu, la nature succomba. Il est même merveilleux qu'elle n'ait pas succombé plus tôt. Le Saint ne s'était pas couché depuis son arrivée à La Louvesc; il avait parlé souvent et avec une ardeur qui étonnait; il avait entendu de nombreuses confessions; il avait célébré chaque jour le saint Sacrifice, et jamais avant midi. Le soir de ce jour de Saint-Étienne, il était encore à jeun. Il avait fait tout cela dans les transes d'une maladie qui s'aggravait d'heure en heure.

Il eut donc, en ce moment-là, sur son siège de confesseur, un premier évanouissement. On l'emporta au presbytère, et on le plaça près du feu.

L'évanouissement dura un quart-d'heure.

Ayant repris ses sens, il confessa encore une vingtaine de personnes.

Un second évanouissement survint. On plaça alors le Saint sur le lit du Curé. — Son apostolat terrestre était fini.

Il avait parlé sept fois à La Louvesc. Il avait célébré cinq fois le Sacrifice de la Messe. Il avait confessé et communié, pendant trois jours et deux nuits, de 400 à 500 personnes. A partir de ce moment-là, les habitants de La Louvesc ne le virent plus.

IV

Nuit du 26.

Des exprès furent dépêchés pour aller avertir les Pères de la Compagnie de Jésus, et les médecins.

Journées du 27, du 28 et du 29.

Durant ces trois jours, sur lesquels nous n'avons pas de détails, le Saint reçut la visite des médecins et des religieux de son ordre. Les médecins vinrent, l'un des environs, l'autre d'Annonay. Les religieux vinrent de la résidence d'Annonay et du collège de Tournon. Nous avons les noms de ces derniers. Ce furent le P. Lascombe, procureur du collège, le P. Chabras et le F. Audibert.

V

Journée du 30.

Cette journée commença, pour le Saint, par la réception des sacrements. Il vit venir la mort dans le plus grand calme, et il voulut s'y préparer à nouveau, comme s'il ne l'avait pas fait durant toute sa vie, comme s'il ne l'avait pas fait d'une façon prochaine dans sa retraite du Puy, il n'y avait pas encore dix jours. Il accomplit d'abord cet acte d'humilité suprême qui clôt l'existence des chrétiens, quand Dieu leur en donne le temps et la facilité. Il repassa tous ses jours et fit au Père Lascombe une accusation générale des fautes par lesquelles il avait pu offenser la Majesté divine. Le P. Lascombe déclara ensuite par écrit qu'il n'y avait pas, dans cette accusation minutieuse, un seul péché véniel commis de propos absolument délibéré.

Il demanda ensuite le corps de notre Seigneur Jésus-Christ et les dernières onctions.

Les ayant reçus, il manifesta l'intention de rester seul pour s'entretenir avec Dieu. Il réitéra même l'expression de ce désir. En conséquence, il ne vit plus guère, jusqu'à son dernier soupir, que les frères qui le servaient.

Il termina cette journée par deux actes d'humilité, dont on a conservé le souvenir. Comme on lui présentait un bouillon, il pria qu'on lui donnât du lait qui est la nourriture des pauvres. Il demanda ensuite à être porté dans une étable, pour y mourir sur la paille. On ne jugea pas à propos d'acquiescer à ses désirs et le Saint se soumit.

Nuit du 30.

Le Saint passa toute cette nuit absorbé dans la contemplation de son crucifix.

VI

Journée du 31.

On ne remarqua rien dans le Saint qu'une paix profonde et, *sur le soir*, *des signes d'une joie extraordinaire*.

Les historiens signalent ce dernier point avec insistance.

C'étaient les heures où les membres de la Compagnie de Jésus, selon leur coutume solennelle, louaient Dieu et le proclamaient seigneur de toutes choses, en le remerciant pour les bienfaits de l'année mourante, bienfaits temporels et spirituels, connus et inconnus. L'hymne ambrosienne commençait à retentir dans leurs temples, des

rives de la Seine à celles du fleuve Jaune et du
fleuve Bleu. Il résonnait sous les voûtes dorées
du Jésus, en présence du Chef de l'Eglise et du
Sacré-Collège, comme au sein de la barbarie afri-
caine ; marié, dans les capitales de la civilisation,
aux instruments de la musique la plus raffinée,
et soulevant aussi, par ses éclats, les hurlements
des tigres et des lions, dans les réductions ver-
doyantes du Paraguay. La Compagnie de Jésus
ne soupçonnait pas la gloire qui germait pour
elle, sur les sommets neigeux du Vivarais, en ces
instants d'actions de grâces ; mais Régis s'unissait à la reconnaissance de ses frères, et commençait, ici-bas, une hymne qu'il devait achever
plus haut.

VII

Nuit du 31.

Cette nuit devait être la dernière de sa vie. Elle
fut éclairée par l'apparition de Notre-Seigneur
et de la très sainte Vierge. Nous devons remarquer d'abord que le Saint, de l'aveu exprès du
P. Lascombe, son confesseur, conserva jusqu'à
son dernier soupir toute la solidité de son jugement et toute la force de sa raison.

Du reste, les paroles par lesquelles il manifesta sa vision, indiquent une pleine possession de soi-même. Il sait où il est, il connaît son état, il n'a pas perdu de vue la personne qui est à côté de lui.

« Un peu avant sa mort, ayant le sens bien rassis et bien formé, il dit à notre frère Bideau, son compagnon, qu'il se trouvait plus mal que jamais, et incontinent après : Ah ! mon frère, quel bonheur et que je meurs content ! » Le saint parle ici sous l'impulsion d'une joie exubérante. Il ne peut la contenir et, ne songeant plus qu'à ce qu'il voit, il le décrit.

Du reste, les lois par lesquelles la Providence gouverne le monde avec une sagesse infinie, ne nous permettent pas de soupçonner une illusion semblable, au moment de la mort des Saints.

Les légères *variantes* avec lesquelles sont rapportées les paroles de Régis, ne font que mieux ressortir la vérité *substantielle* du fait.

Le Saint vit Notre-Seigneur et la sainte Vierge qui l'appelaient en Paradis. Voilà la substance du fait. Seulement les historiens ne l'expriment pas de la même manière.

Le P. Arnoux rapporte ainsi les paroles du saint :

« Je vois Notre-Seigneur et Notre-Dame qui m'ouvrent le Paradis. »

Le P. d'Aubenton écrit :

« Je vois Jésus et Marie qui daignent venir au-devant de moi, pour me conduire dans le fortuné séjour des saints. »

D'après le P. Arnoux, saint François aurait vu Notre-Seigneur et Notre-Dame dans les hauteurs célestes. D'après d'Aubenton, il les aurait vus dans les espaces intermédiaires.

Le respect que nous devons avoir pour les paroles des saints en général, et pour leurs dernières paroles en particulier, ne nous permet pas ici l'indifférence, et le respect de la vérité nous force à conclure pour la version du P. Arnoux, contre celle du P. d'Aubenton.

D'abord, le P. Arnoux écrivait quelques jours seulement après la mort du Saint, et le P. d'Aubenton près d'un siècle plus tard. Ensuite les termes de *Notre-Seigneur* et de *Notre-Dame* nous paraissent plus conformes au langage du temps que ceux de *Jésus* et de *Marie*. Pour dire toute notre pensée, ces expressions : « *daignent* venir au-devant de moi » — « *le fortuné séjour des saints*, » nous paraissent de simples périphrases, invraisemblables dans la bouche de saint Régis au moment suprême. Enfin, le seul témoin auriculaire a été le Frère Bideau. Nul doute qu'il ait transmis fidèlement ce qu'il *venait* d'entendre à son Supérieur le P. Arnoux. Nul doute aussi que le P. Arnoux ait rapporté fidèlement les paroles du F. Bideau ; ce qui le prouve, c'est la conformité parfaite des termes du P. Arnoux avec les expressions de dix témoins, rapportant dans le procès les paroles du témoin immédiat.

Voici ces dépositions :

Premier témoin : « Aperientes sibi Paradysum. »

— Lui ouvrant le Paradis.

Second témoin : « Aperientes sibi cœlum. »

— Lui ouvrant le ciel.

Troisième témoin : « Pandentes portas cœli. »

— Ouvrant les portes du ciel.

Quatrième témoin : « Qui viro Dei reserabant cœlum. »

— Qui ouvraient le ciel à l'homme de Dieu.

Cinquième témoin : « Qui cœlum ipsi recludebant. »

— Qui lui ouvraient le ciel.

Sixième témoin : « Che gli aprivano le porte del cielo. »

— Qui lui ouvraient les portes du ciel.

Septième témoin : « Aperientes ei cœlum. »

— Lui ouvrant le ciel.

Huitième témoin : « Aperientes morienti cœlum. »

— Ouvrant le ciel au mourant.

Neuvième témoin : « Che l'aprivano il cielo. »

— Qui lui ouvraient le ciel.

Dixième témoin : « Qui mihi cœlos aperivit. »

— Qui m'a ouvert le ciel.

Comme on le voit, l'expression est partout identique ; c'est l'ouverture du ciel et l'expression du P. Arnoux.

La vision de saint Régis fut donc semblable à celle de saint Etienne. De La Louvesc, comme seize siècles auparavant, saint Etienne *de la porte Aquilonaire,*

Il vit les cieux s'ouvrir.
« *Video cœlos apertos.* »

Elle ne fut pas aussi profonde, puisque Régis ne vit pas le fils de Dieu à la droite du Père Céleste, mais bien sur le seuil même des portes éternelles, et lui ouvrant ces portes. Jésus et Marie se montrèrent à ses yeux mourants. A un moment, il se vit environné des lumières éternelles, du Soleil de Justice, et de la Lune, son plus fidèle témoin.

MINUIT

Il était minuit. Le Saint joignit les mains, leva les yeux, et dit d'une voix haute et distincte : « In manus tuas, Domine, commendo spiritum meum. » *En vos mains, Seigneur, je remets mon esprit.* »
Et ayant fini le verset, il finit aussi sa vie.
C'était la trentième année du règne de Louis XIII et la vingt et unième du pontificat d'Urbain VIII.

CHAPITRE TROISIÈME

LE CULTE

C'est un principe, que, plus un homme pendant sa première vie s'est détaché de la terre, plus il s'en rapproche dans sa seconde et éternelle existence. Tandis que le sensuel meurt, sans laisser trace de son passage, ni dans les œuvres ni dans la mémoire des hommes ; tandis que son âme, reléguée loin du ciel et de la terre, n'a plus aucun rapport avec la création ; le saint, qui a traversé la terre les yeux attachés au ciel, emporte avec lui dans la tombe le cœur des hommes. Sa mémoire est impérissable et son action ininterrompue. Arrivé au terme étincelant de l'existence humaine, il ne perd pas de vue, dans les splendeurs de la Vision béatifique, cette terre où il a

mérité la gloire. Il continue à l'aimer ; il continue
à sauver les âmes qui y accomplissent leur pèlerinage ; il reste en communication invisible avec
elles par ses inspirations, et en communication
visible par ses miracles. Cette immixtion réelle
de la vie immortelle des saints dans la vie des
hommes mortels, met l'immortalité des saints
bien au-dessus de toutes les autres immortalités ;
bien au-dessus des immortalités profanes qui sont
un simple souvenir. L'humanité se souvient de
ses grands hommes, mais elle n'attend plus rien
d'eux ; elle n'en reçoit plus rien ; elle a conscience
que la séparation est, sinon perpétuelle, au moins
complète pour le moment.

En trois mots : on oublie ce qui a été petit ; on
ne fait que se souvenir de ce qui a été simplement grand ; on se souvient des saints et on vit
encore avec eux.

La seconde vie terrestre des saints est plus ou
moins éclatante et plus ou moins prolongée, selon
que Dieu l'a décidé dans ses décrets. De même
que Dieu décide à quel moment les étoiles se lè-
vent sur notre horizon et à quel moment elles disparaissent, de même il décide combien de temps
les hommes seront en communication d'inflences
visibles avec les astres supérieurs. En général,
ces manifestations de la puissance des saints ici-
bas coïncident avec les besoins des peuples qui les
invoquent. En général aussi, les saints manifes-
tent leur puissance à l'endroit surtout où repo-

sent leurs restes. Le tombeau des saints est comme un centre d'attraction et de diffusion. C'est le centre qui attire les peuples, et c'est aussi le centre d'où rayonnent les grâces.

I

Les deux Tombeaux

Deux tombeaux entre tous ont reçu, dans notre France, cet éclat radieux. Deux tombeaux ont été les sources par excellence de la vie surnaturelle : le tombeau de saint Martin, aux premiers siècles de la monarchie, et le tombeau de saint Régis, à son déclin.

Il y a entre les deux saints plus d'un rapport. Voici les réflexions de la comtesse de Charpin :

« En remontant le cours des âges, Régis trouvait, dans nos montagnes, le souvenir d'un apôtre dont son humilité lui laissait ignorer qu'il serait un jour l'illustre émule dans la vénération et le cœur des habitants. De même que Régis était envoyé de Dieu pour extirper les restes du calvinisme, et reconstituer l'œuvre de saint Martin, ruinée par l'hérésie et la guerre civile qui en fut la sanglante suite; de même saint Martin y était venu pour en chasser les vestiges druidiques qui s'y étaient cantonnés, eux aussi, comme dans un

dernier refuge, contre l'envahissement du christianisme, dès lors si puissant dans les Gaules.
Les montagnards ont toujours été fort tenaces de
caractère ; mais aussi ils oublient moins facilement les bienfaits, et la tradition de l'apostolat
de saint Martin y est encore vivante parmi eux.
Chose remarquable ! Dans son bel ouvrage sur
saint Martin, M. Lecoy de la Marche nous indique, autant que la transformation du pays rend la
chose possible, les mêmes pérégrinations, les
mêmes stations de l'apôtre des Gaules, que furent
celles de saint Régis. »

Ces réflexions sont on ne peut plus justes.
S. Martin fut donné à la France primitive pour
extirper, dans notre patrie, les restes du Drui-
disme, pour la prémunir contre l'hérésie arienne
et l'asseoir dans la pureté et la perpétuité du
Christianisme. S. Régis fut son continuateur :
Calvin venait faire revivre Arius ; Régis fit reculer
Calvin partout où il se montra, et le théâtre de
ses missions a été comme la limite imposée à la
secte de Genève, limite qui ne fut jamais fran-
chie.

De plus, la secte janséniste prêtait la main au
protestantisme pour faire dévier notre patrie de
la route de l'orthodoxie. Régis fut, pour la Compagnie de Jésus, grand obstacle du Jansénisme,
comme un panégyrique vivant, plus fort que
toutes les calomnies de Port-Royal.

Enfin, les miracles de son tombeau, éclatant

durant les xvii⁰, xviii⁰ et xix⁰ siècles, sont une démonstration puissante contre les théories encyclopédistes, révolutionnaires et matérialistes, qui menacent la vie chrétienne de ces derniers âges.

II

L'Apothéose populaire.

A peine Régis avait-il fermé les yeux, que dans tous les pays évangélisés par lui se répandit le bruit de sa mort, et en même temps la confirmation de sa sainteté. Il fut immédiatement proclamé saint par les multitudes. L'expression était partout la même : « Le Saint est mort. » C'est là un suffrage universel autrement sérieux que celui qui sort des urnes électorales, et ici la voix du peuple est en réalité la voix de Dieu. Quand tout un peuple, pendant dix ans, ne perd pas de vue un seul jour, on peut même dire une seule nuit, l'homme envoyé par Dieu pour lui annoncer l'évangile; quand cet évangile est annoncé au milieu des plus grands obstacles, sous les yeux largement ouverts des hérétiques et des débauchés, ligués contre l'apôtre; quand aucune voix ne s'élève pour signaler, dans le fils de saint Ignace, la faiblesse même la plus légère; quand, au contraire, tous proclament que le prêtre a réalisé dans sa vie la sublimité de sa prédication, il faut accorder que cette apothéose ne saurait être trompeuse. Ce fut là la première gloire de saint Régis, à savoir, la persuasion intime, publiée par tous ceux qu'il avait évangélisés, qu'il jouissait de l'éternelle Béatitude.

Il y eut ensuite le concours des peuples à son tombeau. Ce concours fut dès le commencement énorme.

« On voyait arriver à La Louvesc, la noblesse et le clergé, comtes, marquis, gouverneurs de provinces, généraux d'armées, évêques, archevêques et cardinaux. »

Les hauteurs de La Louvesc se couvrirent de pèlerins, et les générations contemporaines qui les virent passer crurent « que ces hauteurs finiraient par s'aplanir sous leurs pas ».

III

Les Prodiges.

La cause de cet enthousiasme des peuples fut la rapide et magnifique réponse faite par saint Régis aux premières invocations. Les premières invocations avaient suivi de très près le dernier soupir du Saint. Elles furent incontinent récompensées par des prodiges. Une pareille rapidité nous étonne, et à juste titre. Habitués que nous sommes aux lenteurs des choses terrestres, il nous semble qu'il faut du temps à une âme pour franchir les quatre-vingts millions de mondes et plus qui séparent la terre du Paradis, pour prendre place dans la grande assemblée des Saints, et pour s'habituer aux splendeurs de la patrie ; il nous semble qu'il faut du temps pour que les prières des hommes franchissent les mêmes distances, et qu'il en faut encore pour que les Saints puissent faire parvenir leur action jusqu'à nous. La rapidité de l'éclair, fils de l'électricité, la rapidité de l'électricité elle-même devrait nous apprendre que, dans un milieu divin comme est l'atmosphère supérieure, tous ces actes peuvent se succéder sans interruption sensible. De fait, il est permis de dire que saint Régis n'était pas plutôt dans les cieux, qu'il fit sentir sa puissance sur la terre.

Cette puissance parut investir surtout le tombeau et ses abords :

« A peine le serviteur de Dieu », disent les *Informations préliminaires*, « était-il mort, que Dieu montra, par d'indubitables indices, combien son sépulcre lui était agréable. Ce grand Dieu, pour attester la sainteté terrestre et la félicité céleste de Régis, voulut que ce sépulcre brillât de miracles variés et insignes, et attirât la foule des peuples. On peut appliquer à ce tombeau les paroles d'Isaïe : « *Ipsum gentes deprecabuntur et erit sepulchrum ejus gloriosum.* » (Les nations l'invoqueront et son sépulcre sera glorieux.)

Quand nous parlons du sépulcre, nous parlons de la terre même dans laquelle Régis reposait. Le Saint, soit par lui-même, soit par l'intermédiaire des anges, soit par une application sans intermédiaire de la puissance de Dieu, communiqua à cette terre une fertilité naturelle.

« Une particularité digne de mémoire », disent encore les *Informations préliminaires*, « c'est qu'une vertu divine s'attache non seulement au corps vénérable, mais encore à la terre dans laquelle il est enseveli. Ainsi, on peut appliquer au serviteur de Dieu, ce que saint Jean Chysostome dit des Apôtres : « *Ubique omnibus beneficia* « *conferre non cessant; pulverem immortalem in* « *sepulchris reliquerunt.*» (Ils distribuent les bienfaits partout et à tous; ils ont laissé dans leurs sépulcres une poussière immortelle.) Celui qui tous les jours rend la vie aux moribonds par le seul contact de la poussière qui entoure son sépulcre, n'a-t-il pas laissé dans le sépulcre lui-même une poussière immortelle : « *Pro munere* « *pulvis accipitur, et tanquàm res magni pretii* « *terra thesauro reponitur.* (Grég. Nyss.) » (On reçoit de la poussière comme un véritable don, et un peu de terre est regardé comme une chose de grand prix, comme un trésor.) »

En effet, les prodiges les plus variés s'opèrent au tombeau.

« Nous nous félicitons nous-mêmes », disent les Evêques du Languedoc, « de ce que Dieu a fait naître parmi nous, de nos jours, un homme apostolique doué de la grâce des miracles, de sorte que nous ne pouvons que nous écrier avec le Prophète : *Le désert se réjouira et fleurira comme le lys; parce que les yeux des aveugles seront ouverts, aussi bien que les oreilles des sourds; le boiteux courra comme le cerf sur les collines, et la langue des muets sera déliée*; car nous voyons de nos yeux les mêmes prodiges se renouveler sans cesse sur les hauteurs de La Louvesc. »

Nous ne pouvons entrer dans le détail de tous ces prodiges. Il faudrait pour cela décrire les maladies les plus graves et les plus répugnantes qui peuvent affliger les hommes, et les montrer suivies des guérisons les plus soudaines et les plus complètes. Il faudrait répéter ces récits des centaines de fois; quand ce serait fait, on pourrait être sûr qu'on aurait une faible, une très faible partie de ce qui a consolé, depuis plus de deux siècles, les fidèles de saint Régis : car pour des centaines de prodiges consignés par écrit et publiés à la gloire du Saint, il y en a des centaines d'autres dont ceux qui en furent gratifiés ne parlèrent jamais. Ce qui distingue ces prodiges, c'est leur authenticité absolue et leur caractère éclatant. Ils sont un défi porté aux critiques les plus outrées et les plus malveillantes.

Nous préférons à une énumération de tous ces prodiges, énumération nécessairement sèche et monotone, la narration circonstanciée d'un seul. Celui que nous choisirons est comme le type de tous les autres. Il a eu pour théâtre une ville connue, et pour témoins des personnages dont quelques-uns ne sont pas sans rapports avec cette histoire. Enfin, c'est le premier miracle accepté par les juges de la Béatification. En cette qualité, il a subi toutes les rigueurs que peuvent apporter les hommes dans l'examen d'un fait.

Il se produisit en 1701.

Il y avait déjà soixante ans que le thaumaturge du Vivarais semait les guérisons autour de son sépulcre, comme un semeur qui jette le blé à pleines mains. Les prodiges opérés en enfantaient d'autres par la foi qu'ils excitaient dans les âmes. Le prodige de 1701 est un prodige de ce genre; il est le résultat des prodiges précédents.

Une dizaine d'années avant cette époque, les Lévi-Ventadour, comme nous l'avons vu, étaient seigneurs de La Louvesc. Or, Charles de Lévi-Ventadour avait une fille, Henriette de Lévi, née à Paris, et Religieuse de la Visitation à Moulins. Les personnes les plus connues du Monastère étaient, outre Henriette de Lévi : Louise-Henriette de Soudeille, née à l'Ile-Adam, amie intime de la Bienheureuse Marguerite-Marie; Marie-Félix du Buisson, née à Moulins ; Marie-Louise du Rye, née à Paris ; Marie-Elisabeth Vernay de Montjournal, née à Moulins. — Ces Religieuses étaient les principales du Monastère, et elles furent assignées comme témoins dans le procès de Béatification.

. Henriette de Lévi entendait souvent parler à ses parents des prodiges opérés par saint Régis dans leurs anciennes possessions du Vivarais. Un gentilhomme attaché à la maison du Duc et dont le château était proche de La Louvesc, lui avait même envoyé de la terre prise sur le tombeau du Saint. Elle eut bientôt l'occasion de s'en servir.

Une jeune Religieuse âgée de 29 ans à peu près, et nommée Jeanne-Marie Peret, se trouvait alors dans le Monastère. Elle y était entrée depuis sept années, et ces sept années avaient été pour elle, comme une maladie continuelle et un continuel martyre. Jeanne-Marie était destinée par Dieu à répandre dans l'univers la gloire de saint Régis. Pour procéder avec ordre, nous distinguerons ce qu'on doit distinguer dans tout prodige de ce genre, la maladie, l'invocation et la guérison.

LA MALADIE

Jeanne-Marie, d'une santé très faible, ne cesse, dès son entrée au couvent, d'être affligée de maladies multiples. On ne comprend pas comment une jeune fille délicate a pu supporter sans mourir, durant sept années, des fièvres double, tierce et quarte, le dégoût, ou plutôt l'horreur poussée jusqu'au vomissement, de toute espèce de nourriture, les insomnies, les douleurs de cœur et de tête les plus violentes, des évanouissements quotidiens, une contraction des nerfs continuelle, des mouvements convulsifs revenant toutes les heures, la langue attachée au palais, la main droite froide et rigide, enfin une paralysie complète des parties inférieures du corps, une hydropisie du genre le plus dangereux (*tympanite*), une fièvre ardente et d'atroces douleurs.

La paralysie totale des parties inférieures du corps dura deux ans et demi. Les jambes ne recevaient plus de nourriture ; elles n'avaient plus de sang, plus de chaleur, plus de force. Il n'y avait rien entre la peau et les os. Souvent même la peau et les os se disjoignaient. Tout mouvement avait cessé. Jeanne-Marie ne pouvait ni faire un pas, ni se soutenir. Il lui devint impossible de mouvoir le reste du corps sans souffrir et sans s'évanouir. Aussi n'assistait-elle à la messe que les jours de fête, portée au chœur dans une chaise. Bientôt cela même ne put se faire, et elle dut rester dans son lit.

On ne pouvait faire le lit que rarement. Quand on le faisait, il y avait évanouissement, douleurs épouvantables et vomissements violents.

Trois mois avant la guérison, l'hydropisie vint se joindre à la paralysie.

Le 21 novembre, veille de la guérison, elle fut plus fatiguée que d'habitude, et ne pût être transportée au chœur pour y renouveler les trois vœux de religion.

Les médecins déclarèrent la maladie incurable, et donnèrent à la malade pour un mois de vie.

Ces faits sont attestés par les Religieuses dont nous avons donné les noms, par les médecins et les confesseurs. Jeanne-Marie, avant de les relater dans le procès de béatification, prêta le serment suivant:

« Ï., Jeanne-Marie Peret, Religieuse Professe de la Visitation, témoin citée et soussignée, la main sur les Saints Evangiles que j'ai devant mes yeux, jure de dire la vérité sur les interrogations et sur les articles sur quoi je suis examinée... sous peine de parjure et d'excommunication portée par les sentences, dont je ne pourrais être absoute que par le Souverain Pontife, à l'exclusion même du Grand Pénitencier, si ce n'est à l'article de la mort, je le promets et le jure. Dieu soit à mon secours et ses Saints Evangiles. »

Du reste, une maladie si longue et compliquée de tant de péripéties, était devenue une chose publique dans le Monastère, et par le monastère dans la ville de Moulins. Tout le couvent était témoin oculaire, et toute la ville témoin auriculaire de la maladie. Dans ces conditions, les dépositions des témoins assermentés, religieuses, médecins et confesseurs, s'ajoutent simplement à un témoignage universel et septénaire, c'est-à-dire à une incontestable notoriété.

Telle est la maladie qui fut guérie par Saint-Régis.

L'Invocation

Dans les prodiges opérés ici-bas, l'Invocation est le signe auquel on reconnaît à quel saint doit être attribuée la guérison. Le Promoteur de la foi, impuissant à infirmer la réalité de la maladie et celle de la guérison, accumula toutes les difficultés imaginables et inimaginables contre l'invocation du Saint.

Voici les faits :

Un an avant la guérison de Jeanne-Marie, la Communauté avait invoqué pour cette guérison la très sainte Vierge, saint François de Sales et d'autres saints. Ces prières avaient été inutiles, et la malade se voyait privée de tout secours humain et divin. Sa volonté subit alors non pas un affaisement, mais une sorte de détente. Elle arriva à ne plus désirer la santé d'une façon aussi absolue qu'elle l'avait peut-être fait auparavant. Elle savait que tout bien temporel doit être demandé à Dieu d'une façon conditionnelle. Elle se résigna à son sort, et, quand elle recommença à prier, elle protesta que ce seraient les dernières prières adressées à Dieu pour cet objet. Elle craignait, en en faisant d'autres, au cas où celles-ci n'aboutiraient pas , d'aller contre la volonté probable de Dieu.

Elle adressa donc à Dieu une nouvelle prière qui, dans sa pensée, devait être la dernière : cette fois, elle l'adressa à Dieu par l'intermédiaire de saint Régis. Elle y fut poussée par la lecture d'une vie nouvelle du Père Régis ; elle admira les bienfaits innombrables accordés par son intercession, et elle conçut l'espérance d'être guérie par lui.

Elle fit placer dans sa cellule une image du serviteur de Dieu.

Le 8 octobre, la Mère de Soudeilles commença une neuvaine et envoya une somme d'argent à La Louvesc pour faire dire des messes au tombeau du Saint. Dans ces messes, le nom de Régis n'était pas prononcé dans les oraisons, parce que le culte public n'existait pas encore ; mais on y invoquait sa protection d'une manière privée, « *privatim* ».

Enfin, Henriette de Lévi lui donna la poussière qu'elle possédait.

Jeanne Marie s'unit aux prières qui se faisaient à Moulins et à La Louvesc, et employa la poussière d'Henriette de Lévi, sans invoquer jamais d'autre nom que le nom de Régis.

Dès que Jeanne Marie eut commencé ces invocations, elle eut une foi entière en sa guérison, elle en fut absolument certaine.

Le 13 novembre, qui se trouvait un dimanche,

comme elle était seule dans sa chambre, occupée de Dieu, elle reçut une faveur qui n'est pas inouïe dans la vie des saints, qu'on retrouve en particulier dans les prodiges opérés par saint Didace, saint Philippe de Néry, saint Pascal Baylon et saint Louis de Gonzague. Il lui sembla entendre une voix qui lui disait : « Tu seras guérie. »

La voix était claire et distincte, « *vocem clare et distincte dicentem* », et on ne pouvait se méprendre sur le sens des paroles entendues. Elle n'était point basse, mais assez haute, « *verba audivi quæ satis elata voce prolata sunt* ». La parole fut si nette et si accentuée que sa direction elle-même ne put échapper à Jeanne Marie. La parole lui parut venir de l'image du Saint placée dans sa chambre.

Cette manifestation, comme il arrive dans toutes les révélations véritables, commença par inspirer une sorte de terreur à Jeanne Marie. Elle craignit que ce ne fût un effet de son imagination surexcitée. Mais la joie remplaça bientôt l'appréhension. Elle se sentit remplie d'espérance ; elle ne pouvait se mettre en prière sans que ces paroles lui revinssent à l'esprit et produisissent les mêmes sentiments intérieurs. L'événement allait bientôt lui démontrer la vérité de la manifestation.

Le lendemain, 14 novembre, elle commença la neuvaine à saint Régis.

Ses douleurs et sa faiblesse augmentèrent sans

discontinuer, du premier au dernier jour, en sorte que ces sept jours furent comme un résumé et une aggravation de ses sept années de souffrances. Et, chose merveilleuse ! sa foi en la guérison augmentait à mesure qu'augmentaient ses douleurs.

La Guérison.

Le 22 novembre, au matin, Jeanne Marie annonça qu'elle guérirait si elle pouvait recevoir au chœur le corps de notre Seigneur Jésus-Christ.

Il faut se souvenir ici que « les miracles s'opèrent par les prières et non par le commandement des saints, qu'aucun sage ne doit attribuer la guérison à Antoine « comme à la cause principale », mais au Seigneur Jésus qu'Antoine se contentait de prier, et que le Seigneur accordait tout alors au mérite de sa vie » (Procès de béatification).

« C'est Dieu seul qui fait les grandes merveilles, *qui facit mirabilia magna solus* » (Ps. 135).

L'invocation du Christ Dieu est implicitement dans toute invocation des saints. Ici, elle fut explicite, et c'est par là que ce miracle est comme le type de tous les prodiges opérés par saint Régis. Il est impossible, en effet, quand on parcourt la longue série des merveilles dues au serviteur de Dieu, de ne pas remarquer que les plus grandes sont accordées pendant le saint Sacrifice de la messe ou à la communion. La raison nous en paraît évidente. C'est que saint Régis a combattu l'hérésie de Calvin, et que la divine Eucharistie est précisément le dogme principal nié par cette hérésie.

Ici Dieu inspirait à Jeanne-Marie la pensée de recevoir le corps du Christ dans le chœur du monastère, afin que sa guérison fût publique, comme l'avait été sa maladie.

On la porta donc en chaise dans l'église. M. Farionel, chanoine de la cathédrale de Moulins, qui disait la messe, fut prié de donner la communion à la malade avant le saint Sacrifice. Jeanne-Marie voulut recevoir notre Seigneur à genoux. Les infirmières, en conséquence, la mirent à genoux en la soutenant de chaque côté.

Elle reçut la communion en demandant sa guérison à Régis.

Voici d'abord ce qu'elle raconte :

« Dès que je vis le prêtre s'avancer vers moi et me tendre la sainte Hostie, je sentis une force divine envahir tout à coup tous les membres de mon corps, de telle sorte, qu'à partir de cet instant précis, je vis très bien que j'étais guérie. A ce retour subit des forces se joignit une agréable fraîcheur qui paraissait descendre du cerveau pour se répandre dans les dernières extrémités. De plus, je fus remplie d'une joie intérieure si extraordinaire, que je ne me possédais plus. »

Voici maintenant ce que constata tout le monastère !

8.

A peine Jeanne-Marie eut-elle reçu le sacrement, qu'elle pria les infirmières qui la soutenaient de s'éloigner. Elle resta presque tout le
temps de la messe à genoux, ne ressentant qu'un
léger tremblement sans douleur. Après la messe,
elle se leva sans le secours de personne, s'avança
jusqu'au milieu du chœur, entonna le *Te Deum*, et
le poursuivit jnsqu'à la fin.

Le médecin, appelé immédiatement, constata
que l'hydropisie et la paralysie avaient disparu.

Jeanne Marie était affranchie de sept années de
maladie et préservée d'une mort à bref délai. Elle
était guérie, guérie sans remèdes, guérie au moment le plus dangereux de son état, guérie sans
aucun phénomène naturel de crise ou de transpi-
ration, guérie soudainement, guérie complètement, guérie pour toujours. Elle passa en un
clin d'œil, des angoisses d'une mort prolongée,
dans le bien-être puissant de l'adolescence.

La guérison fut aussi notoire que l'avait été la
maladie; elle eut pour témoins le couvent et la
ville.

Dix ans après, elle fut examinée dans tous ses
détails par un tribunal ecclésiastique. Les juges
étaient : le Révérendissime Bochart de Saron-
Champigny, évêque de Clermont ; François Bal-
lart, docteur de Sorbonne ; Lazare Roux, chanoine d'Autun ; Joseph de Bart, chanoine de la
même église ; Claude Despineau, docteur en théologie ; et Pierre Dejan S. J., mandataire de Thyrse

Gonzalès, général de la Compagnie de Jésus. Ces juges constatèrent la vérité incontestable des faits. Les médecins les plus distingués de Rome, Jean-Marie Lancisius et Pierre Sinibaldi reconnurent leur caractère miraculeux.

Tel est, dans ses détails, son authenticité et ses marques surnaturelles, un des mille prodiges opérés par saint Régis après sa mort. La plupart de ces prodiges ont pour objet les maladies ou la stérilité; pour causes instrumentales, la visite au tombeau du Saint, ses ossements, le bois de son cercueil, ses vêtements ou la terre de son sépulcre ; pour conditions, la confession et la communion.

A la place d'une religieuse de la Visitation, mettez un gentilhomme, Jean-Gaspard de Montereymar, le fils du comte de Fay de la Tour Maubourg ; des conseillers au Parlement, Henry le Mazuyer, vicomte d'Amdrières, et Pierre d'Amber, etc.; des religieux de tous les ordres ; des laboureurs du Vivarais, dont les noms seuls rempliraient les pages d'un in-folio.

Concevez les maladies les plus terribles et les plus variées, des cécités complètes, des écrouelles ouvrant sept ulcères, des cancers au sein ; représentez-vous des corps n'ayant plus forme humaine, par le repliement des jambes sur les cuisses, l'adhésion des bras à la poitrine; le resserrement des mâchoires, l'enfoncement des reins et l'élévation de la poitrine; réunissez les pestes, les

fièvres paludéennes, les plaies fourmillantes de
de vers, et vous aurez un aperçu des maladies
guéries par le Saint.

Les guérisons s'opérèrent à La Louvesc d'abord,
puis dans tout le Vivarais. Elles s'étendirent au
Puy, à Saint-Etienne, à Moulins, à Toulouse, à
Besançon, à Paris. Elles franchirent la frontière,
et vinrent émerveiller Bruxelles, le Piémont,
Maëstricht et Rome. Elles passèrent les mers, et
favorisèrent les fidèles de Québec et de Goa.

IV

Les Honneurs suprêmes.

Tant de prodiges indiquaient la gloire céleste
de Régis, sollicitaient la reconnaissance de cette
gloire par un culte public, et en faisaient pressen-
tir de plus grands encore, en récompense du
culte accordé. Personne ne s'y trompa ; le culte
public fut désiré et demandé, on peut le dire, par
toute la France. « Les magistrats, seigneurs et
peuples » du Languedoc ; les archevêques et évêques de la même province, d'autres évêques, en
particulier N. de Foresta, prince-évêque d'Apt, et
le nonce apostolique, Laurent Fieschi, archevêque d'Avignon, firent instance auprès du trône
apostolique pour obtenir ce culte. La Compagnie

de Jésus se joignit à ces voix, et le roi Louis XIV, de glorieuse mémoire, les appuya de sa haute intervention.

Du reste, le mouvement des peuples était irrésistible; les prodiges se répétaient si nombreux et si éclatants, ils se succédaient avec tant de rupidité, qu'il se produisit une sorte d'entraînement vers le culte public. Les portraits de Régis se répandirent partout. Dès l'an 1664, au moins, c'est-à-dire 24 ans après la mort du Saint, il en avait à Anvers, avec des inscriptions où on louait l'homme de Dieu de son zèle pour les âmes, de son obéissance et de son humilité. *Incisa œre Antverpiæ illius effigies epigraphem habet in quâ ab animarum zelo, ab obedientiâ et humilitate laudatur.* Nadasi, *Annus dierum memorabilium societatis Jesu.* On l'invoquait à haute voix ; on ornait son sépulcre d'ex-voto en bois, en cire, en argent et en or. On voyait venir le moment où les multitudes, brisant les barrières placées par l'Eglise autour des tombeaux, des hommes pieux, rendraient un culte public et illicite à Régis avant l'heure des décrets pontificaux. Il devenait impossible aux prêtres de La Louvesc, comme aux évêques de la région et même des régions circonvoisines, d'arrêter ces abus. La crainte du scandale augmentait d'année en année.

Le 30 octobre 1675, Jean Paul Oliva, général de la Compagnie de Jésus, déléguait Gabriel Garreau, Provincial de Toulouse, pour rassembler les pièces du procès de Béatification et commencer les procédures, et, le 28 janvier 1676, Henry de Villars, archevêque de Vienne, nommait son tribunal.

Il y avait déjà de cela 26 ans, quand, en 1702, l'archevêque de Vienne, ainsi que les évêques du Puy et de Valence, écrivirent au pape une lettre collective, pour lui faire part des difficultés qu'ils rencontraient à empêcher le culte public.

Armand de Béthune, évêque du Puy, le redit au pape dans une lettre particulière de 1703.

Enfin, en 1710, l'archevêque de Vienne ne voit plus aucun moyen de conjurer le péril.

« L'ardeur des peuples à honorer les sacrées reliques du saint homme, augmente tous les jours à un tel point, que je doute fort que les censures dont je me suis servi jusqu'à présent pour tenir les peuples, soient désormais un frein assez puissant pour arrêter le culte public. De manière qu'il est fort à craindre que, malgré les décrets du Saint-Siège qui le défendent, il ne s'introduise, à la fin, sans qu'il soit possible aux évêques de l'empêcher. Les peuples s'imaginent que ceux qui s'y opposent obéissent moins aux ordres de l'Eglise, qu'ils ne résistent à la volonté de Dieu, qui manifeste ouvertement, par tant de miracles, qu'il agrée le culte religieux qu'on lui rend publiquement. »

Les objurgations des évêques de France n'abrégèrent pas d'un jour les lenteurs romaines. Le procès dura encore six ans. Il se termina le 8 mai 1716, après avoir duré quarante et un ans, par le décret de Béatification.

La solennité, célébrée à Saint-Pierre de Rome, 24 mai, à dix heures du matin, marqua d'une façon particulière dans les fastes de l'Eglise de France. Il y avait presque quatre siècles qu'aucun Saint français n'avait reçu cet honneur. Saint Régis était le premier de sa nation béatifié depuis que saint Ives avait été canonisé à Avignon, en 1347.

Le Pape Clément XI avait voulu composer lui-même l'oraison du Saint. Le fait se trouve consigné dans une lettre de Jean-Joseph Guibert, S. J., Assistant de France, au Cardinal Henry Oswald d'Auvergne : «... J'y ajoute l'oraison propre du Bienheureux, non seulement approuvée, mais encore composée par Sa Sainteté même. » (Archives de l'Isère.)

La cérémonie de Béatification fut belle. Au frontispice du Temple immense, le Bienheureux était représenté le Crucifix à la main et le regard élevé vers le ciel. Trois anges planaient sur sa tête. Le premier portait un lys, le second une couronne, et le troisième un rouleau sur lequel on lisait :

Beatus Joannes Regis, Societatis Jesu.

Les armes du Pape, du Roi Très-Chrétien, de la Compagnie de Jésus, et du Chapitre de Saint-Pierre, entouraient le tableau.

Au-dessus du portique on avait peint le prodige opéré par Régis, de la multiplication du blé ; au bas, l'inscription suivante :

« *Sæpe multiplicat frumentum ad alendos pauperes.* »

Enfin, Muratori avait exécuté, au-dessus du maître-autel, l'apothéose du Bienheureux.

Au frontispice, tout à fait à l'extérieur, la vie apostolique ; — au portique, la vie miraculeuse ; — au maître-autel, à l'intérieur, la vie céleste.

Le décret de béatification se terminait ainsi :

« Nous accordons... de réciter l'office de ce serviteur de Dieu, et d'en dire la messe, à savoir : dans le bourg de Fontcouverte, lieu de sa naissance ; dans le village de La Louvesc, du diocèse de Vienne en Dauphiné, où il est mort, et où son corps repose ; et dans la ville du Puy, où il avait fixé sa demeure, plusieurs années avant sa mort.»

Il conste d'un document que nous donnerons plus loin, que la solennité de la Béatification fut célébrée à La Louvesc le 11 octobre, qui était un dimanche de l'année 1716.

Ce qui avait été prévu arriva. Les prodiges, au lieu de diminuer, augmentèrent. La solennité même de la Béatification, à Toulouse, fut signalée par quatre miracles. Cinq ans après la Béatification, la ville d'Annonay reconnut la puissance de Régis, dans une circonstance dont les Annales françaises ne perdront pas le souvenir. La peste n'avait cessé à Marseille, le 1er novembre 1720, que pour se répandre à Aix, Arles, Tarascon et Avignon. Les provinces limitrophes prenaient les mesures les plus sévères pour se préserver du fléau. Les habitants d'Annonay firent vœu, le 8 juin 1721, d'aller à La Louvesc pour implorer le secours du Bienheureux, et le 22 du même mois ils accomplirent leur vœu. La procession « à laquelle prirent part le clergé séculier et régulier de la ville, les magistrats, et une foule très considérable de peuple, partit à deux heures et demie du matin, dans l'ordre le plus édifiant ». Les consuls de cette année étaient Pierre Ravel, marchand, et Claude Béchetoille, bourgeois. « Lorsqu'on fut arrivé au terme du pèlerinage, la grand' messe, précédée de plusieurs messes basses, fut chantée par le Prieur (Barthélemy Popon de L'Etang, prieur d'Annonay, de 1720 à 1755). La sainte communion fut distribuée à plus de 500 personnes. Ceux qui n'avaient pas pu se rendre à La Louvesc vinrent faire leurs dévotions dans l'église de l'Aumône (Résidence des RR. PP. Jésuites), et y vénérer la relique de saint Régis ; puis, sur le soir, ils allèrent à la rencontre de la procession jusqu'au lieu où ils l'avaient accompagnée le matin, et tous ensemble rentrèrent dans l'église paroissiale, où cette touchante cérémonie fut terminée par le chant du *Te Deum* et la bénédiction du très saint Sacrement. » (Filhol.)

Annonay fut préservé de la peste, bien que beaucoup de personnes aient réussi à franchir le cercle militaire et sanitaire qui enveloppait les pays contaminés.

Les prodiges se répandaient dans l'univers entier, la dévotion envers Régis devint universelle, et bientôt on demanda pour lui les honneurs du culte universel.

A l'exemple de son aïeul Louis XIV, Louis XV voulut honorer le Bienheureux. Sa lettre du 26 mars 1735 au Souverain Pontife, constate que les prodiges opérés par Régis sont de plus en plus fréquents. Il y est fait une mention spéciale de La Louvesc. « Ce que nous savons du concours et de la dévotion de nos sujets *dans le lieu où est mort* le serviteur de Dieu, et qui, depuis ce temps-là, est devenu aussi fréquenté et aussi célèbre qu'il était peu connu auparavant, nous fait concevoir quelle sainte joie leur donnera sa canonisation. »

La lettre de la reine Marie Lecsinska reproduit la pensée du roi :

« Sa canonisation donnera une sainte joie aux sujets du lieu où il est mort, qui ont, *ainsi que nous*, une vénération toute particulière pour le serviteur de Dieu. »

Ainsi donc, les plus grands monarques du monde, entretenaient le Pontife, de la joie que devait causer à leurs humbles sujets la canonisation d'un saint. La supplique des habitants de

La Louvesc passait, comme on le voit, par des mains puissantes.

Le roi et la reine terminent leurs lettres en recommandant vivement au Saint-Père, la Compagnie de Jésus. Louis XV avait alors 25 ans. Il n'avait pas encore donné les scandales qui le déshonorèrent, et il se préparait à recevoir le beau surnom de Bien-Aimé.

Le roi d'Espagne envoyait de Saint-Laurent de l'Escurial, à Rome, le 21 octobre 1735, une lettre dans le même sens.

· Le Clergé de France, assemblé à Paris, le 17 septembre, constate que la charité se refroidit au milieu du xviiie siècle, et que la dévotion à saint Régis se répandant dans le royaume, et « parmi les nations étrangères, » est un remède à ce refroidissement de la charité ; il demande, en conséquence, que le Saint-Siège fasse voir « au monde qui vieillit, un exemple saisissant de la charité apostolique ».

Les Etats Généraux du Languedoc, dans leur lettre au Pape, du 20 février 1736, parlent des reliques du B. Régis, « source intarissable de miracles, qui saisissent d'étonnement la province de Languedoc et lui causent une admiration toujours nouvelle. »

Plus de quarante Prélats sollicitèrent nominativement la canonisation. Il y avait, entre autres, les Archevêques d'Avignon (Gontieri), de Lyon, de Vienne, d'Embrun, d'Aix et de Bordeaux ; les

Evêques de Marseille, de Poitiers, de Valence, de Chalon-sur-Saône, de Sisteron, de Viviers, d'Agen, d'Apt, etc.

Tous ces Prélats affirment les miracles opérés par le Bienheureux dans leurs diocèses respectifs, si éloignés pourtant les uns des autres.

Le décret de Canonisation fut enfin promulgué par le Pape Clément XII, le 5 avril 1737, et la solennité fut célébrée à Saint-Jean-de-Latran le 16 juin de la même année. Cette date fut aussi, plus tard, celle de la fête. Saint Jean-François-Régis recevait les honneurs du culte universel avec Saint Vincent-de-Paul, Julienne Falconieri, de Florence, et Catherine Fieschi Adorno, de Gênes.

Les fêtes eurent lieu à La Louvesc, le 8 juin 1738. Voici la note que nous trouvons dans les registres de la paroisse, devenus les registres de la mairie.

« En 1738, le huitième jour de juin, dimanche dans l'octave du Saint-Sacrement, la solennité de la Canonisation de saint Jean-François-Régis a été célébrée pendant huit jours dans l'église de La Louvesc, avec un concours de peuple extraordinaire. Il y a eu tous les jours près de quarante messes, et il s'y est communié, pendant l'octave, plus de huit mille personnes.

« AULANHE, Curé. »

CHAPITRE QUATRIÈME

LES OSSEMENTS

Il y a déjà plus de dix années, un évêque venu
en France de nos lointaines missions, pour les
besoins de sa chrétienté, se rendit au tombeau de
saint Régis. L'évêque conduisait avec lui un jeune
homme des îles de l'Océanie, très pieux et connaissant parfaitement notre langue. Il dit au jeune
homme qu'il allait le mener au « *Saint-Père.* »
Les voyageurs, arrivés à Satillieu, trouvèrent une
foule considérable rassemblée dans ce petit bourg et
qui venait de célébrer la fête du « *Saint-Père* ». Ils
voulurent faire le reste de la route à pied, et, du
bas au sommet des montagnes, ils croisèrent à
chaque instant des groupes de pèlerins redescen-
dant vers la plaine. Un vieillard se détacha d'un
de ces groupes et vint demander la bénédiction
épiscopale. L'évêque l'interrogea avec bonté. Le

vieillard répondit simplement. Il était né avec le siècle. Il avait reçu la confirmation des mains de Mgr. d'Aviau. Il trouvait que les choses avaient bien dégénéré depuis son enfance. Le soleil lui-même était moins brillant qu'autrefois ; mais ce qui n'avait pas dégénéré, c'était le culte du « *Saint-Père*. » Jamais le « *Saint-Père* » n'avait eu autant de monde à sa fête que cette année. Plus loin, l'Océanien entendit une jeune fille raconter à ses compagnes combien le « *Saint-Père* » avait été bon pour elle. Il conclut de tout cela, dans son imagination, que le « *Saint-Père* » était vivant ; et à peine fut-il arrivé dans l'église que, regardant de tous les côtés, il dit à l'évêque : « Où est le » *Saint-Père* ? » Je veux voir le « *Saint-Père*. » L'évêque sourit, le prit par la main et le conduisit à la sacristie. Après des pourparlers qui furent assez longs et dont le jeune homme ne comprit point parfaitement le sens, on apporta devant eux un coffre quadrangulaire, plus long que large, supporté par quatre griffes en feuilles d'acanthe, évasé de bas en haut, et surmonté d'un couvercle en forme de toit. Il brillait de l'éclat de l'or et des émaux. Ce qui frappa d'abord le jeune homme, ce fut une profusion de fleurs dont il n'avait jamais vu les semblables dans ses îles. Ces fleurs s'épanouissaient dans les seize encadrements de forme ovale et à fond rose, qui décoraient les parois. Elles faisaient le tour de la corniche ; elles dres-

saient leurs pointes comme des aiguilles sur la
crête du toit aux pentes azurées. Il demanda immédiatement le nom de ces fleurs. On lui répondit
que c'étaient des fleurs de l'Ancien-Monde, les
fleurs peintes sur les boucliers des Français et en
même temps les emblêmes des premiers chefs de
La Louvesc, les fleurs de lys. Il remarqua ensuite
aux quatre angles du toit quatre aigles, le corps
penché en avant et les ailes éployées ; puis, sur la
pente antérieure, une figure d'homme assise en
un trône, tenant à la main gauche un crucifix et
bénissant de la main droite ; enfin, sur l'autre
pente, une figure d'ange également assise et portant une couronne.

Il allait faire une nouvelle question quand l'évêque, enlevant un des lys de la corniche, introdui-
sit une clef dans le coffre et souleva la toiture. On
vit alors une caisse intérieure en bois de cèdre,
de même forme que le coffre extérieur. L'évêque
dit à son compagnon en la lui montrant : « *Le
Saint-Père est là.* »

Comme le plus profond étonnement commençait
à se lire sur sa naïve et intelligente figure, on se
hâta de lui expliquer qu'il ne s'agissait pas de la
personne du « *Saint-Père*, mais de ses ossements.
Il demanda à les voir. L'évêque lui dit que cela
était impossible, qu'on ne pourrait ouvrir le coffre qu'en brisant les sceaux de cire rouge et qu'il
y aurait crime à briser ces sceaux.

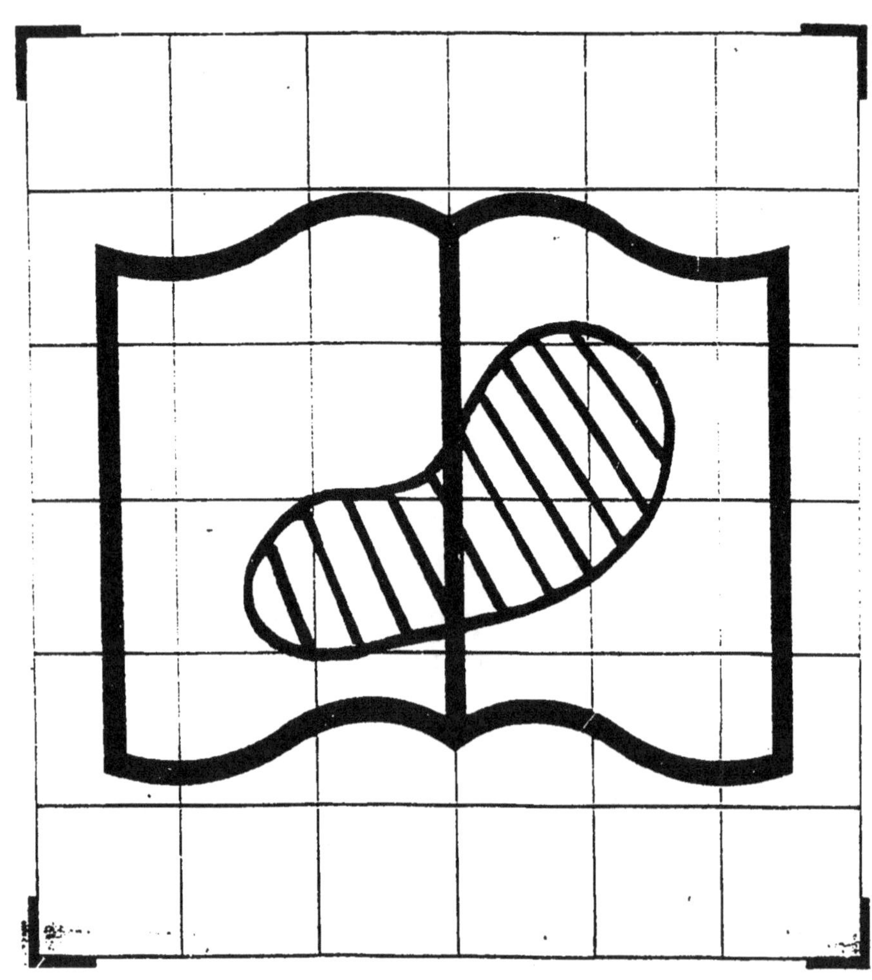

En ce moment, le sauvage se retrouva tout entier avec l'astuce de sa race. Il secoua la tête, se mit à rire, et dit :

— Ils n'y sont pas.

— Comment, dit l'évêque, qu'est-ce qui n'y est pas ?

— Les ossements.

Notre Océanien supposait implement qu'on défendait d'ouvrir le coffre, afin qu'on ne pût constater qu'il était vide. On essaya de lui faire entendre que ces sceaux, au lieu d'accuser le vide du coffre, étaient précisément ce qui prouvait à tous que les ossements du « *Saint-Père* » s'y trouvaient bien véritablement.

Le jeune homme ne comprit pas ce qu'on lui disait, mais il le crut. Plus tard, rentré dans son île, il ne se lassait pas d'expliquer à ses compatriotes, au milieu des signes d'une admiration toujours nouvelle, comme quoi, en France, le grand Saint des montagnes habitait une maison d'or ; comme quoi, autour de la maison il y avait des fleurs rouges qui tuaient ceux qui voulaient entrer ; comment, en revanche, ces fleurs parlaient et disaient : « *Le Saint-Père est là.* »

Nous allons dire par où ont passé les restes de saint Régis pour venir du grabat mortuaire dans « *la Maison d'or.* »

Le sujet vaut la peine qu'on s'en occupe, puisque les ossements des saints fixent l'attention de Dieu.

Custodit Dominus omnia ossa eorum. Unum ex his non conteretur. (Ps. 33).

« Le Seigneur garde les ossements des saints. Pas un ne sera brisé. »

Dieu entoure les ossements des saints d'une si haute protection, qu'ils se retrouveront dans leur intégrité au dernier jour, vainqueurs des éléments, purs de mélange, doués d'une solidité inébranlable et capables de supporter le poids des siècles sans fin. De tous les os qui auront reçu l'étincelle de la vie, les os seuls de l'homme sont destinés à revivre. Ce qui a soutenu le corps de l'animal restera avec l'animal au sein de la nature, tandis que la charpente humaine sera reconstituée. Mais les Elus brilleront au milieu de l'armée des hommes comme ces statues magnifiques, œuvres de l'art ancien, enfouies dans le terrain accumulé par les invasions, et qui, de temps à autre reparaissent à la surface de la terre, pour élever les âmes, charmer les yeux et désespérer les artistes d'un monde qui s'en va.

Comme les ossements des saints, avant ce splendide rétablissement, sont l'objet de la vénération universelle, il est bon de connaître leur histoire. C'est par là seulement qu'on peut établir leur authenticité. C'est ce qui nous décide à suivre les ossements de saint Régis dans les phases traversées par eux.

I

La Mise enterre.

Les funérailles du Serviteur de Dieu ne furent
pas ce que sont ordinairement des funérailles,
c'est-à-dire un convoi paisible dans lequel on se
hâte d'éloigner de soi ce qu'il est impossible de
garder parmi les vivants. Il y eut dans cette cérémonie quelque chose d'âpre, pour ne pas dire de
violent, dû aux dispositions ardentes des populations.

D'abord, le choix du lieu n'était pas libre, et La
Louvesc était désignée par cette maîtresse toute-
puissante qu'on appelle la nécessité. Les historiens, il est vrai, font délibérer les Pères de la
Compagnie de Jésus, présents à la mort du Saint,
pour savoir si on laisserait le corps à La Louvesc,
ou si on l'emporterait à Annonay, à Tournon,
voire au Puy. La délibération n'a pas été, croyons-
nous, bien sérieuse et elle dut être promptement
terminée ; car, pendant qu'on discutait, de longues lignes noires se dessinaient sur la blancheur
des neiges ; c'étaient les habitants du Haut-Vivarais qui, avertis, (on ne sait par quel moyen),

de la mort du Saint, se hâtaient d'arriver. Ces masses d'hommes manifestèrent très clairement leur intention de conserver les précieux restes. Il n'y avait pas à s'y tromper, c'était là une résolution inébranlable. Aucune autorité seigneuriale, royale ou sacerdotale n'aurait pu la faire changer. L'emploi de la force eût amené de sanglantes collisions, et comme on voulait les éviter, avant tout, il fallut céder.

Les Pères de la Compagnie qui se virent forcés de laisser Régis à La Louvesc, et les habitants qui l'exigèrent, accomplissaient, sans le savoir, les desseins de Dieu ; car, ni les uns ni les autres ne connaissaient encore quelles influences surnaturelles avaient poussé Régis en ces régions. Il en est presque toujours ainsi. L'homme fait, bon gré, mal gré, sans s'en douter et même par ses propres résistances, la volonté d'en Haut.

Le corps, à partir de l'instant où l'âme s'en sépara, fut gardé à vue. Pendant quarante heures au moins, il fut reconnu, contemplé, baisé, admiré, couvert de larmes, salué des plus doux noms, par les habitants de La Louvesc et par les nouveaux arrivants qui augmentaient d'heure en heure. Ce furent là les fleurs de son lit funèbre.

La piété fut rapace.

L'illustre Religieux ne conserva point dans sa première sépulture, ce que la pauvreté laisse aux Religieux de son ordre. Il fut dépouillé de son crucifix et de sa soutane. La soutane ne fut pas tirée au sort comme la robe de Notre Seigneur, mais mise en pièces et dispersée parmi les fidèles.

Enfin, le corps fut déposé dans la fosse le 2 janvier 1641, en présence de vingt-deux prêtres.

La fosse avait été creusée à gauche du maître-autel, « dans la chapelle et au dessous de la grande cloche de notre église de La Louvesc. » (Acte de décès.)

La tradition a conservé religieusement le souvenir de cet emplacement.

Cet ensevelissement fut, pour ainsi dire, le prélude de la mise en terre définitive.

Voici ce qui se passa :

Dans les premiers jours qui suivirent la sépulture, la fosse ne put être comblée. La terre était enlevée à mesure qu'elle touchait le cercueil. Il était impossible d'empêcher les fidèles d'emporter la poussière qui recouvrait le corps saint. Plusieurs descendaient dans l'excavation pour y prier. Ces circonstances inquiétèrent les habitants de La Louvesc. Ils s'étaient bien aperçus que les Pères de la Compagnie, en leur laissant Régis, subissaient une pression. Ils craignirent qu'il y eût de leur part peu de résignation proprement dite, et par là même redoutèrent un enlèvement ; les bruits les plus étranges circulaient : on parlait d'une expédition partie du Puy, dans ce but. L'impossibilité de combler la fosse rendait plus facile une tentative d'enlèvement, surtout d'enlèvement clandestin.

On prit alors des précautions extrêmes. Des hommes robustes descendirent dans les régions moins élevées du pays, où croissent les châtaigneraies. Arrivés là, ils abattirent un des arbres les plus gros, l'élaguèrent, et le transportèrent à La Louvesc. On le creusa suffisamment pour qu'il pût contenir le corps du Saint. C'est là le « Tronc » dont parlent les premiers historiens. Nous avons entre les mains un fragment de ce cercueil colossal. C'est bien du châtaignier.

Le corps de Régis, tiré de la fosse, fut enfermé dans l'arbre, et le couvercle fut assujetti « avec de forts liens de fer. » (Bonnet.)

Ensuite, par ordre de M. Bayle, Curé, la fosse fut avancée, ou plutôt élargie de quelques pieds du côté du levant. (Déposition de M. Arnaud.) Elle fut creusée jusqu'à douze pieds de profondeur (Bonnet).

Le Tronc plein de la sève éternelle fut descendu au fond de la fosse ; puis, on « le couvrit de poutres entrelacées les unes dans les autres. » (D'Aubenton.)

La terre fut accumulée pardessus, et plus tard recouverte de dalles.

L'enlèvement clandestin n'étant plus possible, restait l'enlèvement à force ouverte. D'Aubenton ajoute : « On a effectivement tenté... (de l'enlever), mais on l'a toujours tenté en vain ; les peuples, justement jaloux d'un gage si précieux, s'étaient armés pour le défendre. »

C'est tout ce que nous savons de ces tentatives.

« C'est donc à La Louvesc que fut enseveli Jean-François Régis. Son mausolée fut primitivement une glèbe amoncelée. Peu après, on lui rendit plus d'honneur qu'au tombeau des rois. » (Bonnet.)

II

Premier sommeil et première exhumation.
(1641-1698).

Le corps de Saint Régis resta 56 ans dans cette première sépulture sans être touché. La nature accomplit son œuvre. Pendant que la terre, entourant ces chairs caduques opérait des prodiges, les chairs elles-mêmes subissaient la lente décomposition du tombeau. A l'abri, par leur enfoncement dans le sol, des vers hideux, elles passaient à l'état liquide, gazeux, fluidique, atomique. Elles s'éloignaient pour être rappelées au dernier jour. L'humidité attaqua à son tour le tronc de châtaignier; peu à peu les cercles de fer ne pressèrent plus que des débris, et lorsqu'en 1698, la Sacrée Congrégation des Rites ordonna de visiter les restes du Saint Religieux, pour les préserver de la destruction, on retrouva les ossements et quelques parties du cercueil.

Armand de Montmorin, Archevêque de Vienne, avait été nommé exécuteur du décret. En conséquence, il se rendit à La Louvesc le 31 juillet 1698 (Pièces du procès).

Les ossements du Saint, quelque peu diminués, furent placés dans un coffre, et le coffre déposé et scellé dans le mur de gauche de la chapelle de Saint Jean-Baptiste, à quatre pieds au-dessus du sol.

Ils ne restèrent pas longtemps en cet endroit. Un décret nouveau de la Congrégation des Rites, ordonna que la sépulture ne présentât rien de privilégié. Pour se conformer à ces intentions, le Curé de La Louvesc, agissant comme mandataire de l'Illustrissime Archevêque, remit le coffre dans le sol, au lieu même de la sépulture primitive.

Pendant deux années, on lut sur cet emplacement, l'épitaphe suivante :

Hic jacet corpus venerabilis Patris,

Joannis-Francisci Regis,

E Societate Jesu

Qui obiit anno

Millesimo sexcentesimo quadragesimo,

Ultima decembris,

Ætatis suæ quadragesimo,

Tertio (1).

---

(1) Ci-gît le corps du Vénérable Père, Jean François Régis, de la Compagnie de Jésus, qui mourut l'an mil six cent-quarante, le dernier jour de décembre, dans la quarante-troisième année de son âge.

III

Seconde visite.
(1698-1702).

Quatre ans après, le saint corps fut visité de nouveau. Cette seconde visite est importante par la qualité des visiteurs et celle des témoins. De plus, on y dressa le premier catalogue, à nous connu, des ossements sacrés.

Elle eut lieu le 19 octobre 1702, à sept heures du matin (Archives de l'Isère). Étaient présents :

Armand de Béthune, Evêque du Puy,

Guillaume de Bochard de Champigny, Evêque et comte de Valence,

Ronin, Promoteur de la Cause,

Antoine Areis, Vicaire général,

Alexis du Faure, marquis de Satillieu,

René du Noyer, chevalier, baron d'Ozon, et Président de la Cour présidiale du Puy,

Jacques de Royreaul, seigneur de Saint-Alban.

Le coffre fut ouvert.

La tête, les cinq régions de la colonne vertébrale, les ossements des hanches et des membres inférieurs, étaient intacts. Quatorze côtes subsistaient encore. Les deux omoplates et la clavicule gauche, le bras droit en toutes ses parties, l'humérus gauche et le cubitus, une rotule et quarante-six os des pieds et des mains, complétaient les saintes reliques.

Les signataires de ce catalogue auraient bien dû nous dire, non pas simplement quels os furent trouvés dans le coffre, mais encore ceux qui y furent remis.

IV

La mise en châsse.
(1702-1716).

Il est vraiment solennel, l'instant où les ossements d'un homme quittent l'obscurité, la putridité et le silence du tombeau pour entrer dans la lumière, les parfums et les harmonies de la vénération catholique. Ils laissent le cercueil pour la châsse. Ils dépouillent l'humidité du sol pour reparaitre au soleil de la création, pour soutenir le corps et le sang du Christ dans les sacrés mystères, pour s'enchâsser dans les pierreries au front des rois ; pour traverser plus tard les plaines des moissons, et des combats, portés sur les épaules des prêtres et des guerriers, calmant les tempêtes, ramenant la sérénité, renversant ou relevant les empires, et changeant la face des choses humaines.

C'est le commencement de la Résurrection glorieuse.

Le commencement de cette transformation eut
lieu, pour les ossements de Régis, dans la nuit
du 30 septembre au 1er octobre 1716. Il y eut
constatation, exposition et vénération des Reliques. Le document qui nous a conservé ces détails est aux Archives de l'Isère. Son importance
est telle, que nous le donnerons en entier :

« Nous, Anne-Louis-François de la Beaume,
de Suze, Prêtre Chanoine de l'Eglise, Comte de
Lyon, Abbé de Saint-Lévis de Toul, Vicaire général de Monseigneur Illustrissime et Révérendissime François des Bertons de Crillon, Archevêque et Comte de Vienne, Primat des Primats
des Gaules, et par un Indult apostolique, Vicaire
général du Souverain-Pontife dans la Province
viennoise, et dans sept autres provinces, Abbé
des Monastères de Saint-Liquaire, de Saint-Flo-
rent-les-Saumur, et de Saint-Florent-le-Vieil. »

« Savoir faisons qu'après avoir reçu avec
l'honneur et le respect dus, la commission de
mondit Seigneur l'Archevêque, pour l'exaltation
des Reliques du Bienheureux Jean-François Régis,
prêtre, religieux de la Compagnie de Jésus, et en
exécution du décret par nous rendu au bas du
comparant, à nous présenté par le R. P. Pierre
Dejan, Procureur général et spécial en la cause
de la Béatification du Bienheureux Jean-François
Régis.

« Nous sommes parti de la ville de Vienne, le 29 du présent mois, accompagné du R. P. Jean-François de Dortan, recteur du Collège des Révérends Pères Jésuites de Vienne, et de Messire Joseph Ronin, promoteur de la foi en la même cause, et Nicolas Aniel, secrétaire de l'archevéché et Primatie de Vienne, pour nous rendre à La Louvesc.

« Où étant arrivé, le 30 dudit mois sur le soir, et voulant nous disposer à l'exécution de notre commission, nous avons fait avertir le consul et les notables de ladite paroisse. »

Le consul de La Louvesc était, cette année, Jean-Antoine Forel, et les notables qui s'adjoignirent à lui, Pierre Fougeron et Jean Vialeton.

« Et, accompagné de Messires J. Ronin, promoteur, et Nicolas Aniel, secrétaire, revêtus de leurs surplis, de plusieurs Révérends Pères Jésuites, et de plusieurs Curés du voisinage, et d'une grande foule de peuple, nous nous serions transporté de notre chambre à l'église paroissiale.

« Et après avoir adoré le Saint-Sacrement, et nous étant revêtu de notre Rochet et d'une étole, nous aurions béni la châsse destinée pour le corps dudit Bienheureux Jean-François Régis.

« Nous aurions ensuite marché à la chapelle où était son tombeau, et après y avoir fait entrer les personnes absolument nécessaires, nous avons défendu, à la réquisition dudit sieur Promoteur, à toutes autres personnes d'y entrer.

« Il y avait dans la chapelle 13 personnes : le Vicaire Général, le Recteur du Collège de Vienne, le Promoteur, le secrétaire, le curé et le vicaire de La Louvesc, trois Jésuites, le curé de Macheville et les trois notables.

« Ayant fait notre prière, nousavons fait ouvrir le tombeau et transporter sur l'autel de ladite chapelle, la caisse dans laquelle reposait le corps dudit Bienheureux Jean-François Régis, et après avoir reconnu que les cachets étaient entiers et nullement rompus, et que la caisse d'ailleurs était en bon état, nous l'avons fait ouvrir, et prenant l'un après l'autre les ossements que nous y avons trouvés, nous les avons placés dans ladite châsse, que nous avons ensuite fermée à clef, et entourée d'un ruban de soie rouge, couvrant le trou de la serrure sur lequel ruban nous avons fait apposer plusieurs empreintes du cachet de Monseigneur l'Archevêque, et afin que le trou de la serrure ne parut du tout point, nous avons fait mettre à travers d'icelle une bande du même ruban, aux deux extrémités de laquelle nous avons fait apposer le dit cachet de Monseigneur l'Archevêque.

« Nous avons ensuite exposé les saintes Reliques à la vénération des fidèles, et nous avons fait placer la dite châsse sur les degrés du même autel, jusqu'à ce que la place que nous avons ordonné être préparée à cet effet, fût en état. Et de même suite, nous avons déclaré excommuniés tous ceux et celles qui entreprendraient d'ouvrir la dite chàsse, sans une permission expresse et par écrit de mondit Seigneur l'Archevêque.

« Nous avons chanté le *Te Deum*, et dit l'oraison ordinaire, et comme il était deux heures après minuit, nous avons permis de commencer à dire des messes, et ayant ensuite assisté à la messe solennelle, nous avons fait publier les indulgences accordées par notre saint Père le Pape, par son bref du 16e du mois de mai dernier, pour le jour de la solennité de la Béatification du Bienheureux Jean-François Régis, laquelle se célébrera dans cette église paroissiale, le XI du présent mois d'octobre, jour de *dimanche*.

« Nous avons ensuite permis au sieur Curé de la dite église, de réciter l'office et de célébrer et faire célébrer la messe du dit bienheureux Régis *sub ritu duplici majori*, de confesseur non pontife, et d'en faire la fête tous les ans le 24e jour du mois de mai. Et nous lui avons très expressément défendu de faire porter la chàsse dans aucune procession, sous quelque prétexte que ce puisse être, le tout conformément au bref de notre saint Père le Pape, et à l'ordonnance de Monseigneur l'Archevêque ci-devant mentionnés. »

« En foi de quoi nous avons fait dresser le présent procès-verbal pour être remis à mondit Seigneur l'Archevêque.

« Fait à la paroisse de La Louvesc, le 1er jour du mois d'octobre 1716. »

V

Première visite de la châsse.
(1716-1737).

La châsse fermée par François de la Baume fut ouverte 21 ans après, lors de la canonisation. Nous n'avons pas retrouvé le procès-verbal de cette ouverture.

Tout indique que la châsse ne fut pas remplacée. Les changements que nous verrons plus tard se multiplier eurent pour cause le malheur des temps. On ne put, dès le principe, remplacer dignement la châsse primitive détruite, et c'est pourquoi on la remplaça souvent. Mais comment supposer que la châsse de la béatification n'ait pas été digne du saint ? La Compagnie de Jésus était alors puissante. Le roi Louis XIV, qui avait sollicité la béatification n'était ni pauvre, ni parcimonieux. Les ossements du Saint furent donc renfermés dans une châsse, destinée par la pensée des donateurs à les renfermer toujours.

Du reste, si une chasse nouvelle avait été substituée à l'ancienne, lors des fêtes de la canonisation, l'abbé Aulanhe, en relatant les fêtes, eût relaté aussi cette circonstance. Il a intercalé dans

ses registres de baptêmes, de mariages et de décès, les moindres réparations faites à son église.

Enfin, nous lisons dans la vie du P. Cayron
que ce religieux *orna* la châsse de saint Régis.
Elle reçut des ornements nouveaux, elle ne fut
donc pas remplacée.

Cette châsse était en argent. Elle avait la figure
du coffre qui la remplissait et qui enfermait les
ossements. Le coffre seul subsiste.

C'est un octogone à pans inégaux et symétri-
ques, long de 64 c. 5^m., haut de 33 c. 5^m., et profond de 31 c. 3^m. Vu par devant, il offre une façade rectangulaire faisant saillie sur le fond, et
ornée à droite et à gauche d'une demi-lune. La
serrure est antique ; compliquée, avec une ouverture en triangle ou plutôt en Λ (lambda majus-
cule). L'intérieur est encore à moitié garni de
soie.

Les possesseurs actuels de cette relique s'ima-
ginaient avoir entre les mains, un meuble fabriqué vers 1793. Des inscriptions photographiques
répandues dans le public, portent même cette indication. En réalité, ils sont maîtres d'un bois
travaillé dès 1716 et qui contint les ossements de
saint Régis, jusqu'en 1873. — C'est le véritable
et vénérable tombeau du Saint.

VI

La Révolution.
(1737-1802.)

La révolution s'attaqua surtout aux Saints. Si les ossements de saint Régis traversèrent intacts cette époque, ils le durent à une providence particulière de Dieu et au dévouement de quelques chrétiens, que nous allons raconter en faisant l'histoire de La Louvesc pendant la Terreur.

Au moment où éclata la révolution, La Louvesc comptait 42 « citoyens actifs », c'est-à-dire, chefs de familles, 51 « feux » ou habitations et 229 habitants. L'Archevêque de Vienne percevait du chapelain de La Louvesc 7 livres, 10 sols, 16 gros. — La paroisse enclavée en 1790 dans le dis-trict du Mézenc, fut cotée pour 2,534 fr. d'imposi-tions. Il y avait quelques grandes propriétés; mais la richesse mobilière était à peu près nulle. Seul, le culte de saint Régis avait amassé dans l'église de véritables trésors. Pendant un siècle et demi, les dons les plus magnifiques avaient afflué au tombeau du saint. Dans une seule année, l'an-née 1702, avant même qu'il y eut culte public, La Louvesc avait reçu :

Un parement d'autel en dentelle dorée, don de la comtesse d'Agrin, *évalué 152 écus.*

Toute une chapelle d'argent, don du seigneur du Sartre, président à la Cour des Aides de Montpellier, *évalué 140 écus.*

— Une lampe d'argent, don d'un gentilhomme de Cambrai.

— De magnifiques chasubles en soie de Lyon.

— Deux candélabres, envoyés d'Annecy, etc. (Archives de l'Isère).

Les documents nous manquent pour mettre en chiffres les richesses qui se trouvaient accumulées dans le trésor de La Louvesc en 1789 ; mais elles étaient considérables.

Un trésor plus précieux pour ce pays, était la foi des habitants. Ils n'avaient pas renoncé à l'héritage spirituel de leurs ancêtres, évangélisés par saint Régis, et ils devaient le transmettre dans son intégrité à leurs descendants. La révolution ne fut pas capable de l'entamer. Ils avaient alors pour curé M. Laurent Bilhot, homme d'une piété et d'une énergie singulières, qui ne s'éloigna jamais de sa paroisse et soutint les fidèles dans toutes leurs luttes.

Les anciens consuls de La Louvesc avaient été remplacés, en vertu des décrets de l'assemblée Constituante, par un maire et une municipalité. Le maire nommé était M. Buisson de la Grangeneuve. On lit, à son sujet, dans un rapport de police très curieux, adressé au Comité de surveillance : « Buisson, maire de La Louvesc, n'est point assez connu ; il est absolument contraire à

la révolution ; suivant plusieurs rapports, il tourne
tout en ridicule. »

La municipalité ressemblait au Maire.

Les luttes commencèrent bientôt.

Un prêtre assermenté fut envoyé à La Louvesc.
Il ne fut pas accepté, et on ferma l'église. Les pèlerinages continuèrent et les pélerins se prosternaient autour des murailles qui les séparaient des
restes saints.

Les prêtres fidèles obligés de se cacher se gar-
dèrent bien de quitter le pays. Ils y restèrent tous
et trouvèrent des asiles chez les catholiques des
environs. Le « rapport au comité de surveillance »
signale la présence d'un prêtre réfractaire près
du domaine de la Valette, au sud de La Louvesc.
— Il en dénonce deux autres, dont l'un était
l'abbé Fouret, vicaire de La Louvesc. Ce prêtre
demeurait « un peu au-dessous de la Valette, le long d'un petit ruisseau, dans un hameau
appelé Mourier. » — On nous donne son signalement : « Taille d'environ cinq pieds, cinq pouces,
âgé d'environ 30 ans, visage ovale, yeux noirs,
barbe et sourcils noirs, nez aquilin, maigre, pâle,
voûté : il travaille la terre avec ses frères. » —
Les vicaires d'Esclassans et de Quintenas étaient
aussi dans les environs. — L'inspecteur de police
vit plusieurs fois le curé de La Louvec près du
Tracol du Faux ; il vit encore un religieux fran-
ciscain au Buisson. — L'inspecteur ajoute : « Tous

ces vampires travaillent avec succès les habitants des environs et de nos montagnes. »

Qu'aurait donc écrit le digne inspecteur, s'il avait eu le courage de monter jusqu'à La Louvesc, et s'il avait pu visiter le domaine de la Grangeneuve? C'est là que se tenaient habituellement le Curé de La Louvesc, le P. Massy, ancien Jésuite; M. Cartal, prêtre de Saint-Sulpice, et une foule d'autres. Il y eut parfois jusqu'à 27 prêtres assis à la table du maire de La Louvesc. Beaucoup habitaient des cabanes au milieu des bois.

A l'autre extrémité de la paroisse, près de Veyrines, l'ancien château de l'Hermuzière abritait les mystères sacrés et leurs ministres. Les tours étaient tombées, les fossés avaient été comblés; mais dans le corps du logis habitait une femme au grand cœur, et dont le pays ne perdra pas la mémoire. Madame de l'Hermuzière, ancienne supérieure des Ursulines de Bourg-Argental, s'y était retirée avec ses religieuses. Son frère était alors en émigration. — « Les ecclésiastiques, lisons-nous dans une de ses lettres, « qui parcouraient le pays, prêchant, confessant et distribuant aux fidèles les secours de la religion, trouvaient toujours un asile sûr parmi nous. »

Tel était l'état du pays au point de vue religieux.

Au point de vue politique, la municipalité de

La Louvesc était surveillée de très près. Le « rapport du Comité » insinue que Mourgue, officier municipal, Régis Buisson, fils du maire, Astier du Fournet, Berjeron et dix-huit habitants de Saint-Pierre « ont signé à Satillieu, chez un homme, appelé ci-devant homme d'affaires, un engagement ou promesse pour fournir de l'argent et des hommes, » afin de provoquer une restauration monarchique.

La municipalité d'Annonay en était pour ses frais d'écriture avec celle de La Louvesc. C'était inutilement qu'elle lui communiquait tous les arrêts de l'époque, au sujet de la libre circulation des grains. Le « rapport » conclut ainsi : « Nous n'avons eu aucune réponse ; ils ont persisté, ils persistent et se *moquent* de nous. »

Dans ces conditions, il était difficile d'espérer que le tombeau de Régis ne recevrait aucun outrage. Déjà, depuis quelque temps, des rumeurs vagues de spoliation circulaient. Tout à coup, l'orage éclata. Le district de Tournon s'était procuré (par une voie restée inconnue), l'inventaire du trésor dressé par M. Bilhot, avant l'arrivée du prêtre intrus. Il ordonna à la municipalité de La Louvesc de lui livrer tous les objets du culte pour être envoyés à la monnaie. Un mandat d'arrêt était rédigé contre le maire, et toute la municipalité devait être conduite à Lyon, pour y être fusillée, si elle refusait d'obéir au district.

Les prêtres consultés décidèrent qu'il fallait,

pour éviter de plus grands malheurs, céder ce qu'on exigeait. Tout fut enlevé et à jamais perdu.

Seule, la châsse de saint Régis avait été respectée, elle ne devait point l'être longtemps.

L'année 1794 commençait. La période sanglante de la Révolution, la Terreur planait sur la France. Trois fils du maire résolurent de mettre en sûreté le sacré dépôt. — Nous ne pouvons mieux faire que de citer leurs propres paroles :

« L'an 1794 et le septième jour du mois de janvier, nous, soussignés, Jean-François Buisson, fils aîné; Antoine Buisson, Jean-François-Régis Buisson de la Grangeneuve, paroisse de La Louvesc, et Jean-Baptiste Bilhot, clerc tonsuré de la paroisse de Polignac, résidant au susdit lieu depuis environ trois ans. »

« Mus par des sentiments de piété et de religion, nous nous sommes introduits secrètement et de nuit dans l'église de La Louvesc, et avons pénétré dans la chapelle où reposent les reliques de Saint-Jean-François Régis, dans le dessein de tenter, par tous les moyens possibles, de (les) enlever et de les soustraire à la fureur (et) à la profanation des impies de ce temps. »

« Ce précieux dépôt se trouve dans une caisse » (suit la description de la caisse).

« A la susdite caisse que nous cacherons et conserverons scrupuleusement jusqu'à l'époque heureuse et désirée, où les catholiques auront la consolation d'un libre culte extérieur, nous avons substitué une autre petite caisse... (suit la description).

« Pour rendre le procès-verbal ci-dessus plus authentique, nous avons trouvé plus convenable de montrer la susdite première caisse à plusieurs personnes de confiance et dignes de foi, pour l'appuyer de leur témoignage et signature, entre autres à M. Bilhot, Curé de cette paroisse ; à M. Jean-Jacques Cartal, prêtre de Saint-Sulpice, natif de la paroisse de Polignac, diocèse du Puy ; au Révérend Père Massi, ex-jésuite, à présent domicilié dans la paroisse de Rochepaule, du diocèse de Valence ; à Pierre Buisson, frère des susnommés, lesquels attestent avoir vu la caisse qui renferme les reliques de Saint-Jean-François Régis. »

« Lecture du présent a été faite en présence des soussignés. »

« De plus, l'avons fait voir au soussigné Claude Valentin, hôte dans le bourg de La Louvesc, qui nous a procuré les clefs nécessaires pour pénétrer jusque dans la chapelle.

« La Louvesc, le 13 janvier de la susdite. »

La caisse fut transportée sans être ouverte, à la Grangeneuve.

Quelque temps après, le pillage redouté se réalisait. Cinq cents bandits, venus d'Annonay, de Tournon, d'Andance, de Serrières et de Lamastre, fondirent sur La Louvesc. Que pouvaient quarante-un chefs de famille contre 500 hommes ? Il fallut laisser faire. L'église, dépouillée déjà par

le Directoire de Tournon, fut totalement dévastée.
La châsse d'argent, les magnifiques statues, les
grilles ouvragées furent anéanties. Le maître-
autel fut renversé. Mais les pillards ne purent
mettre la main sur le coffre qu'on croyait fausse-
ment contenir les Reliques saintes. Il leur fut
soustrait par des membres de la municipalité
dont les noms ne sont point parvenus jusqu'à
nous. Le Curé de La Louvesc, alors au presbytère, échappa aux recherches des brigands durant
les quarante-huit heures que dura la perquisition.

Cependant, il ne fallait pas retourner les mains
vides à Annonay. La horde se saisit en partant
d'un buste en bois représentant Saint-Régis. Cette
capture fut le signal à Annonay d'une scène absolument odieuse. La garde nationale, sous les
armes, se rangea autour du buste. Les autorités
constituées, convoquées par le maire, comité de
surveillance, tribunal du district, conseil général
de la commune, et club, se trouvèrent au complet
et formèrent un tribunal. Le buste fut traité
comme s'il avait eu des yeux pour voir et des
oreilles pour entendre. Il y eut acte d'accusation,
réquisitoire du commissaire et jugement : « Le
buste sera brûlé en réparation du crime qu'il a
commis en entretenant dans la République la su-
perstition et le fanatisme, et ses cendres seront
jetées au vent. En lisant ces insanités, on se souvient involontairement du mot de M. de Maistre :
« *l'impiété est bête.* »

Les chefs et la populace d'Annonay quittèrent la place, bien convaincus qu'ils avaient anéanti, pour toujours, le culte du Saint. Le Saint, du haut du ciel, avait vu et entendu. Il répondit au sacrilège par de nouvelles bénédictions. Les principaux acteurs dans ces orgies d'irréligion, revinrent à Dieu et proclamèrent hautement leur conversion.

Pendant que l'image du Saint brûlait à Annonay, son corps, transporté à la Grangeneuve, était reconnu et vénéré par les trois Prêtres (le Curé, le R. P. Massy et M. Cartal). Les restes du Serviteur de Dieu furent placés dans le salon entre le plancher et la voûte.

Ils y sont restés huit ans.

Trois ans après les événements que nous venons de raconter, au printemps de 1797, l'église 'de La Louvesc fut rouverte.

Il y eut immédiatement un immense concours, et deux jours après l'ouverture, un prodige éclatant vint annoncer aux peuples du Vivarais que S. Régis allait reprendre le cours de ses faveurs. Un jeune homme de St-Didier, frappé d'une paralysie complète des jambes, fut guéri tout à coup et publiquement au milieu du Saint-Sacrifice de la Messe.

L'année suivante, La Louvesc fut honorée de la visite de Monseigneur d'Aviau. C'était le premier des Évêques qui rentrait en France. Il y arrivait au mois de juin 1798. Il se trouvait au mois d'août chez Mme de l'Hermuzière et quelque temps après il était à La Louvesc. Après avoir visité le tombeau, il voulut vénérer le corps qui y avait si longtemps reposé et se rendit à la Grangeneuve. On a conservé les paroles adressées par lui à MM. Buisson. Les voici : « Mes amis, Dieu vous bénira. Il est dit, dans la sainte Ecriture, qu'il bénit la maison et la famille d'Obédédom, parce qu'il avait reçu dans un moment de danger l'Arche d'alliance. N'est-ce pas ce que vous avez fait vous-mêmes en sauvant la précieuse dépouille de votre saint Patron ? Oui, cette précieuse dépouille a été, plus réellement que l'ancien tabernacle des Juifs, habitée qu'elle était par un fidèle serviteur, le sanctuaire de la grâce. Soyez certains que vous en recevrez la récompense. »

La récompense prophétisée par Monseigneur d'Aviau est venue.

Enfin, la pacification religieuse parut assez bien établie en 1802, pour qu'on rendit le corps du Saint à son tombeau. Monseigneur de Chabot-Rohan, MM. Picancel, curé d'Annonay, Rouchoux, curé de Satillieu, Bilhot, curé de La Louvesc, le R. P. Massy, ancien Jésuite, Durel, ancien chanoine d'Annonay, et Céas, curé de Pailharès, se transportèrent le 12 juillet à la Grangeneuve.

Il y avait donc à cette réunion six témoins de 1794. A savoir : le Curé, l'ancien Jésuite et les quatre membres de la famille Buisson.

Le coffre fut reconnu et ouvert. On dressa probablement un catalogue des ossements, que nous n'avons pu retrouver.

Les reliques furent remises dans le même coffre, auquel furent apposés les sceaux de Monseigneur de Chabot-Rohan, et le coffre fut enfermé dans une châsse en bois de noyer peint.

Le lendemain, 13 juillet, le corps de S. Régis reprenait sa place d'honneur dans l'église de La Louvesc.

VII

Dernière Translation.

De 1802 à 1873, c'est-à-dire durant 71 ans, le corps du Saint resta à l'ombre des sceaux ecclésiastiques.

Il est vrai qu'en 1834, on subtitua à la châsse de noyer peint, une châsse plus digne de la piété des fidèles. La nouvelle châsse était en bronze doré, de style gothique et fermée par des glaces. La cérémonie, présidée par trois évêques, avait été magnifique, et s'était accomplie au milieu d'un concours de 25,000 pèlerins. Mais les ossements n'avaient pas été visités. On s'était contenté de recouvrir le coffre de la Béatification avec du velours cramoisi et de l'enfermer sous les glaces de la châsse nouvelle.

Le 13 juillet 1873, on voulut donner au Saint une châsse définitive et travaillée par les meilleurs artistes du siècle. Comme la forme ne pouvait concorder avec la forme ancienne, on fut obligé de remplacer la caisse primitive, et les ossements furent mis à découvert. Le procès-verbal de la vérification des Reliques commence ainsi :

« L'an 1873 et le 19 de juillet, nous, Victor-François-Xavier Boyron, chanoine de la cathédrale et secrétaire général de Viviers, spécialement délégué par Monseigneur Louis Delcusy, évêque de Viviers, vers 10 heures du matin, nous sommes transporté à la sacristie de l'église paroissiale de La Louvesc, où nous avons trouvé les RR. PP. Nicod, Robin, Buisson, Prat et plusieurs autres Religieux, tous de la Compagnie de Jésus, Messieurs Charles Buisson docteur en médecine, Prosper Buisson, Firmin Buisson, Sylvain Buisson, Monsieur Pierre Bossan, architecte de la nouvelle église, Mère Alphonse, Religieuse de St-Joseph, Mesdemoiselles Angélique de Noblet, Sophie et Mathilde Buisson... » Quand on recoucha le Saint dans son dernier Tombeau, on constata en allant de *haut en bas*, la présence : 1° de la tête, moins la maxillaire inférieure ; 2° de six dents molaires à la maxillaire supérieure ;

3° d'une vertèbre dorsale ;

4° d'une vertèbre lombaire ;

5° de la région sacrée ;

6° des os iliaques ;

7° et des membres inférieurs dans leur entier.

En allant *droite à gauche :*

1° Les épaules étaient représentées par une omoplate et une clavicule ;

2° Les bras par le bras droit en entier (humérus et cubitus), moins le radius, et par le cubitus gauche ;

3° La poitrine, par quatre côtés ;

4° Avec les débris des bras se trouvaient : deux os des mains (métacarpiens), deux os des pieds (tarse), et un astragale.

En résumé, le corps de saint Régis a habité tour à tour, quatre châsses : « une maison d'argent, une maison de bois, une maison de cristal et une maison d'or. »

Il a passé par cinq tombeaux proprement dits : un cercueil ordinaire, le tronc d'un châtaignier, une caisse dont les débris ont disparu, une seconde caisse en solide pin du pays, que nous possédons encore, et une troisième en bois de cèdre.

Il a été visible à huit reprises différentes. On l'enferma dans le cercueil primitif sous les yeux des représentants de tout le haut Vivarais. La paroisse de La Louvesc le vit placer dans le Tronc de Châtaignier. Toutes les fois que, par la suite, il fut mis à découvert, ce fut en présence de personnages constitués en dignité et de témoins choisis.

L'attention jalouse des populations et les sceaux publics de l'Eglise de Dieu, l'ont préservé d'une visite à l'autre et ont maintenu les restes saints dans une incontestable authenticité.

VIII

Dispersion.

Comme on peut le voir par le catalogue final, les ossements de saint Régis ne sont pas à La Louvesc dans leur intégrité. Ce n'est pas le travail de la nature qui les a diminués, mais la piété des fidèles, plus dangereuse pour les ossements des saints que l'atteinte des éléments.

Les Pères de la Compagnie de Jésus entrèrent, lors de la canonisation, en possession de la maxillaire inférieure. C'était une justice tardive qui leur était rendue et comme une restitution qui leur était faite. Cette relique insigne, portée au Puy et exposée dans l'église du Collège, s'y trouve encore.

Une dent est vénérée dans l'église de Saint-Valère (Le Puy). La famille des Régis en possédait une autre bien avant la canonisation et à la même époque, une troisième, à laquelle adhérait une très petite partie de la mâchoire, fut confiée au

P. Pagès, provincial de la Compagnie de Jésus. Plus tard, le P. Pagès céda cette relique à Charles Legouz de la Berchère, de la puissante famille dijonnaise de ce nom, archevêque de Narbonne, président-né des Etats du Languedoc et grand ami de la Compagnie. Le prélat en fit don à l'église de Fontcouverte.

Fontcouverte a aussi une partie du crâne.

La première vertèbre est depuis 1802 à la Grangeneuve, où elle est fort visitée par les pèlerins,

François de la Beaume retira du tombeau, en 1716, *« un des os appelés avant-bras* pour le porter à monseigneur l'Archevêque. » (Archives de l'Isère). Le délégué de l'archevêque de Vienne s'est trompé ; il avait pris, non pas l'*avant-bras*, mais le *bras*, (l'humérus). C'était le bras gauche. S'il n'a pas pris le bras droit, on ne doit lui en avoir aucune reconnaissance. Il a saisi le premier ossement venu. La Providence le permit ainsi. Il convenait, en effet, que La Louvesc conservât le bras droit, ce bras qui s'était si souvent étendu sur les habitants du Vivarais, pour les bénir, les guérir et les absoudre.

Quand le prélat se vit en présence de ces grands restes, il eut un instant la pensée d'en faire don à l'église primatiale de Vienne. Puis, le souvenir des prodiges opérés par l'homme de Dieu, réveilla son affection pour sa villé natale et il résolut de les envoyer à Avignon.

Dans la lettre qu'il adressa à François de Bergiron, cinquantième recteur du Collège, il indique d'une façon générale que le don est fait simultanément à l'église du Collège et à la ville d'Avignon. « Je fais un magnifique présent à votre église et à la ville d'Avignon, en décorant l'une et l'autre de l'insigne relique d'un saint qui est mort parmi nous et qui fait l'honneur et le bonheur de mon diocèse. »

Dans l'acte authentique qui accompagne le présent, les mêmes intentions sont développées.

Il serait très difficile, jusqu'à présent, de dire quels sont les donataires de la relique, si ce sont les PP. Jésuites ou les citoyens d'Avignon, ou plutôt si les uns et les autres ne la reçoivent pas en commun et d'une façon *indivise*. L'archevêque finit cependant par en faire la donation expresse aux Jésuites d'Avignon. « Cette relique sacrée, nous vous l'envoyons par le T. R. P. Dubois, jadis Recteur du Collège de notre ville de Vienne, et nous vous la donnons, à vous Très Révérends Recteur et Pères dudit Collège d'Avignon. »

Dans la lettre adressée par l'archevêque aux consuls d'Avignon, la pensée intime de François de Crillon est nettement précisée : « Je me suis déterminé à renfermer dans nos murailles cette précieuse relique, et pour cet effet, j'en ai fait don aux Révérends Pères Jésuites du Collège de votre ville. » L'archevêque veut donc deux choses, que cette relique appartienne aux PP. Jésuites et qu'elle reste à Avignon.

Il y a donc une erreur assez grave, et que nous devons relever, dans l'authentique par lequel Charles Vincent de Giovo, patricien de Pérouse et archevêque d'Avignon, reconnut cette relique en 1784. Il y est dit que cette relique « a été donnée par le seigneur de Crillon, alors archevêque de Vienne, en Dauphiné, à la ville d'Avignon, et ensuite donnée par la cité elle-même aux Pères de la Compagnie de Jésus. »

Rien n'est moins exact. Les Pères de la Compagnie ne furent pas investis de cette magnifique propriété par la cité d'Avignon, mais directement par l'archevêque de Vienne. Les pièces précitées en font foi et foi manifeste.

Charles de Giovo fut peut-être induit en erreur par ce qui se passa en 1768. En ce temps-là, la cité papale étant occupée par les troupes françaises, les Jésuites furent obligés de quitter Avignon. Avant de se séparer, ils confièrent à la garde de la municipalité le bras de saint Régis. Charles de Giovo relate ce fait, mais il n'est pas plus exact que pour le reste.

« Plus tard, dit-il, les Pères de la Compagnie de Jésus la mirent en dépôt auprès des consuls de la dite cité, au temps de l'*extinction* de la Compagnie. » La Compagnie n'était pas *éteinte* en 1768. Elle ne le fut qu'en 1773. Elle était seulement dispersée.

Les Pères purent donc confier à qui ils voulurent un dépôt dont ils étaient encore propriétaires incontestés. Ils le conférent à la cité d'Avignon, non point pour reconnaître ni même pour conférer un droit de propriété quelconque à la ville, mais pour répondre mieux aux intentions du donateur, qui avait parlé de la Compagnie et de la cité, sans mentionner une seule fois le diocèse.

Au reste, la cité elle-même, quelques années plus tard, par l'acte de 1784, coupa court à toute discussion et remit la relique aux chanoines de Saint-Agricol.

« En vertu de la délibération du conseil ordinaire et extraordinaire tenu le huitième juin courant, nous avons remis à MM. les chanoines de Saint-Agricol la relique des os d'un bras de saint Jean François Régis, pour être placée dans une des chapelles de leur église.

« A Avignon, le 12 juin 1874.

« *Signés :* FORBIN DES ISSARTS, consul.

« FRUCTUS, consul.

« TURC, consul.

« BRUNEAU, assesseur. » (1).

C'était là un acte véritablement providentiel. Le temps venait, en effet, où il ne devait plus être sûr de confier de saintes reliques à des Corps politiques quelconques. Si la cité papale s'était trouvée en possession de la relique au moment de la Terreur, rien n'aurait pu arracher celle-ci à la

______

(1) Voir l'opuscule de M. Canron et les archives de la Résidence d'Avignon.

destruction. Elle eût été brûlée, comme tant d'autres reliques ; et le dévouement de la noble famille de Fallot de Beaumont de Beaupré, qui s'employa à la sauver, n'eût pas même été possible.

Quand le marquis de l'Espine, héritier des Fallot, voulut, en 1809, se dessaisir du trésor de sa maison, il ne put que le replacer dans l'église de Saint-Agicol.

C'est de cette église que le bras de saint Régis fut rendu à la résidence des Pères de la Compagnie, en 1874. Un accord intervint alors entre la Fabrique de Saint-Agricol, présidée par M. Sardon et le R. P. Albéric de Foresta. La Fabrique cédait le bras de saint Régis aux PP. de la Résidence, en échange du corps de saint Félix, martyr, d'une parcelle de la relique elle-même, et à condition que la relique ferait retour à la paroisse de Saint-Agricol, si les Pères Jésuites cessaient de résider à Avignon. Telle est l'histoire du bras gauche de saint Régis.

L'archevêque de Vienne possédait encore le métacarpe correspondant au doigt du milieu. Il le le livra à son neveu, M. de Crillon, évêque de Saint Pons. Celui-ci le déposa dans l'église de Fontcouverte. Un autre métacarpe fut distrait des reliques par le R. P. Nicod, supérieur de la résidence de La Louvesc en 1873.

Un des pouces passa d'un curé de La Louvesc à Dame Souteyron de la Mathone du Béage. — Durant la Terreur M. Chauvet, curé du Béage, fuyant les persécuteurs se jeta dans la Loire avec la relique et fut préservé des eaux.

Les os de la poitrine ne furent pas épargnés.

« Pour satisfaire à la réquisition verbale du dit promoteur, — écrit François de la Baume, — nous avons accordé aux RR. PP. Recteurs des collèges de Vienne et de Tournon, et au R. P. Procureur du collège du Puy, à chacun une côte que nous avons tirées de la dite caisse, et une autre à la mission d'Annonay. » (Archives de l'Isère).

En 1873, le R. P. Nicod, mit en réserve une côte, pour la Compagnie de Jésus, et un os du pied (tarse), pour Fontcouverte.

D'autres fragments, dont nous ignorons la nature, eurent leur célébrité. L'ossement envoyé par M. Aulanhe, curé de La Louvesc au R. P. Cayron, et par ce dernier au Canada, y opéra de très nombreux prodiges. Le culte du Saint se répandit dans la nouvelle France, et une réduction de sauvages Indiens, non loin de Mont-Réal, porte encore aujourd'hui le nom de saint Régis.

Le P. d'Aubenton reçut, lui aussi, une relique insigne. Il la porta en Espagne dans notre noviciat de Madrid. Elle fut accueillie avec de grands honneurs. Une chapelle fut consacrée à saint Régis et on lui éleva un magnifique autel tout en argent. La révolution a renversé la chapelle, transporté l'autel d'argent dans le couvent des *Las Descalzas Reales* (Religieuses Franciscaines).

Enfin, deux évêques, le cardinal de Bonald et

Mgr Lyonnet, se plurent à enrichir des reliques de saint Régis, la chapelle de Feugerolles, appartenant au comte de Charpin-Feugerolles.

Les Comtes de Charpin, descendent de Gaspard de Capponi, seigneur de Feugerolles et de Madeleine du Peloux. Gaspard avait épousé en premières noces, Isabelle de Crémeaux, morte en odeur de sainteté. Il en avait eu douze enfants. Le second de ses fils était entré au noviciat des Jésuites d'Avignon, à l'âge de 17 ans, et y était mort quatre mois après, avec la réputation d'un saint. Ce fut probablement en considération de ces rapports avec la Compagnie de Jésus, que Régis voulut bien séjourner quelques heures au château de Feugerolles et dire la messe dans la chapelle nouvellement restaurée par Capponi. Cette chapelle était déjà le centre d'un nombreux pélerinage. — On lisait au frontispice du petit édifice.

VIRGO MARIA SACRAM FAVET HANC VISENTIBUS ÆDEM.

INTREPIDUS SACRIS FAVET ATQUE GEORGIUS ARMIS.

NON HIS DEEST PARITER TUTELA UTRIUSQUE JOANNIS.

QUORUM UNUS BAPTISTA, ALTER CRUCIAMINA VICIT.

INSTAURAVIT IN SECUNDAM VICEM GASPARDUS

CAPPONI ANNO DOMINI.

1633.

La vierge Marie favorise ceux qui visitent cet édifice sacré.

Il les favorise aussi le guerrier Georges armé pour les saints combats.

Enfin, ils peuvent compter sur le secours des deux Jean.

De celui qui fut le grand baptiseur et de celu qui triompha des supplices. »

Depuis la visite de saint Régis, cette petite chapelle a pour protecteur un troisième Jean. Le peuple a gardé de cette visite un souvenir fidèle, et il vient honorer Régis dans la chapelle encore existante de Feugerolles. On y est attiré par la sainteté et aussi par la beauté du lieu.

« Si les belles pelouses, la fraîcheur de la lisière des bois, la simple violette, humblement cachée dans le buisson du chemin creux, le bruit de l'onde murmurant dans les profondeurs du ravin, ont des charmes pour vous ; si vous comprenez l'éloquence des vieilles murailles, la poésie du vent qui gronde dans les grands arbres des cours silencieuses, qui tourbillonne au faîte des hautes tours, qui laisse un soupir devant chaque croisée, et qui hurle en se déchirant contre les vieux créneaux, allez à Feugerolles. » (La Tour-Varan).

Du reste, cette demeure, qui a donné l'hospitalité aux saints et aux rois, n'a pas cessé d'abriter l'antique honneur français, dans son expression la plus pure et la plus haute.

Nous avons dit ce que nous avons découvert de saillant dans la dispersion des reliques.

Nous ne savons ce qu'ont pu devenir vingt-trois dents, vingt et une vertèbres, une omoplate, une clavicule, deux radius, un cubitus et quinze côtes.

Quant à la plus grande partie des os des mains et des pieds, ils ont été réduits en particules presque imperceptibles. et forment comme l'âme des milliers de reliquaires parsemés dans le monde chrétien.

Il est impossible de ne pas remarquer avec quel soin la Providence a veillé sur les saints ossements. Ils ont échappé à la Terreur, dans les trois centres principaux où on les honorait, à La Louvesc, à Avignon, à Fontcouverte. C'est un signe que Dieu réserve encore de longs siècles au culte de saint Régis. Mais la Providence n'enchaîne point partout et toujours la liberté humaine. Toutes les fois qu'on visita les ossements, à la dispersion officielle s'ajoutèrent des soustractions frauduleuses, que l'ignorance peut à peine excuser, et que ne put arrêter la sainte Église par ses sévères excommunications. C'est pourquoi nous souhaitons que la visite de 1873 soit la dernière ; que les sceaux apposés alors par l'autorité religieuse, soient brisés seulement par l'ange de la Résurrection ; et que ce soit de La Louvesc que Régis se relève pour la gloire, selon cette parole des Écritures :

« Ossa eorum pullulent de loco suo. »

Les ossements des juges et des prophètes pulluleront du lieu de leur déposition première. »

CHAPITRE CINQUIÈME

LES LIEUX DE PÈLERINAGE

Légende (1)

Du temps de saint Régis, vivait, dans une des vallées qui environnent La Louvesc, un abominable pécheur. Il s'appelait Thomas de J..., seigneur de T...

Envoyé très jeune à Nîmes, pour y achever ses études, il rencontra des maîtres calvinistes. La capture d'un jeune homme riche et intelligent tenta les sectaires. Ils mirent tout en œuvre pour la faire, et ils déployèrent, il faut le reconnaître, une certaine habileté. Ils persuadèrent d'abord à Thomas, que, « pour venir à eux, il n'était pas nécessaire de quitter sa foi ; qu'il devait même s'attacher à cette foi avec une ardeur nouvelle ;

(1) NOTE. — Le cadre seul est légendaire. Les descriptions sont historiques et les explications scientifiques.

que la foi était prédominante dans l'œuvre du
Christ ; qu'elle n'était pas seulement pour le salut
d'une absolue nécessité ; que son mérite était
infini ; qu'à elle seule elle pouvait couvrir la multitude des iniquités (1) ; qu'enfin, (et ils lui révélè-
rent alors le dogme fondamental de Genève), *la
foi suffisait sans les œuvres.*

Cette maxime, plus encore par elle-même que
par le raisonnement qui l'accompagnait, fit une
profonde impression sur l'adolescent. Elle lui arrivait au moment où les passions s'éveillaient en
lui, où il trouvait dans la vertu des difficultés
ignorées jusque là, où il entrevoyait une lutte
longue et pénible entre son esprit et son cœur. Le
cœur l'emporta sur l'esprit. La maxime lui plut
parce qu'elle supprimait la lutte ; il voulut qu'elle
fut vraie, et il en tira les conséquences les plus
étendues, les plus rigoureuses et les plus pratiques.

A partir de cet instant sa vie fut une débauche
sans trêve et sans nom. Il abusa de toute créature, et il passa plusieurs années sans se souvenir
du Créateur. Sa foi ancienne s'obscurcit et se dé-
roba dans le lointain de l'enfance. Quant à Calvin,
il le traita comme un simple entremetteur qu'on
laisse de côté, dès qu'on n'en a plus besoin. Il
prit du service. La licence des camps acheva ce
qu'avait commencé la licence des prêches. Cette

---

(1) Ils transportaient à la *I i* ce que saint Pierre dit de la *Charité.*
« Charitas operit multitudinem peccatorum. »
(1, Petr., 4, 8)

intelligence dévoyée usa ce qui lui restait de force
à consommer sa ruine. Le contempteur des lois
divines finit par se demander ce que signifiait une
croyance sans influence sur la vie, et il rejeta toute
croyance.

Rentré dans ses domaines, après avoir perdu la
foi et la pureté, il s'appliqua sur le visage un
masque impénétrable d'hypocrisie et demanda la
main d'une sainte, sa parente éloignée, Yolande
de J... Il l'obtint et bientôt il eut un fils, un fils
beau comme le jour. Thomas songea un instant à
ne pas le faire baptiser; mais un avertissement
du Curé de Lafarre mit fin à ses velléités de ré-
volte. Dans ce temps-là, rien n'était moins sûr,
même pour un gentilhomme, que d'afficher l'apos-
tasie. L'enfant fut porté à l'église.

Le père, en face de son fils, sentit un sentiment
nouveau s'élever dans son âme, le sentiment de
l'amour. C'était un amour tel que Thomas put
croire que jamais père n'avait aimé son fils
comme il aimait le sien. Il passait de longues
heures à le regarder dormir, à écouter sa res-
piration, à aspirer son souffle. Il le baisait avec
transport et respect. Il ne pouvait en parler sans
s'attendrir.

Un jour, qu'il était avec sa femme devant le
berceau de son fils, contemplant l'enfant qui
« riait aux anges »; la mère, ne connaissant
point toute la noirceur d'âme de son mari, se prit
à dire qu'elle serait bien heureuse si Pierre pou-

vait porter plus tard saintement la robe de prêtre.
Thomas fronça les sourcils et devint pensif. Il se
promit intérieurement, que dut-il lui en coûter la
tête, son fils serait soldat ou... *ministre* de l'Évangile nouveau. Il refit en cette heure maudite tout
le plan de perversion : l'envoi à Nîmes, les maîtres
protestants, les brochures sectaires, le vin, le jeu,
les sociétés libres. Plongé dans ses rêveries, il se
revoyait dans son fils, développé et devenu semblable à son père. Il fut tiré de ce demi-sommeil
par le bruit d'une fenêtre qu'on fermait. Yolande
lui dit que l'enfant venait de tousser. Le lendemain Pierre toussa davantage et le surlendemain au soir, il était en Paradis. La douleur
du père fut sans bornes. Ce fut comme une rage
furieuse. Rencontrant sa femme au sortir de la
chambre mortuaire : « Misérable femme, lui dit-il,
pourquoi as-tu parlé d'en faire un prêtre ? Ne
savais-tu pas que cette engeance porte malheur ? » Disant ces mots, il la frappa et si violemment qu'elle s'évanouit de douleur et de frayeur.

Cet homme qui avait reçu le don de Dieu, sans
le moindre sentiment de reconnaissance, s'en prit
à Dieu, quand le don lui fut enlevé. Il se tourna
contre celui qu'il avait oublié. D'incrédule, il devint impie. Il se prit à haïr Dieu de toute la force
qu'il avait mise à aimer son fils. Il blasphémait
horriblement ; on lui avait entendu dire et plus
d'une fois : « J'ai quarante ans, eh bien : quand
même j'arriverais à quatre-vingts ; quand même

jo les dépasserais ; quand même Dieu, prolongeant mes jours jusqu'à d'invraisemblables limites, ajouterait à ces quatre-vingts années, cent, deux cents années, plus encore, je ne lui donnerais pas une heure, à ce Dieu ; je ne lui donnerais pas un instant de cette longue existence, et, j'en jure par l'enfer, il n'aura pas mon dernier soupir.

Ces choses se passaient en 1640.

Sur la fin de la même année, Thomas reçut une lettre de Saint-Bonnet-le-Froid. On lui apprenait qu'un de ses oncles, le seigneur de P...y, veuf et sans postérité, était sur le point de mourir, qu'il demandait à voir son neveu et que, de cette dernière entrevue, dépendait un héritage considérable. On ajoutait qu'il fallait se hâter et que la mort arrivait à grands pas. Rien au monde n'eut fait reculer Thomas, quand il s'agissait d'un testament. Le danger évident des routes et les supplications de sa femme ne purent l'arrêter. Il prit le meilleur cheval de ses écuries, mit d'énormes pistolets dans les fontes de la selle, attacha son épée et partit. Il était obligé de prendre le chemin qui va de Tournon au Puy, en traversant La Louvesc. La voie franchissait le *Tracol du Marchand*, et coupait la cime du mont Besset. C'était une voie fréquentée : Thomas y arriva par le *tracol du Faux*, s'engagea dans les pins et déboucha devant la porte même de l'église. Le soleil se couchait et frappait le petit porche de ses derniers rayons.

C'était un édifice dédié à sainte Agathe, vieux peut-être de quatre ou cinq cents ans, à dimensions exigües, et complètement délabré.

Thomas fut étonné de voir une foule considérable se presser autour de la porte. Les uns sortaient et les autres s'efforçaient d'entrer. Il demanda la raison de ce concours. On lui répondit que *le Saint* était dans l'église. — « Le Saint », dit Thomas en riant, quel saint ? Qu'est-ce que c'est qu'un saint ? Est-ce qu'il y a encore des saints ? En ce moment-là, un mouvement se produisit dans la foule, et Régis sortit de l'église pour se rendre au presbytère. Thomas ne put s'éloigner assez vite pour éviter son approche. Régis passa à côté de lui et le regarda un instant, un seul instant ; mais de quel regard ! C'était un regard d'une douceur divine. L'homme puissant et mauvais chancela sous ce regard, comme un pin que courbe le vent. Il porta la main à son chapeau, et il était si pâle, et il se pencha si bas sur sa selle, qu'on crût qu'il se trouvait mal. Il se remit promptement et s'éloigna au grand trot ; mais il emportait la flèche.

Une terreur soudaine et incompréhensible l'avait saisi. « Si cet homme était un saint ! » pensait-il, « que serais-je moi ? et... qu'aurais-je fait de mon malheureux fils ? » Etourdi par ces réflexions qui éclairaient violemment son âme et dont il ne pouvait se débarrasser, il pressait les flancs de sa monture. Arrivé à l'endroit où les plus

anciens seigneurs du pays avaient établi un
péage (1), il entendit le son d'une cloche. C'était
la cloche de La Louvesc qui appelait les pèlerins
à la prière. Il crut entendre un glas. Sa terreur
redoubla. Il hâta sa course. Les ténèbres qui s'é-
tendaient sur la terre, lui parurent plus épaisses
que d'habitude. Il lui semblait qu'il s'enfonçait
dans l'ombre de la mort. Sans s'en douter il la-
bourait de ses talons le ventre de son cheval.
L'animal se mit à emporter son cavalier avec la
rapidité du vent. Cela dura longtemps, une heure
peut-être. Tout à coup Thomas crut sentir la terre
se dérober sous le galop du cheval. Elle se déro-
bait, en effet. L'animal, affolé par l'éperon, auquel
il était peu habitué, ne suivait plus la route. Il
courait droit devant lui. Il alla tomber dans un
ravin formant précipice et hérissé de glaçons.

Thomas roula avec la bête. Quand il voulut se
relever, il sentit d'atroces douleurs et ne put faire
un mouvement ; il avait les deux jambes brisées.
Il lui était impossible de sortir du ravin, impossible de remonter à cheval, impossible de faire franchir au cheval les pentes qu'il avait descendues.
Le froid de la nuit était devenu terrible. Thomas
se sentit peu à peu pénétrer et transir. Epouvanté,
il cria de toute sa force ; il cria à plusieurs repri-

(1) Aymon IV Pagan testa en 1233. — « Il donne à sa femme, Béatrix de
Mays, la jouissance de tout ce qu'il possède à Satillieu, depuis la rive de
Nogay jusqu'au tracol de Royray ; le péage de La Louvesc, (probablement
le Rouvet) les deux granges d'Albette et de Balbigneu (Bobigneux) avec
tout ce qu'elles renferment (*cum omni ornatu*), etc... (Anatole de Gallier.)

ses. D'abord, il n'entendit que ses propres cris ; bientôt il en entendit d'autres. Une joie immense s'empara de lui... C'était le salut. Les cris recommencèrent, se rapprochèrent, et Thomas sentit ses cheveux se hérisser sur sa tête : il avait reconnu le cri des loups. Il voulut prendre ses pistolets et tirer son épée. Il ne le put. Le froid paralysait ses mains et gagnait les bras. Bientôt des formes noires se dessinèrent sur les arêtes du ravin. C'étaient les carnassiers. S'il avait eu les yeux de l'âme ouverts comme ceux du corps, il aurait vu d'autres formes, plus noires encore que celles des fauves, l'entourer de toutes parts, les formes des démons, car Thomas touchait à la fin de sa vie. Il le comprit. C'était là que Dieu l'attendait. Il s'opéra alors dans cette heure sombre et au milieu de cette nature attristée, quelque chose de plus admirable que les transformations qui donnent au charbon l'éclat du diamant, aux sucs de la terre la puissance et les fleurs de la vie, aux chenilles des ailes plus glorieuses que le diadème du roi Salomon, à un ciel refroidi et assombri les chaudes haleines et les sourires du printemps.

Ce fut la transformation d'une âme.

La transformation commença pour Thomas par la lumière. Il vit, d'un seul coup d'œil, comme dans un miroir, ses quarante années d'existence, sa pure enfance, son adolescence dégradée, l'impiété de son âge mûr. Cette lumière était une aurore.

Les démons commencèrent à s'éloigner les uns après les autres, car ils avaient perdu la partie.

La lumière augmenta dans une progression incalculable. La foi fut rendue à l'apostat dans sa totalité. Il crut à nouveau tous les mystères de Dieu et du monde, de la mort et de la vie. Le soleil brillait en lui, bientôt il en ressentit les ardeurs. Il détesta ses crimes. Il songea à son fils qui voyait Dieu. Il se demanda s'il ne pourrait pas le voir lui-même. En ce moment, une voix retentit, non pas à ses oreilles, mais au fond de son âme. Cette voix disait : « Je veux ton dernier soupir. » Elle ébranla les dernières profondeurs de son être. Il se sentit transformé. Il lui sembla que son cœur se fondait en lui comme une cire et il s'écria : « Seigneur, vous l'avez. » Cette aspiration de l'âme se confondit avec le dernier souffle de sa poitrine.

L'âme de Thomas se trouva à côté de son corps. Elle ne put s'en éloigner, maintenue qu'elle était par une puissance supérieure. Elle fut immédiatement jugée. Il lui fut dit qu'elle était sauvée par les prières de son fils et de Régis ; qu'un jour elle verrait Dieu ; mais que, pour accomplir toute justice, elle resterait dans le purgatoire aussi longtemps qu'elle avait désiré rester loin de Dieu. (1)

(1) Bien que la révélation publique soit muette sur la durée des peines dans le purgatoire, les révélations privées et les convenances rationnelles nous font conjecturer que ces peines sont parfois fort longues. Il paraît, d'après ces sources, que la conversion, différée jusqu'à l'heure de la mort, allonge ces châtiments. L'Angleterre catholique fut très émue, il y a trois

Puis, sans transition, elle se trouva précipitée dans le lieu terrible et doux, où l'on souffre et où l'on aime. A peine y était-elle, que les loups, parvenus au fond du ravin, dévoraient l'animal vivant et l'homme mort. A la fonte des neiges, on retrouva des os, les harnais, des armes et des lambeaux de vêtements. L'événement fit du bruit; on en parla beaucoup pendant une année, et on l'oublia...

Quand la terre eut accompli deux cent quarante fois sa révolution autour du soleil (1), l'ange préposé à la garde de Thomas descendit dans le lieu des expiations et il lui dit :

« Ta délivrance approche. Mais, *œil pour œil,* durée pour durée, espace pour espace. Comme tu as dû rester loin de Dieu tout le temps que tu

siècles, des destinées d'outre-tombe du baron Hurton. Hurton, catholique, avait dissimulé sa religion et il n'avait pas craint de siéger dans le tribunal qui condamna Marie Stuart. Surpris par la mort, il obtint miséricorde, mais il dut subir d'épouvantables supplices. Le R. P. Corneille, plus tard martyr, disant un jour la messe et arrivé à la commémoraison des morts, vit Hurton plongé presque entièrement dans le feu. Celui qui l'assistait à l'autel et qui plus tard fut martyrisé avec lui, vit le même spectacle. Lady d'Arundel et les autres personnes présentes au Saint-Sacrifice, virent l'autel entouré d'une lumière semblable à la reverbération lointaine de charbons en feu. Hurton déclara au P. Corneille qu'il était en purgatoire pour très longtemps. On doit distinguer entre la longueur des peines exigibles de droit pour les fautes commises, abstraction faite de toute prière offerte pour les défunts, et la longueur des peines à laquelle se trouve souvent réduite la punition, grâce aux prières des saints. La sœur de saint Vincent Ferrier, après avoir mené une vie très sainte, tomba, sur la fin de ses jours, dans de grands crimes. Elle fut condamnée à rester en purgatoire jusqu'au dernier jugement. Elle y serait encore sans les prières qui furent faites pour elle. Son expiation, par elle-même, réclamait cette durée.

(1) En 1880.

avais désiré rester loin de lui ; de même, il a été décidé, là où toute volonté est sagesse, que tu achèveras ton purgatoire aux lieux où tu as achevé ta vie (1). Commençons de suite le pèlerinage libérateur. La liberté t'arrivera, non par la vertu des actes que tu vas accomplir, mais par les prières des saints qui accompagneront ces actes. » (2)

En achevant ces paroles, l'ange saisit l'âme et l'entraîna loin des régions souterraines.

Au sortir du purgatoire, l'âme soulagée et presque purifiée par de longues années de souffrance, n'était pas encore arrivée à la perfection. Elle ressentait certaines ardeurs comparables aux derniers feux que laisse dans les veines une fièvre qui s'en va. Tandis que l'ange était diaphane et étincelant, elle n'avait que la transparence de l'albâtre. Des parties plus sombres apparaissaient et disparaissaient tour à tour en elle, comme les rougeurs qui couvrent le front et les joues dans

(1) La présence des âmes du purgatoire sur la terre, n'est pas un fait inouï. On la voit signalée par une foule d'hagiographes. Tantôt les âmes viennent réclamer des prières, et leur apparition ne se répète pas; tantôt elles apparaissent pendant des mois et même des années dans des lieux et à des heures fixes. Tantôt elles commencent, tantôt elles accomplissent, tantôt elles terminent leur purgatoire aux endroits où elles ont péché. L'âme, dont Rossignol de Vallouise raconte l'histoire, finit son expiation dans le désert des monts de Rosan, non loin de Florence. Cette présence n'est pas en contradiction avec la parole d'Ezéchias : *Non aspiciam hominem ultra et habitatorem quietis.* » Car les âmes ne s'acquittent plus des fonctions de la vie humaine, et au lieu de trouver ici-bas le repos, n'y rencontrent que la douleur.

(2) On sait que les âmes qui ont encore à expier après la mort, ne peuvent abréger leurs souffrances par leurs propres mérites.

la jeunesse. Elle avait aussi quelque difficulté à
prendre son essor.

L'ange dut la soutenir. On voit quelquefois sur
les mers, un grand vaisseau traîner après soi une
petite barque, ainsi voguaient les deux esprits,
l'un soutenant l'autre sur l'Océan des espaces. Ils
arrivèrent à la surface de la terre, quand les régions d'Europe se détournaient du soleil et s'en-
fonçaient dans les ombres de la nuit. Les esprits
entrèrent dans le cercle d'ombre au moment où la
lune commençait à leur renvoyer affaiblie la lumière du foyer universel. Ils parvinrent très rapidement à quelques kilomètres au sud de La Louvesc, sur le penchant d'une colline presque bombée,
et percée de toutes parts par des pointes granitiques,
émergeant d'un sol aride. Cinq blocs de rochers
y dressaient leurs ombres plus hautes que celles
des autres blocs. Le plus rapproché de la base de
la colline offrait la figure d'une table gigantesque
placée sur une estrade beaucoup plus large que
le pied de la table.

L'ange dit à l'âme :

« Vois-tu sur cette estrade la figure en creux et
grossièrement dessinée d'un corps humain d'assez grande taille. Les chrétiens du pays pensent
que Régis, venant de Tournon, a été surpris par
la nuit dans cet endroit, qu'il s'y est couché, et
qu'il a imprimé sur la pierre les vestiges de ses
membres. »

Ici, l'âme eut envie de faire une question;

mais elle n'osa, tant le visage de l'ange paraissait
grave.

L'ange continua :

« Tu vois le signe sacré qui vous a sauvés,
vous autres hommes, et que les anges révèrent.
Adore avec moi, Celui qui s'y est endormi du
sommeil des trois jours. »

L'âme fut obligée de se tenir aux pieds de la
croix : il lui semblait qu'elle y était enracinée,
ainsi qu'un lierre naissant. Elle se mit à chanter
comme chantent les âmes (1). Elle chanta le Dieu
incarné, immolé et ressuscité. Elle finit par exha-
ler ces accents :

« O Christ !

« Par ton âme qui m'a sanctifié,

« Par ton corps qui m'a sauvé,

« Par ton sang qui m'a enivré aux commencements de ma première vie,

« Par l'eau de ton côté qui m'a baptisé,

« Par ta passion qui m'a donné la force des élus,

« Par tes blessures dans lesquelles tu m'as enfermé et caché à l'ennemi,

(1) « Déjà c'était l'heure qui ranime les regrets dans ceux qui navi-
guent, et attendrit leur cœur le jour où à leur doux ami, ils ont dit
adieu; l'heure qui blesse d'amour le nouveau pèlerin s'il entend au
loin la cloche pleurer le jour près de mourir.

« Quand je commençai à ne plus entendre, et à regarder une des âmes
qui, debout, demandait de la main à être écoutée : elle joignit et leva les
deux mains, fixant ses yeux vers l'Orient, comme si elle avait dit à Dieu :
Je ne désire aucun autre...

« *Te Lucis antè* sortit si doucement de sa bouche, et avec des notes
si suaves, que cette hymne me força de m'oublier moi-même. »

(Dante. — *Le Purgatoire*, chant VIII.)

« Puisque tu n'as pas permis que je sois séparé
    de toi,

        Je t'en supplie,

« Ordonne enfin que je vienne à toi,

« Afin que je te loue avec tes saints

« Dans les siècles des siècles. »

Elle chanta longtemps.

Elle chanta jusqu'à ce que l'ange l'avertit que la
première partie du pélerinage était terminée.

L'ange et l'âme quittèrent la croix et s'élancè-
rent vers le nord. Ils glissaient dans l'air sans
éveiller aucun bruit. Leur vol était plus soyeux et
plus silencieux que le vol des oiseaux nocturnes.
Ils s'abattirent, après quelques instants, au pied
d'une autre croix, placée à deux cents pas plus
haut que le village. Cette croix était en bois comme
la première. Elle penchait et paraissait sur le
point de tomber. Le pin dont elle était faite était
encore vert, mais il était profondément entaillé.

L'ange dit à l'âme :

« Les pèlerins ne veulent pas quitter La Louvesc sans emporter un fragment du bois sacré. Ils
croient que Régis s'est arrêté souvent ici, qu'il s'y
est mis en prière et que de là il a béni la contrée
environnante. »

Cette fois l'âme parla et dit :

« Dois-je croire cela ? »

L'ange répondit :

« Les opinions des hommes sont tissées de fils
d'or et de fils de cuivre. Les fils d'or sont les

croyances manifestement vraies. Les fils de cuivre sont les opinions vraisemblables. Ces dernières sont-elles fausses ? On ne le sait ici-bas. Les opinions d'un homme, quand il s'agit d'un fait, ressemblent encore à un fruit qui contient un noyau. Le noyau est moins altérable que la chair. La substance est plus solide que les circonstances du fait. Voilà la *majeure*, diraient les hommes qui perfectionnent la grande faculté. Voici maintenant la *mineure* : Les places occupées par les deux croix dont tu cherches l'origine, (car tu n'as pu me cacher ton premier doute), longeaient un des chemins les plus fréquentés du pays. Régis a parcouru maintes fois ces régions. Avant Régis, la place de ces croix n'arrêta jamais les voyageurs. Aucune sorte de vénération ne s'y attachait. Depuis Régis, depuis deux cent quarante ans, ces deux points n'ont pas cessé d'attirer l'attention du Vivarais. Des croix y furent élevées. Elles furent bientôt remplacées par d'autres. Mais les nouvelles furent plantées exactement dans les trous des anciennes. Les croix actuelles occupent la place des premières. Ces deux croix sont les deux seules croix traditionnelles du pays. Il y en a beaucoup d'autres aux alentours du village. Il n'y a que ces deux qui soient vénérées comme rappelant deux stations du Saint.

Tu peux maintenant, si tu le veux, saisir le fil d'or et l'attacher au noyau, c'est-à-dire, tirer la conclusion.

Mais n'attends pas que je te la révèle. Nous ne pouvons, nous autres anges, communiquer tout ce que nous savons. Ce serait transgresser les décrets trois fois saints qui règlent la distribution de la vérité. Tant que les hommes ne sont point parvenus à la vue divine, ils n'ont, pour connaître les choses de l'ordre *purement naturel*, que la puissance de leur raison. La révélation surnaturelle ne porte pas ordinairement sur ces points. (1) Puis donc que tu n'es pas encore à la source de la vérité, use de ta raison et conclus toi-même.

Si tu as de la peine à conclure, ne conclus pas et contente-toi de prier. Car ce lieu est un lieu béni. Si chacune des prières qui ont été répandues ici avait laissé sa trace sur cette croix, cette croix resplendirait davantage que la croix de lumière dessinée sur le dôme de Saint-Pierre, dans la nuit de Noël, quand la Ville sainte n'est pas polluée. (2) Elle resplendirait plus magnifiquement encore que la croix formée dans les cieux par les constellations de l'autre hémisphère. (3) Prie donc. Il ne t'est pas difficile de choisir ta prière.

La position des étoiles marque l'heure où la parole substantielle de Dieu descendit des hau-

---

(1) L'ange parle évidemment ici des choses qui *ne sont pas surnatu-relles* et qui n'ont *aucun rapport* avec l'ordre *surnaturel*.

(2) C'est-à-dire quand le pontife gouverne librement la capitale du monde.

(3) Il s'agit de la *Croix du Sud*

leurs célestes dans le sein d'une vierge. (1) C'est l'heure *du medium silentium*. (2) L'heure où un de mes frères, appartenant aux plus hautes hiérarchies, s'humilia à Nazareth. Tu sais, à présent, ce que tu as à faire. »

L'âme comprit. En s'approchant de la croix, elle s'aperçut qu'aucun poids ne la tenait plus aux pieds et qu'elle pouvait s'élever plus haut. Elle se plaça à l'endroit où s'entrecroisent les branches, et là, plus doucement que ne gazouille l'hirondelle suspendue aux poutres d'un palais, elle salua celle qui brille dans les cieux comme la lune de l'éternité. Elle chanta une à une les notes de la salutation virginale. Quand elle eut terminé les paroles de Gabriel, l'ange lui fit signe qu'il fallait aller plus loin.

L'âme, quittant la croix, n'avait plus besoin d'être soutenue par l'ange. Les deux esprits, planant un instant côte à côte, se posèrent à quelques pas de là, sur le bord d'une source fraîche et limpide, qu'on entendait sourdre entre les racines d'un pin coupé au niveau du sol.

L'ange parla ainsi à l'âme :

(1) Minuit.

(2) Allusion au texte fameux de la Sagesse : *Cùm enim quietum silentium contineret omnia et nox in suo cursu medium iter haberet, omnipotens sermo tuus de cœlo, a regalibus sedibus... prosilivit.*

(Cap. 18. V. 14 et 15.)

Lorsqu'un silence tranquille enveloppait toutes choses, et que la nuit parcourait le milieu de sa course, votre Verbe tout-puissant, ô Dieu, s'est élancé du ciel, des royales demeures.

« Je vais te dire trois choses : ce qui ne peut être, ce qui peut être et une partie de ce qui est.

« Quelques-uns pensent (1) que Régis, venant d'une mission, s'assit, harassé, près du tronc d'un pin, qu'il demanda à Dieu un peu d'eau pour étancher sa soif, et qu'aussitôt, la source d'eau vive que tu vois commença à jaillir près du tronc dont tu distingues la partie inférieure.

« C'est là une croyance vaine. Cette source est plus ancienne que Régis. Toi-même tu as pu boire à ses eaux quand tu parcourais les chemins de la vie. Elle a longtemps abreuvé les oiseaux du ciel et même les troupeaux errant dans les bois, avant d'être recueillie pieusement par les hommes. Elle a jailli en même temps que les autres sources qui arrosent le pays, sollicitée par la même configuration de terrain.

« Il faut le dire, peu de chrétiens s'imaginent que cette source est sortie du sol par miracle. Le manque de réflexion a seul fait naître une opinion pareille, et la moindre réflexion suffit pour la faire évanouir. Dieu ne fait pas de miracle inutile.

(1) « C'est là, assure-t-on, que François Régis s'assit près du tronc d'un *sapin*, en venant d'une longue et fatigante mission. Il avait gravi la montagne aux *ardeurs du soleil*. (En ce temps là, la montagne était toute boisée.) Il était harassé, haletant : *Oh ! si j'avais un peu d'eau pour étancher ma soif !* s'écria-t-il ; et aussitôt une source d'eau vive jaillit du tronc de sapin qui était près de lui. »
(Du Boys, album du Vivarais.)
M. du Boys ne se porte pas garant du fait. Il rapporte simplement la légende.

Le miracle ne serait-il pas tel sur un sommet arrosé déjà par vingt autres sources ? (1) Au surplus, si Régis, pour quelque motif supérieur tiré d'un ordre ignoré des anges eux-mêmes, eût reçu cette communication de la puissance créatrice, tous ses contemporains en eussent parlé. On en eût parlé au Pontife de Rome dans les solennelles enquêtes ; on en eût parlé dans les vies du Saint. Que les hommes de ce temps qui attribuent à un miracle du Saint le jaillissement de cette source, lisent ces documents, et ils n'y trouveront pas la confirmation de ce qu'ils croient.

« D'autres pensent que Régis, venant de Veyrines à La Louvesc, et se sentant brûlé par le feu de la maladie, voulut l'éteindre en buvant quelques gouttes de ces eaux.

« Cette erreur est pire que la première. Régis, quand il passa près des eaux, n'avait pas encore bu le vin du nouveau et éternel testament. Qui ignore que depuis de longs siècles, il n'est permis à aucun sacrificateur de s'approcher de l'autel, s'il a déjà participé à une nourriture ou à une boisson corporelle quelconque.

« D'autres affirment que Régis but à cette source, dans ses précédents voyages, alors qu'il pouvait y boire.

« Que t'en semble ! La source te parait-elle

____

(1) Il s'agit du but assigné au prodige par la légende. Selon cette légende, Dieu aurait fait jaillir une source, pour *désaltérer* saint Régis, à vingt-cinq pas d'une autre source et d'un étang.

bien éloignée du chemin illustré par les deux croix ?

« D'autres enfin veulent, qu'en venant de Veyrines, il ait seulement rafraîchi ses mains et son visage dans les ondes pures.

« Que t'en semble encore ? Cela ne te paraît-il pas conforme au précepte sacré : *Quand tu jeûnes, oins ta tête et lave ton visage, afin que ton jeûne ne soit pas connu des hommes, mais de ton Père qui est caché et qui voit ce qui est caché ?*

« Les hommes n'en savent pas davantage sur ce point, et il n'est pas convenable que tu en saches, pour le moment, plus que les hommes. Du reste, dans quelques heures tu sauras tout, car tu seras semblable à moi qui suis semblable à Dieu. En attendant, écoute ce que les hommes savent, et ce que tu dois savoir.

« Autrefois, avant que notre Dieu et votre Frère eut communiqué aux eaux de cette planète, la puissance baptismale, il y avait à Jérusalem une piscine aux ondes prodigieuses. Cinq portiques l'entouraient. Un de nous y descendait de temps à autre, et agitait l'eau. Quiconque entrait dans la piscine, immédiatement après le mouvement angélique, était guéri de toute infirmité, quelle qu'elle fût. Je suis un de ceux qui l'agitèrent. Eh bien, je te le dis en vérité, cette source qui sort du tronc de pin mériterait, comme la piscine de Bethsaïde, d'être entourée de hauts et magnifiques portiques, car c'est une source pleine de vertu. C'est là que Régis déploie souvent sa puissance. Que de membres humains y ont recouvré la beauté des proportions et la force de la vie ! Que de larmes de joie cette source n'a-t-elle pas recueillies en son sein ! Combien de fois n'a-t-elle pas rendu la lumière aux yeux et les sons aux oreilles !

« A Bethsaïde, l'ordre d'en haut avait soumis à certaines conditions le soulagement des hommes. Quiconque touchait l'eau était infailliblement guéri, parce que cette eau symbolisait le baptême dont les effets sont immanquables. Mais un seul obtenait cette faveur chaque fois que l'ange agitait l'eau, parce qu'aucun prodige ne peut détruire les lois données à la nature par le Créateur de la nature.

« Ici la guérison n'est pas infaillible, parce que cette eau n'est ni l'emblème d'un sacrement, ni un élément sacramentel. La guérison est subordonnée à la foi du malade et au profit qui doit en résulter pour son âme. Admire combien les desseins de Dieu sont profonds et impénétrables ! Pendant qu'un misérable, couvert d'ulcères, restera près de la source prodigieuse, durant des années et des années, sans obtenir d'autres soulagements que de la pitié des voyageurs, un pèlerin apporté des extrémités de la France, touche à peine l'onde sainte, qu'il se relève seul et s'en retourne en louant Dieu. Ni le temps, ni le nombre ne sont fixés, comme à Bethsaïde. C'est en tout temps que tous peuvent boire dans ces eaux la vie et la vigueur. »

A peine l'ange avait-il parlé, que l'âme descendit dans la source et l'agita. En l'agitant, elle invoquait Régis :

« Immaculé comme les anges, dans une chair corruptible,

« Embrasé du feu apostolique,

« Père des petits,

« Dépositaire de la puissance divine,

« Vainqueur de la mort,

« Sanctificateur des âmes,

« Honneur de la race humaine,

« Terreur des démons,

« Céleste introducteur.

Les saintes litanies sortaient de l'onde avec une harmonie qui n'était pas l'harmonie des cieux, et qui ne ressemblait pas aux harmonies de la terre : harmonie si délicate qu'aucune oreille humaine n'aurait pu la percevoir.

Lorsque la lune, dérobée par notre globe, eut caché ses rayons, l'ange dit à l'âme : « Il est temps de partir, car nous avons encore à faire une station. »

L'âme, montant des eaux, ne ressentait plus rien des ardeurs qu'elle avait emportées du purgatoire.

Elle fut conduite par l'ange dans une petite chapelle de style renaissance, à coupole ovale, avec des bas côtés et des tribunes ouvertes et ap-

puyées sur d'élégantes colonnettes. Le sanctuaire
était alors éclairé par une grande quantité de
cierges plantés sur les pointes d'une grille qui enfermait le côté droit. Derrière la grille, on voyait
la représentation d'un homme couché et se soulevant en étendant les bras. Devant la représentation, deux autres figures étaient encastrées dans le
mur, en plein relief, et avec les célestes attributs,
c'est-à-dire les auréoles et les nuées.

L'ange s'exprima ainsi :

« Voici le lieu le plus saint de La Louvesc. Là,
celui que tu as adoré à la première croix, et celle
que tu as saluée à la seconde, se sont véritablement montrés à celui que tu viens d'invoquer dans
la source. C'est là que Régis a passé les cent vingt-
six heures de son agonie ; c'est de là qu'il a envoyé à Dieu ses dernières prières, comme un par-
fum qui achève de brûler. C'est de cette étroite et
sombre cabane qu'il a vu les portes du paradis.
C'est entre ces murailles que le fil de sa vie a été
coupé ; que son âme, se séparant de son corps, est
entrée dans la sainteté définitive. C'est là qu'elle a
été jugée miséricordieusement. C'est de là qu'elle
a pris son essor pour monter au sommet du monde.
C'est le lieu de sa véritable naissance, et c'est ici
surtout qu'on peut dire : *Heureux le sein qui l'a
porté et les mamelles qui l'ont allaité.* »

« Oui, » dit l'âme, en commençant son dernier
chant, « heureux le sein fécond qui l'a enfanté à
la vie parfaite !

Et l'âme chanta successivement tous ceux dont les mérites avaient aidé Régis sur le chemin ardu de la sainteté.

Elle chanta le fondateur de l'Institut, qui tantôt s'assoit sur le trône, à côté des rois, tantôt est foulé aux pieds par la plèbe. (1)

Elle chanta les Trois qui renoncèrent à des couronnes périssables et illustrèrent davantage l'Italie, l'Espagne et la Pologne, que les marquis, les ducs et les palatins de leur ascendance. (2)

Elle chanta l'homme incomparable qui, après avoir évangélisé une partie de l'Orient, mourut sans prêtre et sans reproche, dans une île déserte, sur un rocher battu des vagues, en face de la dernière terre, objet de ses saints désirs, comme Moïse devant la terre de promission. (3)

Elle chanta ensuite tous les martyrs que produisirent ces régions, après avoir été saluées par les yeux mourants de l'apôtre.

A mesure que l'âme chantait, elle devenait de plus en plus resplendissante ; elle fut bientôt aussi brillante que son compagnon ; et quand les deux esprits repassèrent le seuil de la chambre mortuaire, ils ressemblaient à deux flammes qui se confondirent avec les rayons du soleil, car le soleil se levait. A l'instant même où ils franchis-

(1) Saint Ignace de Loyola.

(2) Saint Louis de Gonzague, saint François de Borgia et saint Stanislas de Kostka.

(3) Saint François Xavier.

saient la porte, une cloche sonna. L'âme fut émue doucement, et elle dit à l'ange : « Ah ! il y a longtemps, bien longtemps j'entendis un son pareil à celui-ci ! C'était après que le saint regard fut tombé sur moi. Est-ce la même cloche ?

« Oui, » dit l'ange, « c'est la même. Elle a sonné, il y a deux cent quarante ans, l'agonie du Saint. Quand tu l'as entendue pour la première fois, tu l'as prise pour un glas. Aujourd'hui elle sonne les premières heures d'une fête, et ton baptême éternel. Viens. »

Les esprits se trouvèrent en un clin d'œil devant un édifice qui semblait sortir des mains de l'ouvrier. Les dimensions du temple rappelaient de loin, par leur abaissement, l'arche antique, immobilisée sur les sommets de l'Ararat. Mais ce n'était plus le bois léger de notre berceau. L'église, avec ses assises et ses murailles de granit, régulièrement taillées à grand appareil, paraissait devoir durer jusqu'au jugement. Elle faisait plutôt songer (quelles qu'aient été les intentions de l'architecte) à un tombeau qu'à un berceau. Ses ouvertures étaient étroites. Les colonnes et les arcs de ses fenêtres, formés d'un granit vert-sombre parsemé de paillettes de mica, tranchaient sur le granit blanc des murailles et esquissaient autour de l'église comme une mitre brodée magnifiquement. Le tombeau cependant était glorieux.

Les branches et le sommet de la croix latine qui terminait le monument, étaient dominés par une coupole octogonale. Toutes les pointes étaient ornées d'acrotères en quarts de sphères fleurdelisés. La coupole, à son tour, finissait en lanterne ou couronne fermée, la couronne du Saint. Au sommet, la croix.

L'âme paraissait étonnée de ce qu'elle voyait, et embrassait du regard l'espace environnant, comme quelqu'un qui cherche quelque chose.

« Je vois ce que tu cherches, » dit l'ange, « tu cherches l'ancienne église et tu la regrettes. Tu as raison de la regretter. Elle était déjà ancienne au temps de Régis. Elle entendit les dernières prédications du Saint. Elle abrita son dernier sacrifice, sa première sépulture, les premiers honneurs de la béatification et les dernières solennités du culte public. Néanmoins, elle n'est plus. Elle n'est pas tombée de vétusté. Elle a été renversée par les hommes et par des hommes pieux. Que veux-tu ? Le cœur rectifie les courbures de l'intelligence. Leurs intentions seules furent droites. Il fallait conserver l'édifice ancien et bâtir à côté. Il fallait faire comme le plus grand peuple du monde. Ce peuple, plongé encore dans les ténèbres de l'infidélité, avait une grande manière de comprendre le respect. Les Romains conservèrent longtemps, au milieu des édifices et des marbres de la Rome impériale, la cabane de leur Romulus. C'est ce qu'on aurait dû faire ici. On a fait autrement et on s'est trompé. N'accuse point cependant de cette erreur la génération qui a élevé le temple nouveau. Quand cette œuvre a été commencée, il y avait déjà 121 ans que l'église primitive avait disparu. Elle fut remplacée par une église intermédiaire, sans souvenirs, sans grandeur, sans beauté et sans solidité. Celle-là, ne la regrette pas. Du reste, l'église que tu vois ne te sera pas moins propice que celle que tu regrettes. Comme tu as commencé de vivre à la grâce devant la première église, c'est dans l'intérieur de la dernière que tu vas voir couronner tous tes vœux.

« Avant de pénétrer dans le temple, remarque une chose. Si tu t'en souviens, les rayons du soleil couchant doraient le portail de la première église. Le portail de celle-ci brille sous les rayons du soleil levant. »

L'âme le remarqua, et elle remarqua encore bien d'autres choses ; elle admira la grandeur et l'élégance du portique ; la vaste ogive enfoncée entre les deux tours, soutenue en l'air à très grande distance de terre par deux colonnettes appuyées sur des consoles ; puis, en retrait, et au-dessous de l'ogive, la rose ; puis, au-dessous de la rose, la galerie à colonnade.

L'ange, pénétrant les sentiments de l'âme, lui dit :

« Tu éprouves maintenant quelque chose de ce que tu éprouverais si tu contemplais les monuments d'architecture semés sur le littoral méditerranéen, par les constructeurs de l'Alhambra. Constate aussi que cette porte, par ses dimensions réduites et par sa position au sommet d'un escalier, s'élevant assez haut vers le centre réel du portique, fait ressortir la majesté de l'ensemble. J'ai vu des portes semblables dans les hypogées d'Orient et dans les tombeaux des Pharaons. Entrons. »

L'âme entra. Une lanterne à douze baies, quatre roses et quinze fenêtres éclairaient l'édifice. Huit pilastres d'un blanc mat, vingt-huit colonnes d'un bleu cendré et quarante colonnettes d'un rouge pâle le soutenaient. L'âme fut frappée par l'harmonie des couleurs et celle des proportions. Dans sa vie terrestre, elle avait pu voir de *plus belles* choses, mais elle n'en avait pas vu de *semblables*. D'autre part, comme elle avait passé soudainement, du coin de terre où elle avait quitté son corps, en purgatoire ; et repassé aussi soudainement, du purgatoire, au même coin de terre, le spectacle était vraiment nouveau. L'ange, lui, souriait ; car il venait du paradis. Voyant le plaisir que prenait l'âme, il voulut l'augmenter, et lui donna, avec une vitesse que nous ne pourrions ni mesurer, ni concevoir, les explications suivantes :

« Tu vois rassemblées ici, dans une combinaison qu'appréciera la postérité, les formes architecturales les plus parfaites qui aient jamais charmé les yeux des hommes.

« Le pilier a été rejeté. La colonne est partout. Elle imite en quelque chose l'œuvre des hommes qui poussèrent le plus loin le culte du beau. Elle imite aussi ce style si chrétien et si pur qu'inventèrent vos premiers ancêtres dans la foi. Elle tient des colonnes grecques et des romanes. Le fût monolithe se compose d'une multitude infinie de coquillages créés au commencement des jours. Leurs hélices célèbrent maintenant la gloire du Dieu créateur, d'une façon plus relevée que quand elles pullulaient dans les eaux primordiales. Rien ne manque à ces colonnes de ce que vous a légué l'antiquité. Les bases ont toutes leurs pièces. Les chapiteaux sont complets. Les architraves et les frises, conçues dans le goût des anciens, couronnent toute la partie du monument destinée à soutenir l'autre partie.

» Les voûtes demandent un examen. Elles ne tracent pas exactement la moitié du cercle. Le cintre s'ouvre. Il s'ouvre aussi peu que possible, mais enfin il s'ouvre. Comme les voûtes sont aussi ornées que les plafonds des riches basiliques prétoriennes, la brisure apparaît peu. Les six clefs de voûte dissimulent l'ogive sous une végétation lapidaire luxuriante. Plusieurs s'y sont trompés. Ils ont même écrit dans leurs livres que l'église était romane. Ne t'y trompe pas. Il n'est pas un arc, dans ce temple, qui ne soit, ou qui ne serait, s'il était terminé, une ogive naissante.

» Il y a, dans ces voûtes, un artifice que tu pénétreras, si tu te reportes aux souvenirs de la première vie.

« Voyant maintenant les choses d'une façon spirituelle, tu as constaté que l'église, massive au dehors, est encore plus abaissée à l'intérieur. Au dehors, elle compte treize unités et demie de la mesure actuelle des Français, qu'ils appellent le *mètre* ; à l'intérieur, ces treize mètres et demi sont diminués de deux mètres et de vingt centièmes de mètre. (1) Mais les hommes qui entrent en ce moment dans le temple admirent, au contraire, son élancement. L'édifice leur semble plus élevé sous ses voûtes qu'à son faîte. Je vais t'en dire le secret. Quand tu étais sur la terre, un espace te paraissait d'autant plus grand qu'il était plus coupé, à intervalles, par des objets d'une certaine saillie. Une allée d'arbres était plus longue pour ton regard qu'une route nue et de même dimension. Les objets multiplient les interstices et trompent l'œil des hommes. L'architecte a procédé d'après ce principe. Entre la dernière plate-forme des chapiteaux et le commencement des arcs de voûte, il a étagé trois pilastres, chacun avec base et chapiteau. La voûte porte sur le chapiteau du troisième pilastre. De cette manière, elle s'élève, non pas en réalité, mais en apparence. Cela suffit.

(1) Dimensions de l'église :

Hors d'œuvre :
Longueur, 51 mèt. 50.
Largeur, 20 mèt. 75.
Hauteur, 13 mèt. 50.
Dans œuvre :
Longueur, 50 mèt. 40.
Largeur, 18 mèt. 35.
Hauteur, 11 mèt. 30.

Comme l'architecture est pour le plaisir de l'œil, la hauteur d'un édifice ne se mesure pas seulement au mètre, mais encore à l'œil. Un édifice élevé, mais qui paraîtrait bas, serait défectueux. Au contraire, un edifice bas, mais qui paraît élevé, mérite les louanges des hommes. Tu as compris. »

« Inutile de te signaler la richesse des ornementations. Les feuilles de l'acante, les feuilles, les boutons, les fleurs, et les fruits du lierre, du lys, du lotus, du nénuphar, les branches du palmier, tapissent le monument. Les colombes voltigent autour de tous les autels.

« Vénère, en passant, le patriarche de la maison de David, étendu sur son lit de mort ; vénère notre Reine couronnée par la main de son Fils ; vénère la table consacrée à l'emblème des temps nouveaux :

CORDI SACRATISSIMO JESU

« Vénère la quatrième table dressée en l'honneur de celle qui fut la gloire immortelle de Palerme :

SUB. INVOC. S. AGATHE V. M.

« Encore un mot :

« Vois comme le sanctuaire s'élève au-dessus de la nef ; comme la table circulaire de communion, avec ses quatorze compartiments, ses seize pilastres, et ses soixante-dix colonnes entremêlées de lys, dépasse le niveau du sanctuaire, et comme l'autel majeur domine encore cet espace réservé. Il y a loin du pavé sur lequel se tordent les aspics et les basilics, et que gardent les cerfs ailés et volants, aux retables où nous sommes représentés, nous autres anges, ayant à la main les instruments du sacrifice et les sacrés encensoirs.

« Regarde encore au-dessus. Quatre colonnes, plus hautes et plus belles que les autres, soutiennent quatre arcs magnifiquement sculptés. Les quatre arcs soutiennent le Dôme. Remarque les chapiteaux des colonnes. Huit aigles les décorent. *Ubicumque fuerit corpus, illuc congregabuntur et aquilæ.* Là où sera le corps des saints, et là où sera le corps du Christ, là aussi se rassembleront et les âmes des chrétiens unies à la chair, mais légères comme les aigles pour voler à la perfection ; et les âmes séparées, légères comme les aigles pour venir recueillir, autour de l'autel, les gouttes du sang divin ; et les anges eux-mêmes, légers comme les aigles pour venir adorer Dieu dans son sacrifice.

« Ces paroles seront les dernières que tu entendras de moi sur ce sujet. Les instants que nous avons à passer ici-bas sont comptés, et ils touchent à leur fin. Bientôt tu verras le reste dans l'Essence d'où découlent et où se peignent toutes choses créées, les plus grandes et les moindres, les soleils et les fleurs, les anges et les hommes, les œuvres de la nature et celles de l'art, les mondes qui ont été, comme ceux qui seront, comme ceux qui peuvent être avec la série indéfinie de leurs ornements.

« Mais avant que les yeux soient ouverts, il faut que tu assistes à la confection du sacrement de vérité. La Messe qui va se célébrer te délivrera. »

Le prêtre montait à l'autel. Les deux esprits volèrent, l'un à droite, l'autre à gauche, sur les colonnes du Dôme.

L'église était pleine. Seul de toute l'assemblée, un enfant, un pauvre enfant des montagnes, tenu sur les bras de sa mère, fut témoin du spectacle merveilleux. Il vit les deux esprits, sous la forme de deux aigles vivants, surmontant les aigles de pierre. (1) L'ange avait des plumes d'azur, reflet des cieux sa patrie, et agitait les ailes d'or de la nature supérieure. L'âme avait les plumes vertes, reflet des mers et des bois, parure de la terre où elle était née ; elle avait les ailes d'argent de la nature inférieure. L'enfant ne les perdait pas de vue. Au moment de la consécration, les ailes d'or et d'argent tremblèrent comme les ailes des paons du jour miroitant au soleil. Dès que le prêtre eut consommé le corps et le sang du Christ, les deux oiseaux célestes se soulevèrent et disparurent dans

_____

(1) Les substances les plus spirituelles se sont manifestées aux hommes par les apparences du règne animal. L'esprit de Celui qui est esprit s'est montré sous la forme d'une colombe. « Jésus vit l'Esprit de Dieu descendant comme une colombe et venant sur lui. » (Saint Mathieu, 3. 16.)

la coupole. L'enfant leva les bras et poussa un petit cri. Sa mère le baisa et le gronda doucement en l'avertissant de ne pas troubler la fin du sacrifice.

CHAPITRE SIXIÈME

LES ŒUVRES

> Quicumque glorificaverit me,
> glorificabo eum ; qui autem con-
> temnent me, erunt ignobiles.
> (I. Reg. c. 3.)

Le culte rendu au Saint, à ses ossements, aux endroits favorisés par son passage, ses souffrances, sa mort et sa sépulture, est une partie seulement de ce que nous essayons d'écrire.

Il y a, dans les rapports que les Saints ont avec la terre, deux aspects : l'attraction de la terre vers le Saint et le rayonnement du Saint sur la terre. Nous avons dit ce que les hommes ont fait pour le Saint. Il nous reste à dire ce que le Saint a fait pour les hommes.

Nous parlons, bien entendu, de son action posthume, de ce qu'il a provoqué du haut du ciel, de ce qu'il a semé autour de son tombeau, de ce

13.

que l'on peut considérer comme la prolongation
de son apostolat, en un mot, des œuvres de charité spirituelle et temporelle, qu'on doit regarder
comme l'effet de ses inspirations, ou la conséquence de son culte.

I

Les Imitateurs.

La première œuvre accomplie par saint Régis,
dans la gloire, fut de se créer ici-bas des continua-
teurs de ses missions. Sa sainteté enflamma les
cœurs, éleva les âmes et fit éclore toute une génération d'hommes apostoliques, auxquels ne
manquèrent ni l'héroïcité des vertus, ni même
l'éclat des prodiges. Les contemporains les sur-
nommèrent les *Nouveaux Régis*. Ils évangélisèrent
eux aussi le Velay, le Vivarais, l'Auvergne et les
Cévennes. C'est une véritable constellation qui
parut dans le ciel de l'Église, après la disparition
de Régis, une sorte de pléiade dont les rayons répandirent sur la Compagnie de Jésus la plus pure
lumière. Ils sont sept. Ils commencèrent à se montrer après la mort de Régis, et ce dernier survécut
à son Ordre. Ce sont les Pères de Barry, Chautard,
Montal, Médailhe, de Vogué, Dauphin et Delmas.

François de Barry reproduisit un des caractères
les plus saillants de saint Régis. Doué d'une élo-

quence extraordinaire, il refusa de prêcher dans les grandes villes et se dévoua à l'évangélisation des campagnes.

Jean Chautard fit revivre la vie austère de son modèle. Pendant quarante années de missions, il ne prit un peu de nourriture que sur le soir, après avoir prêché, confessé et visité les chaumières.

Jacques Montal ajouta au zèle pour les âmes et à l'austérité de la vie, la puissance thaumaturgique. Il arriva à l'âge de 84 ans, sans avoir fait autre chose qu'enseigner aux enfants les éléments de la grammaire, entendre les confessions, expliquer au peuple les mystères de la religion chrétienne, soulager les pauvres, visiter les malades et réconcilier les ennemis. Il passait souvent plusieurs jours sans prendre aucun aliment, et sa nourriture se composait exclusivement de légumes sans cuisson. Il était prophète. Il pénétrait le secret des cœurs. Il opéra un grand nombre de miracles pendant sa vie. Après sa mort, il apparut à l'Evêque de Clermont, rayonnant de gloire, et continua ses prodiges.

Jean-Paul Médailho s'illustra par l'établissement de congrégations d'hommes et de femmes. Il fonda, entre autres, l'Institut des Sœurs de saint Joseph.

Anne de Vogué, d'une des plus grandes familles du Vivarais, voulut absolument suivre les traces même matérielles de Régis; et pendant 25 ans, il repassa dans tous les sentiers évangélisés par le Saint.

La naissance, l'adolescence, la vie et la mort de Paul-Antoine Dauphin furent tout imprégnées de la sainteté de Régis, et en beaucoup d'endroits paraissent comme un calque de cette sainteté. Il naquit à Saint-Vallier en 1709, d'une famille très attachée à saint Régis, et la grâce de son baptême resta en lui jusqu'à sa mort. A 23 ans, il fit vœu de communier trois fois l'année en l'honneur du Saint, les jours anniversaires de sa naissance, de sa mort et de sa fête. En 1737, il prêcha à Tournon, son panagyrique. Il se rendit ensuite à La Louvesc, et célébra la messe sur le tombeau; il était inondé de larmes. Enfin il se mit à évangéliser le Velay et le Vivarais. Il faisait ses voyages à pied. Il entreprit une seconde et dernière fois le pèlerinage de La Louvesc au milieu du froid et des neiges de l'hiver. « Je vais, disait-il, consulter mon maître; car du tombeau de saint François-Régis, sortent des leçons dont j'ai trop besoin pour les négliger. » Il mourut à la fleur de son âge (35 ans), dans le bourg de Bresle, où il donnait une mission. Il se trouva mal au confessionnal le vendredi d'après Pâques (10 avril). Deux jours après, ayant passé une nuit entière au tribunal sacré, son mal empira, et il fut emporté le 17, par une oppression de poitrine. A dater du jour de sa sépulture, son tombeau, comme celui de saint Régis, devint glorieux.

Le P. Delmas fut un grand missionnaire. Il se mit en 1717 à parcourir le Velay avec le P. de Fontfreyde. « Ces deux hommes apostoliques apportèrent, à la culture de ce champ, la même ardeur que saint Jean-François Régis avait mise à le défricher. Les villes, les bourgs, les villages, les hameaux les plus isolés et les plus obscurs du Velay servirent tour à tour de théâtre à leur zèle. » Après la suppression de la compagnie, le P. Delmas devint le précepteur de Gaston de Pins, plus tard administrateur du diocèse de Lyon. (*Le Disciple de saint Régis*, par le R. P. Prat.)

Nous pouvons appliquer à tous ces hommes, ce que Bourdaloue disait des influences de saint François - Xavier, sur les missionnaires de la Chine.

« Il y est encore vivant et il y soutient tant de prédicateurs de tous les Etats, et de tous les ordres de l'Eglise. C'est lui qui les dirige par ses leçons, lui qui les anime par ses exemples, lui qui les console dans leurs fatigues par le souvenir de ses travaux, et lui enfin qui, du haut de la gloire, fait descendre sur eux ces secours de grâces dont ils tirent toutes leurs forces, et qui achève ainsi dans le ciel, ce qu'il n'a pu accomplir sur la terre. »

II

Les Missions.

Le souvenir du Saint fit établir une foule de missions dans les environs de La Louvesc.

Nous citerons, entre autres, la résidence de Privas, fondée en 1651, et la donation du Cheylard.

Par acte notarié du 28 juillet 1654,

« Haut et puissant seigneur René de la Motte, comte de Brion, baron du Cheylard, Vachères, Les Archis, Le Béage, Lafarre et autres places », consacrait une somme de soixante livres pour une mission au Cheylard. Cette mission devait être donnée par deux PP. Jésuites, si cela se pouvait, et à leur défaut par deux autres religieux.

Cinq ans après, le 29 septembre 1659, le même seigneur complétait sa pensée et son œuvre : il déclarait 1° que les dispositions qu'il allait prendre étaient le résultat d'un vœu; 2° que la mission du Cheylard devait être une mission perpétuelle et volante, c'est-à-dire, une mission qui rayonnerait dans tout le pays, en conservant son siège principal au Cheylard; 3° qu'un capital de 8 à 10,000 livres devait lui être consacré; 4° que dans

ce capital étaient comprises différentes donations
déjà faites par diverses personnes pieuses ; 5° que
lui, baron du Cheylard, recueillerait toutes les
aumônes qui lui seraient offertes dans ce but ;
6° qu'il s'engageait à compléter la somme ; 7° que
pour assurer le paiement de cette somme, il hy-
pothèque ses biens et fait ses procureurs irrévo-
cables les Révérends Pères Jésuites du collège de
Tournon »

III

Les Dames de la Miséricorde.

Régis avait organisé au Puy une société de
Dames de Charité, chargées de visiter les pauvres
à domicile. La mort du Saint ne les désorganisa
pas. La révolution ne put arrêter, même une année, même un mois, leurs bonnes œuvres. Elles
sont encore aujourd'hui dans la ferveur de leur
première institution, et fonctionnent comme au
temps de saint Régis. Leurs archives remontent
jusqu'à quarante années après la mort du fondateur.

IV

Les Dentellières.

Les dentellières du Velay avaient été frapppées dans leur industrie par deux édits du Roi, l'un de 1629, l'autre de 1635. Par le premier, défense était faite de porter de la dentelle sous peine de confiscation, et de 500 livres d'amende. Par le second, l'interdiction était restreinte aux fraises, aux serviettes et aux draps de lit ; la dentelle des habits était bornée à deux passements d'une hauteur déterminée.

Régis ému des suites que pourraient avoir, pour ses protégées, de pareils édits, annonça qu'ils seraient révoqués. Ils le furent en effet ; de plus le Saint mit les dentellières en rapport avec les commerçants de Toulouse. Ces marchands portent encore maintenant les dentelles du Velay en Espagne, et les font revendre sous le nom de dentelles de Toulouse.

En *1737*, les dentellières se souvinrent des services que leur avait rendus saint Régis, et le prirent solennellement pour patron. Régis accepta ce patronage et l'exerça visiblement ; car, en *1665*, Mlle Martel, fille d'un avocat en la sénéchaussée du Puy, fonda l'œuvre des *Demoiselles de l'Instruction*, chargées d'instruire les femmes pauvres et de protéger les dentellières. Elles s'appelèrent plus tard *Religieuses de l'Instruction*, puis *Beates*. Elles ont eu l'honneur d'être insultées à la tribune des Députés français par le ministre Ferry. (Voir, pour tous ces détails, la comtesse de Charpin.)

V

La Société de St-Pierre-de-Luxembourg.

En 1688, un jeune homme d'Avignon, Jean Abbes, âgé de 18 ans, recouvra subitement la parole, par l'intercession de saint Régis ; il l'honora depuis comme son plus grand protecteur, et résolut d'imiter son humilité et sa charité ; il fut humble jusqu'à refuser l'honneur du sacerdoce, se contentant de la dignité Diaconale. Voulant de de plus servir les pauvres, comme les avait servis Régis ; il fonda *la Société de St-Pierre-de-Luxembourg*, pour la préservation de la jeunesse ouvrière. Il mourut en odeur de sainteté.

VI

Le Clergé de Présentation conventuelle

Les Pères de la Compagnie de Jésus, patrons de
La Louvesc, comme Seigneurs et Prieurs de Veyrines, nommèrent les prêtres chargés du service
paroissial auprès du tombeau de saint Régis,
jusqu'en l'année 1773. Le dernier prêtre de cette
nomination mourut en 1789. Durant un siècle et
demi, ces prêtres déployèrent le zèle le plus ardent
pour le culte du Saint et offrirent l'image de toutes
les vertus sacerdotales. Ils furent huit : MM.
Bayle, Gibert de Chazotte, Moleyre, J. Arnaud,
J. Arnaud, Delolme, Aulanhe, et C. Bilhot.

La plupart vécurent longtemps dans la paroisse.

M. Moleyre éleva une chapelle dédiée à saint
Jean-Baptiste et à saint François, sur l'emplacement de la sépulture vénérée. Elle était carrée
et chacun de ses côtés avait dix pieds.

« Capella est ad partem sinistram majoris al-
taris sita, figurae quadratae, longa et lata circiter
decem pedes, tota strata tabulis lapideis. » (Procès-
verbal de 1702, *aux archives de l'Isère*.)

Dès l'an 1691, cette chapelle était appelée la
chapelle du P. Régis.

M. Moleyre avait voulu donner plus d'éclat au service divin, en augmentant le nombre des autels et des messes. Le Recteur de la chapelle devait toujours être distinct du Curé de La Louvesc. Il affecta à l'entretien de sa fondation une donation considérable.

M. Aulanhe construisit la seconde église. La première pierre fut posée en 1744. Elle fut bénite par M. Aulanhe, avec permission de Guillaume d'Hugues, archevêque de Vienne, le 10 novembre 1754. Nous ne savons si elle fut jamais consacrée.

Les murs et le toit coûtèrent 34,000 livres. Elle était à plein cintre et à trois nefs. La partie remarquable de l'édifice était sans contredit l'autel de saint Régis, placé dans la nef de gauche. Il avait été exécuté à Rome. La beauté des marbres le disputait au fini des sculptures.

Le fond de la chapelle était occupé par une niche cintrée soutenue par deux colonnes corinthiennes. Chaque colonne était flanquée à droite et à gauche et en retrait de deux pilastres de même ordre. Les colonnes et les pilastres étaient reliés par des plaques de marbre concaves surmontées de corniches. Au milieu des deux pilastres intérieurs se dressait la statue du Saint. Elle était dominée par un Cœur de Jésus rayonnant, et reposait sur la châsse. A la hauteur de la châsse, on voyait, dans des niches cintrées, les statues de saint François de Sales, de saint Augustin, de sainte Agathe, et de saint Jean-Baptiste. Huit bas-reliefs décoraient les bases des colonnes et des pilastres. Ils représentaient la prédication, la multiplication des grains, quatre guérisons insignes, l'agression à main armée et la mort du Saint à La Louvesc. Entre les deux bas-reliefs des pilastres intérieurs, un magnifique groupe d'anges soutenait la châsse. Les anges planaient au-dessus de l'autel. L'autel reposait sur des degrés en marqueterie. Une grille, artistement forgée, fermait et complétait toute cette ornementation.

M. Aulanhe mourut le 16 mai 1756, âgée de 79 ans.

L'administration de Claude Billhot, son successeur, ne fut pas moins féconde. Ce prêtre éminent fit d'importantes fondations dont nous parlerons plus bas et eut des collaborateurs dignes de lui. Voici en quels termes il raconte la mort et l'ensevelissement d'un de ces vicaires, à son neveu :

« Je vous dirai que M. Maurice alla, le 7 décembre 1771, environ vers les 9 heures du soir, célébrer dans le ciel, avec tous les saints et les anges, la fête de l'Immaculée-Conception de la très sainte Vierge. » Il avait toujours été un des plus fervents dévots de la divine Mère, « et un des plus zélés à soutenir son Immaculée-Conception, même avec un feu approchant de la foy. J'ai versé des larmes mêlées de regrets d'être séparé sitôt d'un sincère, tendre et fidèle ami, et de joie et de consolation, n'ayant aucun lieu de douter qu'il ne soit mort en vrai prédestiné... » Je n'ai pas été témoin seulement « de sa parfaite résignation à la volonté de Dieu et de son admirable patience pendant le cours » de sa dernière maladie. J'avais admiré ses rares vertus et ses sentiments pleins de religion pendant les quatorze ans qu'il est resté parmi nous. Je ne suis pas le seul à lui rendre ce témoignage. « Tous les habitants de cette paroisse et des voisines, tous ceux qui par dévotion ont visité notre église, le lui ont rendu » avec nous. Dès qu'on eut appris sa mort, on se rendit en foule de toutes parts, dans la chambre où il avait expiré, depuis le grand matin jusqu'à neuf heures du soir. Je me vis obligé alors de faire fermer les portes. C'était un présage pour le lendemain. « Au point du jour, nous fîmes l'enlèvement du corps et le plaçâmes dans la chapelle de saint Régis, et le grillage fut fermé à clef jusqu'à onze heures que nous commençâmes l'office, après l'avoir placé dans le chœur. Il s'y était rendu un si grand nombre de peuple et l'église était si pleine, qu'on ne pût pas s'y mettre à genoux pendant le saint Sacrifice de la messe. Jamais on n'a vu un pareil spectacle, ni celui qui arriva quand nous fûmes prêts à mettre le corps dans le caveau construit pour Messieurs les prêtres. Je n'eus pas plustôt tiré le calice d'entre ses mains, et pris la chasuble, l'étole et le manipule, que le plus grand nombre » des assistants se jetèrent en avant comme des furieux. Ils s'approchaient avec tant de violence, que je faillis en être écrasé. Tenant le calice d'une main et les ornements sacerdotaux de l'autre, j'eus beaucoup de peine à me retirer. Le manipule resta dans le champ de bataille et n'a plus paru. Les uns à l'envie des autres emportèrent ce qu'ils purent... du bois du cercueil, des cheveux, le bonnet carré, le linge, la soutane, les souliers... Il y en eut d'assez inhumains pour couper les doigts des mains et des pieds... (Archives de l'hôpital.)

VII

Les Religieuses de Saint-Joseph.

En 1712, le Curé, les Consuls et dix-huit chefs de famille « faisant la plus grande partie des tenanciers et habitants de La Louvesc, » demandèrent à Armand de Montmorin, Archevêque-Comte de Vienne, l'établissement dans leur paroisse des Religieuses de Saint-Joseph, récemment fondées par le P. Médaillhe. Anne Valentin et Catherine Crémilieu donnaient le logement des saintes filles.

L'Archevêque répondit par des lettres patentes, dans lesquelles on lit :

« Nous avons permis et accordé cet établissement des *Sœurs hospitalières de la Congrégation de Saint Joseph*, pour le lieu et la paroisse de La Louvesc, pour y faire les exercices ordinaires de leur Congrégation, tant pour l'instruction des jeunes filles que pour le soin des malades et autres œuvres de charité propres de leur état. En foi de quoi nous avons fait expédier nos présentes lettres patentes.

« Donné à Vienne, dans notre palais archiépiscopal, le 10ᵉ de mai 1712. »

Ces Religieuses, une fois établies à La Louvesc, n'eurent pas de peine à s'y recruter. En 1717, François de Crillon, Archevêque de Vienne, commettait le Curé de La Louvesc pour examiner la vocation de Marie Abrial, et celle de demoiselle Marguerite des Crombes.

Elles vivaient modestement. Leur dot était de 500, 600 et 800 livres.

Elles n'ont pas cessé, durant 73 ans, de faire le plus grand bien. La Révolution ne put les chasser, ni de leur poste, ni de leurs biens. Elles se réfugièrent durant la tourmente dans les fermes écartées, où elles se livraient à l'éducation des enfants et aux travaux de la campagne.

VIII

L'Hôpital.

Lettres patentes portant établissement d'une maison de charité à La Louvesc.

« Louis, par la grâce de Dieu, roy de France et de Navarre, à tous présents et à venir, salut.

« Notre cher et bien aimé, le sieur Claude Bilhot, Curé de la paroisse de La Louvesc, en Vivarais, nous a fait représenter que cette communauté est établie sur de hautes montagnes, dans un terroir sec et ingrat, à cinq lieues environ de distance des villes les plus voisines; que tous ses habitants sont pauvres, parce qu'ils sont séparés du commerce des autres communautés, pendant trois mois de l'année, par les neiges qui interceptent toute communication. »

Les lettres patentes constatent ensuite l'utilité d'assurer aux habitants de La Louvesc, des remèdes et l'hospitalité aux étrangers pauvres qui viennent visiter le tombeau de saint Régis, l'hospitalité surtout aux personnes du sexe qui ne pourraient décemment loger ailleurs dans les fêtes où le concours est plus considérable.

Elles énoncent les donations de Claude Bilhot, à savoir, un terrain acheté par lui, le 27 mars

1768 ; trois domaines achetés également par lui le 1ᵉʳ mars 1771, et un contrat de rentes sur le clergé au principal de 2,000 livres.

Elles approuvent que les Religieuses de Saint-Joseph, déjà établies dans la paroisse, soient chargées du soin de l'hôpital, sous la direction du Prélat diocésain et du Curé de La Louvesc.

Elles font mention de la permission préliminaire donnée par l'Archevêque de Vienne, et décrètent l'établissement de l'hôpital

« Si nous donnons en mandement à nos amis et féaux conseillers, les gens tenant nos cours de Parlement à *Toulouse*, et à tous autres, nos officiers et justiciers qu'il appartiendra que ces présentes, ils aient à registrer et le contenu en icelles faire garder, etc...

« Donné à Versailles, au mois d'avril, l'an de grâce 1779 et de notre règne le cinquantième. »

« Louis. »

Les lettres furent enregistrées à Toulouse.

« Prononcé à Toulouse, en Parlement, le onzième may 1779. »

IX

Le Clergé séculier depuis 1789.

Les prêtres de cette nomination furent MM. Claude Bilhot, neveu du précédent, J. M. Blachette,

16

et H. Vinçon. Le premier fit preuve d'une grande énergie durant la Révolution ; le second était un saint ; le troisième fut digne de ses devanciers et vit encore.

La vie de M. Blachette a été écrite.

Né à Nozières, le 9 décembre 1792, il mourut à La Louvesc, le 9 septembre 1840. Cette existence, relativement courte, fut composée tout entière de piété, de pureté et de zèle sacerdotal.

En 1813, il partit pour l'armée d'Espagne avec un crucifix, un chapelet, un Évangile et une Imitation de Notre-Seigneur. Il groupa autour de lui un certain nombre de soldats, qui partageaient sa foi et désiraient imiter sa vertu, et il se plaisait à leur expliquer les paraboles du Nouveau-Testament.

Ordonné prêtre en 1822, il fut nommé curé de La Louvesc en 1824.

Ce prêtre vivait habituellement en la divine présence, et dans la ferme résolution de mourir plutôt que de consentir délibérément à la moindre offense de Dieu, à l'ombre du péché et même de la simple imperfection. Il était humble, obéissant, austère, désintéressé et d'une charité véritablement apostolique.

Il se levait à quatre heures du matin, faisait une demi-heure d'oraison et disait la sainte Messe.

Les heures de la matinée étaient employées à la lecture de la Bible, des commentateurs, des théologiens, des ascètes et à la composition des sermons.

A midi, il examinait sa conscience.

Dans la soirée, il visitait Notre-Seigneur et adressait la plupart de ses prières à la très sainte Vierge, à saint Régis, à saint Jean et à son ange gardien. Il se livrait ensuite aux œuvres de charité spirituelle et corporelle envers les malades, les pauvres et les enfants.

Il terminait sa journée par un second examen.

Il se confessait toutes les semaines.

Il se préparait à la mort tous les mois.

Il relisait les rubriques du Missel et du Bréviaire tous les trois mois.

Il faisait une retraite de huit jours tous les ans.

Il arriva ainsi d'année en année et d'immolation en immolation, jusqu'à l'année 1840 et à la maladie qui devait être pour lui le dernier sacrifice. Il voulut, malgré ses souffrances, porter le Saint-Sacrement à la fête du Sacré-Cœur. Cet effort l'épuisa et il fut transporté très fatigué chez les religieuses de Saint-Joseph. « Enfin, le 9 septembre, sans passer par l'agonie, jouissant jusqu'à la fin de l'usage de ses facultés intellectuelles, étant encore en plein exercice de la prière, de la confiance en Dieu, du recours à Marie, de la charité, de la résignation, de toutes les vertus et de tous les sentiments les plus agréables au Seigneur, il rendit paisiblement son âme à Dieu le Père, le Fils et le Saint-Esprit.

(Vie édifiante de M. Blachette.)

X

La Société de Saint-Régis.

Des familles constituées ou reconstituées par centaines de mille, depuis 1824 jusqu'à nos jours, dans les pays de race latine, ainsi que dans le Nouveau-Monde, tel est le bilan de la Société de Saint-Régis.

Cette Société est née à La Louvesc.

Elle a pour fondateur M. Gossin. vice-president du tribunal de la Seine et plus tard conseiller à la Cour royale de Paris. Lui-même raconte comme il suit les circonstances de cette magnifique fon-dation.

« Je soussigné, vice-président du tribunal de première instance du département de la Seine, demeurant à Paris, atteint, depuis plusieurs mois de diverses infirmités graves, et craignant pour le rétablissement de ma santé :

Me suis rendu au tombeau de saint Jean-François Régis, au village de La Louvesc, diocèse de Viviers, le mardi 29 juin 1824, jour de la fête des saints apôtres Pierre et Paul, dans l'intention de demander à Dieu, avec une ferme foi, ma gué-rison, par l'intercession puissante du saint Apô-tre du Velay et du Vivarais. Après avoir, aussitôt mon arrivée, fait une prière au tombeau de ce grand serviteur de Dieu, m'être confessé dans la sacristie de l'église, et en avoir conféré avec mon confesseur,qui m'a donné son approbation, j'ai mis par écrit le vœu ci-après, pour icelui être placé sur l'autel et être fait par moi, de cœur, au commencement de la consécration, pendant la messe, à laquelle j'aurais, s'il plait à Dieu, le bonheur de communier aujourd'hui 30 juin 1824, fête de la Commémoraison de saint Paul, à six heures du matin.

Teneur du vœu :

S'il plait à Dieu de me rendre la plénitude de de mes anciennes forces et de mon ancienne santé, je fais le vœu d'entreprendre aussitôt et de continuer jusqu'à ma mort, pour l'extirpation du concubinage et la célébration des mariages religieux dans la capitale de ce royaume, l'exécution des projets que je médite à cette fin depuis de nombreuses années, sans que j'aie eu, jusqu'à ce jour, le courage d'essayer de le réaliser. Cette œuvre sera le but principal de mes pensées, de mes travaux et de mes efforts. Je m'y consacrerai tout entier, sous la direction de l'autorité ecclé-siastique, dans les moments dont mes autres et plus anciens devoirs me permettront de disposer. Tout ce qui, dans le temps actuel, serait, sous ce rapport, considéré comme inexécutable, je le tenterai de nouveau dans des temps meilleurs. Si je ne puis réussir à fonder pour toujours l'œuvre dont la conception est, depuis tant d'années, présente à mon esprit, je m'occuperai sans cesse, (pour me consoler de ce défaut de succès), de la réhabilitation isolée d'un certain nombre d'unions illicites, par le moyen du saint sacrement de mariage. Si je cesse d'habiter Paris, je porterais cette œuvre et toutes ses conséquences dans le lieu de ma nouvelle résidence. »

« En un mot, si je reviens à la santé, je ne vivrai plus que pour procurer, selon mes faibles moyens, la gloire de Dieu et l'édification du prochain, notamment sous le rapport de l'amélioration des mœurs et de la cessation des scandales, ainsi qu'il est ci-dessus expliqué.

« Plaise à la Divine Bonté m'accorder dans ce cas l'intelligence, la force, la persévérance, l'humilité et la confiance dont j'aurai besoin pour l'accomplissement du présent vœu, et agréer que cette œuvre (placée immédiatement sous la protection de la Sainte Vierge et de Saint Joseph), reçoive le nom de saint Régis. S'il entre dans les desseins de Dieu de rejeter ce vœu et de me laisser dans mon état de souffrance et de maladie, ou même de mettre incessamment un terme à mes jours, plaise à sa Miséricorde infinie m'accorder, surtout l'esprit de patience, de repentir, de mortification et de résignation qui m'est et me sera si nécessaire pour sanctifier le reste de ma vie, et le redoutable passage de la vie à l'éternité. Ainsi soit-il.

« Fait à La Louvesc, le 30 juin 1824, avant la messe de 6 heures.

« GOSSIN. »

La Société de St-Régis est complètement sous le patronage du Saint. Elle porte son nom. Elle répand son culte ; ses membres obtiennent une indulgence plénière le jour de sa fête, et une indulgence de dix années toutes les fois qu'ils récitent en commun l'oraison propre de saint Régis ; c'est-à-dire l'oraison composée par les Pontifes eux-mêmes. (Voir le Bref de Grégoire XVI à M. de Quélen, du 7 juin 1834, et l'ordonnance de M. de Quélen, du 1er janvier 1835.)

XI

Les Missionnaires.

Au mois d'août de l'année 1798, Monseigneur d'Aviau, de sainte mémoire, était prosterné devant le cénotaphe de saint Régis. « Un sentiment ineffable de consolation et de force descendit dans son âme. On vit sur ses traits enflammés que quelque chose de divin s'était passé en lui. L'émotion qu'il n'était pas maître de contenir tralaissait l'opération visible de la grâce dans son cœur. L'apôtre du Vivarais avait béni son successeur. »

(Monseigneur Lyonnet. — Vie de Monseigneur d'Aviau).

Quand Monseigneur d'Aviau se releva, il avait conçu le projet d'établir, à La Louvesc, une Compagnie de missionnaires. L'illustre Evêque n'était pas le premier à former un pareil dessein. Il y avait déjà longtemps que le Curé et les Vicaires ne pouvaient suffire à desservir le Pèlerinage. L'affluence toujours croissante des visiteurs démontrait de plus en plus cette insuffisance. D'un autre côté, les prêtres du voisinage ne pouvaient prêter incessamment leur concours à leurs confrères de La Louvesc. M. Billot s'était parfaitement rendu compte de cette position. A cette époque, il ne fallait plus songer à la Compagnie de Jésus, attaquée de toutes parts, et sur le penchant de sa ruine. Il pensa à un collège de missionnaires diocésains. Il avait même résolu de consacrer toute sa fortune à cet établissement. Mais les approches de la Révolution empêchèrent l'exécution de ce projet.

Monseigneur d'Aviau ne put lui-même l'accomplir, et ce fut Monseigneur Molin, premier évêque du diocèse rétabli de Viviers, qui le réalisa en 1824.

Les missionnaires étaient des prêtres séculiers appartenant au diocèse, et chargés de desservir le

pèlerinage pendant l'été. Ils y firent le plus grand
bien. Parmi eux se trouvait M. Therme.

Il était né à Plagnal, dans le canton de Saint-
Étienne-de-Lugdarès, et fut successivement curé
d'Aps et missionnaire à La Louvesc. « Sa vie de
missionnaire ne cessa jamais d'être édifiante, la-
borieuse, active..., uniquement consacrée à la
gloire de Dieu et au bien spirituel des âmes. »

Après la dissolution des missionnaires, il resta
à La Louvesc et fut nommé Supérieur général des
Religieuses de St-Joseph dans le Haut-Vivarais.
« Son passage a laissé, dans les diverses maisons
de sa dépendance, comme un sillon de ferveur, de
régularité et de sainte émulation pour l'instruction chrétienne des enfants. »

Dans la paroisse de la Narce régnait une épi-
démie. M. Therme vint y donner la mission et y
contracta le germe de mort qui allait l'emporter.
Après la mission, il alla prêcher une retraite
à Plagnal. « C'est là, dans la chaire de vérité, sur
le champ de bataille du prêtre, que ses forces le
trahirent complètement. » (Vie édifiante de M. Blachette.)

Il mourut après 14 jours de maladie. Voici la
note que nous trouvons dans les lettres annuelles
de la Compagnie de Jésus.

« Lethali pleuritide correptus, Dominus Therme
« è vivis sublatus est, cum jam inter nostros,
« ex speciali R. P. Provintialis gratiâ, adscriptus
« esset. »

« Une pleurésie mortelle enleva du milieu des vivants M. Therme, déjà agrégé à notre Compagnie, par grâce spéciale du R. P. Provincial. »

La mort de M. Therme inspira à M. Haon, ancien missionnaire de La Louvesc, la lettre suivante adressée à M. Blachette.

« La mort de M. Therme a été pour moi un coup de foudre. Cette épouvantable nouvelle a noyé mon âme dans la douleur; je ne fais que verser des larmes. Dieu, que vos jugements sont terribles! Je l'aimais tendrement. C'était un excellent ami. Mais ce qui me console dans ma grande douleur, c'est que je ne l'ai pas perdu pour toujours. Si, comme lui, je suis un bon prêtre, je le verrai un jour dans le ciel, où sa récompense sera grande... Voici aussi ce que je pense de M. Therme. C'était un prêtre de foi, de raison... tout brûlant d'amour de Dieu et d'ardeur pour le salut des âmes, un grand dévot de l'auguste Marie. » (Vie édifiante de M. Blachette.)

XII

Les Dames de la Retraite du Cénacle.

L'œuvre capitale de M. Therme fut la fondation des Dames de la Retraite.

Nous avons entendu certains catholiques pré-

tendre que les Congrégations de femmes se multiplient à l'excès, que ces Congrégations multiples
ont au fond le même objet, à savoir la contemplation ou l'éducation, ou l'hospitalité, et qu'il
serait peut-être utile d'unir ces Congrégations séparées par leurs règles et leurs costumes, dans
des groupes moins nombreux, par conséquent
plus étendus et plus homogènes. Il ne faudrait
pas pousser trop loin ces théories ; car les objets
qui paraissent identiques au premier coup d'œil,
se différencient à mesure qu'on les examine plus
attentivement. Les formes de la contemplation
échappent totalement à l'homme et Dieu seul peut
en fixer le nombre. L'éducation doit varier avec
les catégories sociales auxquelles elle s'adresse,
et l'égalité légale des régimes nouveaux ne saurait faire disparaître les inégalités réelles qui dis-
tinguent fatalement et éternellement les membres
des sociétés humaines. Le rêve d'une éducation
dentique pour tous est peut-être une des idées
les plus absurdes qu'ait jamais exprimées la parole humaine. Elle serait désastreuse si elle était
réalisable. Heureusement qu'elle ne l'est pas.
Quant à l'hospitalité, qu'on fasse le calcul des misères humaines, qu'on y ajoute les misères du
siècle, sans oublier les misères nationales, et l'on
renoncera à simplifier l'hospitalité.

Quel que soit le sentiment qu'on embrasse dans
cette question, l'œuvre de M. Therme est à l'abri
de toute objection de ce genre. Elle se distingue

profondément de toutes les Congrégations établies jusqu'ici dans l'Eglise de Dieu. Les Dames de la Retraite ne sont ni des contemplatives, ni des éducatrices, ni des hospitalières. Elles sont établies « dans le but de fournir aux femmes... le moyen de faire une bonne retraite, de recevoir dignement les sacrements de pénitence et d'eucharistie et de devenir ainsi, dans leurs familles et dans leur pays, de vrais apôtres par leurs vertus et leurs bons exemples. » Elles s'appellent Dames de la Retraite du Cénacle, pour honorer les instants de recueillement et de prières qui précédèrent dans le Cénacle l'effusion du Saint-Esprit, au jour de la Pentecôte. Elles ont pour Patron saint Régis, parce que leur première maison fut fondée à La Louvesc, sous la protection du grand thaumaturge, pour seconder son apostolat.

M. Therme « mourut dans la force de l'âge, le le 12 décembre 1834, léguant son œuvre à peine ébauchée aux Pères de la Compagnie de Jésus. »

Voici, en effet, la note des Lettres annuelles :

« *Jamjam diem supremum clausurus, opus imperfectum Patribus Societatis commendavit.* »—Sur le point de clore son dernier jour, il recommanda son œuvre inachevée aux Pères de la Société.

« Le Révérend Père François Renault, provincial de toute la France, qui hésitait à recueillir cet héritage, l'accepta enfin, pour obéir à une voix intérieure qui lui répétait dans l'oraison ces paroles : « *Prends cet enfant couché sur la paille.* » Le véné-

rable religieux, reste jusqu'à la fin de sa vie le
père et l'ami de la petite société, dont il aimait à
instruire les novices, se fit lui-même, et dès lors,
son protecteur et son législateur.

« Les Constitutions furent d'abord approuvées
par l'évêque de Viviers (1834), aujourd'hui cardinal Guibert, archevêque de Paris, et plus tard, en
1870, par notre très Saint-Père le pape Pie IX, de
glorieuse et sainte mémoire. » (Mme de Charrin.)

Cet ordre est austère, sous les dehors de la vie
commune. Ses exercices demandent l'humilité,
l'intelligence, une charité inépuisable, des connaissances solides, une éducation très soignée et
un grand tact. Il s'est étendu très rapidement. De
La Louvesc, il a rayonné dans les plus grandes
villes de France ; on le trouve en Italie, plus loin
encore, et son influence se fait sentir partout où il
s'est établi.

XIII

Les Sœurs de Sainte-Philomène.

Les religieuses de Sainte-Philomène doivent
leur naissance aux dames de la Retraite, et leurs
Constitutions au R. P. Robin.

« Parmi les personnes que recevaient dans leur
maison les dames de la Retraite, plusieurs mani-

festaient le désir de prolonger chez elles leur séjour, afin de vivre dans la paix de la solitude et
dans les exercices de la prière. Elles n'avaient cependant aucune inclination prononcée pour un
genre de vie plutôt que pour un autre. Le Père
Fouillot, cet homme de Dieu, qu'une longue étude
des âmes a doué d'un discernement si juste dans
tout ce qui touche aux choses spirituelles, s'inté-
ressa le premier à ces âmes de bonne volonté, et
conçut le projet de les associer en congregation
distincte.

« Quand le P. Fouillot dut quitter Notre-Dame
d'Ay pour aller exercer ailleurs les fonctions
d'*instructeur du troisième an*, qu'il remplissait à
Notre-Dame d'Ay, le P. Robin accepta de grand
cœur la paternité adoptive de la nouvelle petite
famille. En 1857, de concert avec les dames de la
Retraite, en particulier avec la Mère Contenet et
la Mère Ursule Payan, il crut le moment venu de
donner à ses pieuses filles, avec un but spécial,
une organisation distincte. De Tournon, où elles
avaient vécu jusqu'alors dans la maison et sous
la direction de leurs premières Mères, elles se
transportaient à Crémieu (Isère), où on venait de
leur offrir le soin de l'hôpital. Ce fut désormais
leur maison de noviciat et le chef-lieu de leur congrégation. Elles y arrivèrent le 22 avril 1857, sous
la conduite des deux religieuses que nous nom-
mions plus haut.

« Visiter et veiller les malades à domicile, distribuer des aumônes et des remèdes aux pauvres, recevoir les petits enfants dans les salles d'asile, s'employer comme directrices et surveillantes dans les ateliers où se trouvent réunies un grand nombre de jeunes filles, tels furent les emplois divers auxquels se destinèrent les membres de la congrégation naissante. Le P. Robin attachait surtout une grande importance à la surveillance des ateliers dans les fabriques et dans les usines. Il aurait voulu même en faire l'œuvre capitale de la Congrégation. C'est dans ce sens qu'il nous a plusieurs fois exposé ses vues. Il savait par expérience combien de jeunes filles se perdent dans ces agglomérations que nécessitent les besoins de l'industrie moderne. »

(P. Defour, S. J.)

XIV

Les Petites-Sœurs de l'ouvrier.

Les pensées des saints semblent descendre dans la terre avec leurs auteurs. Elles y descendent en quelque façon, parce que la mort amène toujours un oubli momentané. Mais elles ne restent pas dans les plis du suaire. Ce sont des graines vivaces, vivantes, dont rien ne peut arrêter l'expan-

sion et la diffusion. Elles germent bientôt et ornent
de fleurs les tombeaux vénérés.

Telle fut la pensée du R. P. Robin. Il avait
voulu que les religieuses de Sainte-Philomène
fissent de la surveillance des ateliers leur occupa-
tion principale. Il avait bien compris le besoin de
l'époque. Cette pensée et l'œuvre qui en fut la
conséquence inspirèrent à un religieux [du même
ordre, le R. P. Sambin, l'idée d'une Congrégation
consacrée, non pas principalement, mais exclusivement à la classe ouvrière. Le R. Père songea
d'abord, pour l'exécution de ses projets, aux religieuses de Sainte-Philomène, et c'est pour elles
qu'il travailla dans les différents congrès catholiques auxquels il prit si modestement une part si
active. Il s'agissait même de ces religieuses, quand,
au congrès des œuvres ouvrières, à Angers, le
conseil des Industriels choisit le nom de *Petites
Sœurs de l'ouvrier*.

Les religieuses de Sainte-Philomène refusèrent
(comme c'était leur droit) de renoncer à leurs œuvres, et les religieuses de l'Assomption devinrent
les Petites Sœurs de l'ouvrier. Leurs commencements sont pleins des plus belles promesses.

XV

Les Dames de Saint-Régis.

Les Dames de Saint-Régis sortent aussi de La Louvesc. Fondées depuis peu, elles sont déjà très nombreuses, possèdent deux maisons à Paris, et plus de cinquante dans les départements. Elles doivent cette prospérité à la sagesse de leurs règles, à leur piété et aux services éminents rendus par elles dans l'éducation de la jeunesse. L'éducation est le but de leur Institut.

XVI

Les Frères des Ecoles chrétiennes.

Les Frères des écoles chrétiennes sont depuis dix-huit ans à La Louvesc (1). Ils font preuve d'un grand zèle et d'un égal bonheur dans l'éducation des jeunes gens de la paroisse. Ils ont même un certain nombre de pensionnaires appartenant aux bonnes familles des environs.

(1) Ils y sont venus en 1868.

XVII

Le Clergé régulier.

Mgr Bonnel, succédant à Mgr Molins sur le siège de Viviers, eut besoin d'appeler à d'autres fonctions quelques-uns des missionnaires de La Louvesc. Il comprit alors qu'un ordre religieux, placé en dehors du clergé diocésain, pourrait, sans diminuer les forces vives du diocèse, désservir largement le pèlerinage et rendre à toute la contrée, des services eminents pour les prédications et les missions. Il pensa qu'aucun ordre ne pourrait apporter plus d'ardeur et d'affection à remplir ce poste, que l'Ordre même sur lequel saint Régis avait jeté tant de gloire. Les deux hommes les plus en vue par leur sainteté à La Louvesc même, M. Blachette et M. Therme, sondés sur cette question, partageaient la pensée épiscopale.

En conséquence, une convention fut conclue entre Mgr Bonnel, évêque de Viviers, et le R. P. Druillet, Provincial de France, en vertu de laquelle fut fondée la Résidence de La Louvesc, le 1er octobre 1832.

Le même Evêque confia aussi à la Compagnie de Jésus le pèlerinage de N.-D. de Bon-Secours. Mais diverses considérations ne permirent pas à ces religieux de le conserver longtemps.

La Compagnie fut chargée du service paroissial en 1849.

Les Jésuites sont restés à La Louvesc de 1832 à 1880, époque à laquelle nous arrêterons cette histoire, c'est-à-dire un demi-siècle. Durant cet intervalle, un nombre considérable de Religieux se dévouèrent au service des âmes. Nous dirons quelques choses de leurs personnes et de leurs œuvres.

1° Les Ouvriers

Le premier Supérieur fut Louis-Antoine-Fabien Sellier, né à Hangest-sur-Somme, en Picardie. Il avait 60 ans quand il vint à La Louvesc. Dès ses jeunes années, la grande figure de saint Régis avait captivé son âme. On l'avait vu souvent se retirer dans les allées solitaires de Mont-Didier, lire la vie de saint Régis et laisser couler d'abondantes larmes. L'exemple de l'apôtre l'avait formé à l'apostolat. Aussi ne put-il cacher sa joie quand on lui annonça qu'il devait se rendre au glorieux tombeau. Il y arriva le 22 février de l'année 1832. Les évènements politiques que traversait la France, les faits déplorables dont il venait d'être le témoin et dont il avait failli être la victime, l'avaient admirablement disposé aux spectacles que lui offrait le Vivarais, et qui firent sur son cœur une impression profonde.

A la suite de la Révolution de 1830, qui jeta dans un exil éternel trois générations royales et toute la descendance française de Louis XIV, les passions impies se soulevèrent avec une irrésistible fureur.

L'église Sainte-Geneviève avait été profanée. Les croix étaient abattues, en face d'un gouvernement réduit à l'impuissance. Saint-Acheul était sacagé de fond en comble aux cris de : *Vive la Charte! à bas Charles X.* — A Mets, le jour de l'Assomption, le P. Sellier n'avait pu se montrer dans les rues qu'en habit de laïc. A Montpellier, il dût vivre dans une sorte de réclusion complète. A Chambéry, il avait vu ce qui paraît à peine croyable : une mission approuvée par un gouvernement chrétien, commencée au milieu d'une population chrétienne et forcément interrompue par les plus grands désordres, la voix de l'orateur sacré couverte par les huées et les sifflets, l'église prise d'assaut, puis livrée aux explosions fulminantes, et aux aspersions d'acide sulfurique, prélude de la dynamite et du pétrole. Aussi, quel ne fut pas son étonnement, quand, en mettant le pied à La Louvesc, il se trouva transporté dans une région où s'était conservée toute la pureté, toute la liberté et toute la publicité de la foi catholique.

« Jamais, écrivait-il, je n'ai vu nulle part prier

avec plus de ferveur; dans aucun autre lieu de de dévotion, je n'ai vu autant de communions. »

La belle mission de Rochepaule, qu'il donna le lendemain de son arrivée, lui laissa d'imperissables souvenirs. Il fut frappé du courage avec lequel les rudes chrétiens du pays, surmontaient tous les obstacles pour venir écouter la parole de Dieu. En voici la peinture.

« L'église, le presbytère et quelques maisons sans jardin situées sur le plateau de la montagne, le reste des habitations éparses çà et là, à une et même deux lieues de l'église, les unes sur le sommet d'autres montagnes; d'autres dans le creux des vallées; d'autres sur le penchant des ravins; les communications à l'aide de sinuosités, de sentiers étroits, pratiqués sur le bord des précipices; tout cela couvert de neige et balayé par le vent du nord; la cloche retentissant au milieu de cette nature désolée, dès quatre heures du matin, les populations se trouvant massées autour de l'église, bien avant ce signal; les caravanes se mettant en route des villages voisins vers le minuit; enfin ces foules chrétiennes observant rigoureusement le jeûne et l'abstinence du carême au milieu de toutes ces fatigues. » (Lettre du P. Sellier).

La cérémonie la plus imposante fut la plantation de la croix. L'arbre qui devait la former avait plus de cinquante pieds de haut. Il fallut trois heures, avec force machines, pour mettre la croix en place. Quand elle s'éleva sur sa base, ce furent des acclamations enthousiastes, retentissantes, partant de toutes les montagnes voisines et prolongées par les échos, en l'honneur de la croix et de la religion. En voyant le signe du salut percer les airs et en entendant les cris de : *Vive la Croix!* ébranler les nuées, le missionnaire oublia pour un instant les Iconoclastes de Paris et les hurleurs de la Savoie.

Le P. Sellier se donna tout entier à saint Régis et au peuple du Vivarais. Il se concilia bientôt la vénération publique. On le reconnaissait et on le désignait, parmi les pèlerins, à l'ascétisme de son maintien et à la pauvreté de ses vêtements. Sa puissance sur les âmes était grande. Un mot lui suffisait pour faire agenouiller à son tribunal les touristes les moins pieux. La comtesse de Montravel lui attribua même la guérison d'une de ses filles, âgée de dix-huit mois et mourante d'une fièvre cérébrale. « Le Père se décida, non sans peine, et sur nos instances, à prier auprès du berceau de l'enfant, et il dit avec effusion de cœur : *Pour ton bonheur, je voudrais que tu fusses au ciel ; pour celui de tes parents, que Dieu te guérisse.* Il commença une neuvaine à sainte Philomène, et ma petite fille a été sauvée. »

Le P. Sellier pratiquait dans le secret de son oratoire des vestus plus sévères encore que devant les hommes. Il se flagellait impitoyablement toutes les nuits et son jeûne était quotidien.

Tel fut le premier supérieur de La Louvesc.

A sa suite, vint une série d'hommes zélés et patients, dont beaucoup sont maintenant devant Dieu. Nous prendrons pour types de tous, un des premiers et un des derniers.

Un des premiers Jésuites envoyés à La Louvesc fut Claude Robin. Il avait reçu le baptême dans une grange solitaire, durant les orages politiques qui grondaient encore en 1796, et cette entrée austère dans l'Église de Dieu lui donna pour le reste de sa vie la trempe des lutteurs apostoliques. Il avait reçu la grâce de la vocation religieuse dans un voyage qu'il fit au tombeau du Saint, en 1819. Envoyé comme missionnaire à La Louvesc, « il n'est presque pas une localité du Velay et du Vivarais qu'il n'ait visitée et dans laquelle on ne se souvienne encore de son passage. Sur 330 paroisses dont se compose le diocèse de Viviers, il en a évangélisé 225, dont plusieurs jusqu'à trois fois. » (Defour S. J.)

Cette vie de missions et de prédications dura, sans interruption, près d'un demi-siècle. (it.)

Quand il s'éteignit à Lyon, en 1874, « il avait vécu 78 ans, dont 53... dans la Compagnie de Jésus. Quarante et un ans s'étaient écoulés depuis qu'il était venu à La Louvesc. En défalquant les sept ans qu'il passa, dans cet intervalle, soit à Dôle, soit à Vals, on trouve qu'il a vécu 34 ans au service des pèlerins de saint Régis. » (it.)

La municipalité fit rapporter son corps à La Louvesc.

Quelque temps auparavant, on y avait vu venir le P. Ducis, physionomie toute différente, mais non moins sympathique et pieuse.

Jean-François Ducis avait, avec son homonyme, le poëte tragique, des liens de parenté, et même certaines ressemblances, sortes de rapprochement que la Providence se plait parfois à mettre entre les existences les plus opposées. Qui ne se souvient du chantre d'Abufar, rêvant de Shakespeare sous les ombrages des Trianons et refusant poliment, simplement, mais invinciblement les faveurs hautes et brillantes du premier Bonaparte ? Le prêtre de la Compagnie de Jésus (1) avait reçu du ciel, comme le poëte, de grands talents et une égale modestie. Il n'était pas prédicateur, mais il était théologien, physicien, chimiste, botaniste, zoologiste, géographe et astronome. Il avait appris les mathématiques sous Cauchy. Il savait le latin, le grec, l'hébreu, les dialectes syriaques, l'italien, l'espagnol et le chinois. Atteint, au moment où il s'apprêtait à marcher sur les traces du P. Ricci, dans le Céleste-Empire, d'une infirmité terrible, il renonça à tout l'éclat extérieur des ministères évangéliques. Pendant douze années qu'il vécut à La Louvesc, il ne sortit de sa chambre que pour aller au confessionnal. On peut même dire qu'il dépensa le reste de sa vie au saint

______

(1) Ce qui suit est tiré de la notice biographique sur le P. Ducis, par le P. Gibert, S. J.

Tribunal. Il y passait les jours et au besoin les nuits. C'était un ange de pureté et de charité.

Entre ces deux hommes, s'en échelonnent une quantité d'autres qui se partagèrent, dans des mesures différentes, selon leurs forces, leurs aptitudes et les dispositions de leurs supérieurs, les rudes travaux de l'apostolat. Nous ne pouvons que citer quelques noms :

Le R. P. Philibert Guillermet

Ancien Père de la foi et grand missionnaire. Un des historiens modernes les plus en vue, Crétineau-Joly, l'appela le *fougueux Guillermet*.

Le R. P. Pierre Rigaud

Avant de venir à La Louvesc, il avait été un des premiers apôtres de l'Algérie. Voici ce qu'écrivait de lui, le 25 juillet 1841, le général comte de Clonard, au cours d'une campagne poussée jusqu'à l'entrée du désert.

« Le P. Rigaud suivit l'expédition d'Alger... Le bon, l'excellent P. Rigaud n'a jamais eu qu'à se louer de tous ceux qui l'entouraient ; il ne tarit pas d'éloges sur les attentions et les prévenances de chacun... Cela ne m'étonne pas. Lui aussi, en partageant nos fatigues, a compté quelques beaux jours. C'est le jour de l'Ascension, je crois, qu'il a célébré le saint Sacrifice dans une plaine, sur un

autel élevé sur des caisses de tambours, au milieu
de tous les généraux et de l'armée entière, silen-
cieuse et recueillie. »

LE R. P. ÉTIENNE PASCALIN

Élève et ami de Mgr de Prilly, il avait eu une
vie très mouvementée. Né à Bollène (Vaucluse), il
avait été surveillant à Fribourg et au Passage,
étudiant à Madrid, prêtre à Vals et missionnaire
en Algérie. Son passage a marqué dans l'Eglise
d'Afrique. En arrivant à Oran, en 1842, il y trouva
quelques rares catholiques, à peine chrétiens, et
administrés par un trinitaire espagnol plus qu'oc-
togénaire. Six ans après, il y avait créé deux paroisses, un couvent de religieuses Trinitaires et
une résidence de la compagnie de Jésus. Une tempête fut soulevée contre lui par les loges. Traduit
devant les tribunaux, les hommes reconnurent
son innocence et Dieu se chargea de le venger.
Deux de ses accusateurs principaux se donnèrent
la mort en apprenant son acquittement. Il fut
l'ami des Bugeaud, des Bedeau, des Cavaignac,
des Lamoricière et des Pélissier. Son apostolat à
La Louvesc fut si fécond, qu'il partagea plus
d'une fois, avec saint Régis, le titre de *saint Père*.
(Communiqué par M. Aug. Canron.)

Le R. P. Marie-François de Coucy

Ses ancêtres avaient porté la fameuse devise :

> « Ne suis ni roy, ni duc, ni prince aussy,
> « Je suis le sire de Coucy. »

Ce fils des Croisés fut un maître dans la direction des jeunes âmes.

Le R. P. Alexandre Martin

Celui-là dort son dernier sommeil sur les bords du Gange. Son tombeau attire les populations indiennes, comme celui de saint Régis, les pèlerins français.

Le R. P. Aynard

Il fut chargé, à La Louvesc, des fonctions paroissiales, et il sera difficilement oublié. La haine du péché et l'amour des pécheurs, qui faisaient le fonds de son tempérament spirituel, donnaient à ses discours, très simples d'ailleurs, beaucoup de force et d'onction. Ce fut un modèle de zèle sacerdotal et de charité apostolique.

Le R. P. Joseph André

Il avait d'abord fait partie du clergé d'Avignon. « L'inflexibilité et l'énergie dont il fit preuve... l'avaient fait surnommer avec raison le *Curé de fer*. »

LE R. P. JEAN CAMBIASO

D'une famille Dogale de Gênes, ce prêtre se distingua par sa générosité. Il est mort en évangélisant l'Amérique.

LE R. P. NIVET

Condisciple et ami intime du grand poète Alphonse de Lamartine, dont il espéra toujours le salut, fut un prédicateur des plus solides et des plus élégants. Sa parole était entrainante et son amitié sûre. Il a fait un grand bien à Auch, à Dôle, à St-Acheul, à Avignon, à Lyon et à La Louvesc.

M. L'ABBÉ TOUCHE

Ancien disciple du trop fameux Lamennais, il prêta, pendant de longues années, le concours de son zèle aux missionnaires de La Louvesc.

Il y en eut beaucoup d'autres, et nous ne parlons que des morts.

2º Les Ministères.

Les occupations des prêtres de La Louvesc sont multiples.

Pendant l'hiver ils donnent des retraites, des

missions, des Avents et des Carêmes dans les contrées circonvoisines. Pendant les quatre mois de juin, juillet, août et septembre, ils sont absorbés par le pèlerinage.

Deux retraites de huit jours sont prêchées dans leur église, l'une commençant le lendemain de la fête de saint Régis (17 juin), l'autre finissant pour le jour de la Nativité (8 septembre).

Tous les samedis au soir et tous les dimanches, à la grand-messe, la parole sacrée est annoncée aux voyageurs.

Tous les matins, sans exception, durant ces quatre mois, il y a un sermon pour les pèlerins arrivés durant la nuit ou à l'aurore.

Les confessions sont à peu près ininterrompues. On a vu, les vigiles des grandes fêtes, jusqu'à 15 et 16 prêtres siéger au saint Tribunal, toute la journée de la veille, toute la nuit et toute la matinée de la fête.

Les Religieux ont à traiter avec toutes les classes de la société française et étrangère ; car on voit affluer au saint Tombeau, les laboureurs, les négociants, les magistrats, les officiers, les grands seigneurs et les prélats. Il n'y a pas longtemps, en 1883, ils reçurent la visite du lord et de lady d'Arundel. Le Pair catholique et sa femme édifièrent toute la population par leur piété. Cette piété eut moins étonné, si tout le monde avait su que les d'Arundel, arrivés en Angleterre avec Guillaume de Normandie, n'apostasièrent jamais, défendirent l'Eglise avec ardeur et succès, et même donnèrent, en 93, une hospitalité princière et la sépulture dans leur château à trente prêtres français.

On vient à La Louvese pour toutes sortes de besoins spirituels et temporels. On y vient pour la sanctification, pour la conversion totale, pour la guérison du corps, etc., etc. On y vient même pour des motifs que l'incrédulité moderne ne veut pas reconnaître, mais qui n'en sont pas moins de tristes réalités.

Plus d'une fois les Religieux rencontrèrent sur leur chemin quelques-uns des Esprits que le Christ trouva le long des routes de la Galilée et qu'il chassa du corps des hommes.

Voici un de ces événements qui découvrent des horizons si différents des horizons de la nature. Nous n'hésitons pas à le consigner ici, et nous mettons au défi qui que ce soit d'en contester le caractère satanique. La gravité et le nombre des témoins ne permettent pas de mettre en doute les faits, et les faits indubitablement établis parleront d'eux-mêmes.

C'était en 1835.

Une jeune fille de 23 ans et des environs du Puy, fut amenée à l'Evêque du diocèse, devenu depuis Cardinal de Bonald. Nous n'entrerons pas dans les particularités des maladies étranges dont souffrait la jeune fille, ni des blasphèmes qu'elle proférait. Nous nous arrêterons à un point concluant :

l'Esprit qui parlait en elle était un démon. On eut bientôt la preuve que la langue de la jeune fille servait tour à tour à son usage et à l'usage d'un esprit différent du sien et maître, pour un temps, de ses organes débiles. Il fut impossible de s'y méprendre.

La jeune fille était ignorante, d'une ignorance assez rare pour l'âge auquel elle était parvenue. Elle ne savait pas écrire. Elle ne savait pas lire couramment et épelait à peine ses lettres. Fille de paysans, elle n'était pas sortie de son village et n'avait eu aucune relation avec d'autres personnes qu'avec celles de sa classe. Or, comparaissant devant l'ordinaire du diocèse, c'est-à-dire devant l'Evêque entouré de plusieurs prêtres, elle fut exorcisée par un des prêtres assistants. Tout-à-coup, au milieu de l'exorcisme, le démon qui était en elle, se vanta de parler le grec, l'hébreu, l'italien et l'allemand. La jeune fille n'avait peut-être pas même idée que ces différentes langues existassent.

Le prêtre qui exorcisait, dit assez brusquement :

« Tu n'es que sottise et orgueil. Tu ne sais pas même le latin ! » C'était pour la jeune fille la moitié de la vérité, puisqu'elle ne savait pas même le français, ayant toujours parlé le patois. Quel ne fut pas l'étonnement général quand on entendit cette réplique de forme grecque :

Σὺ δε, λαλεις αλλαις καταρρημάτα πατερ

C'est toi Révérend Père qui accuses les autres.

Et la réplique grecque fut immédiatement suivie de cette insulte latine :

Tu bardissimus, qui non intelligis quod dico.

Nous avons ici un phénomène beaucoup plus caractéristique que tous les phénomènes de déplacement des sens et de seconde vue qu'on prétend former l'apanage de l'état magnétique ou cataleptique. La raison en est claire.

Les langues n'étant pas dans leurs désinences, quelque chose de naturel, mais un produit de la liberté et des conventions humaines, il est impossible, absolument impossible, de savoir une langue sans être entré, d'une façon ou d'une autre, dans ces conventions, c'est-à-dire sans avoir formé ou accepté ou appris la langue. La jeune fille n'avait appris ni le latin, ni le grec. Ce n'était donc pas l'âme de la jeune fille qui faisait prononcer à sa langue les paroles de ces deux idiomes.

On peut creuser le raisonnement, on n'en tirera jamais d'autre conclusion.

L'épreuve parut·ce qu'elle était au clergé du Puy, c'est-à-dire décisive, et l'Evêque envoya la jeune fille au tombeau de saint Régis, pour y recevoir les secours spirituels que voudrait bien lui accorder le thaumaturge. La jeune fille fut logée chez les Dames de la Retraite.

Amenée d'abord au confessionnal, elle répondit en latin à toutes les questions du prêtre.

Le premier exorcisme n'offrit rien de marquant, sinon qu'interrogée tantôt en latin, tantôt en français, elle répondit presque toujours en un latin barbare, mais net et précis.

Le second interrogatoire indiqua quel devait être le résultat final des épreuves. Le prêtre commença par montrer un reliquaire, contenant une parcelle de la vraie Croix, et demanda de qui étaient les reliques. La jeune fille murmura le nom de Jésus ; le prêtre lui ayant fait observer qu'il n'existait point de reliques du Sauveur du monde, la jeune fille répondit : « Jésus a reposé sa chair sur elle. »

Voici la suite du dialogue :

A — Comment t'appelles-tu ?

B — Asmodée, maître.

A — Es-tu seul ?

B — Seul.

A — Dis-moi le jour et l'heure de ta sortie ?

B — Je ne sais.

A — Quel sera le signe de ta sortie ?

B — Celui que tu voudras.

A — Je t'ordonne donc, quand tu sortiras, d'imprimer le nom de Marie sur la main droite de cette fille.

B. — Je le ferai peut-être... Oui, je le ferai. La Vierge le veut, et elle t'accordera cela.

Les entretiens se multipliaient et n'amenaient pas d'autre issue que des révélations sur les préoccupations habituelles des esprits mauvais. Dans un de ces entretiens, le démon rendit hommage à la Mère de Dieu.

A. — Dis-moi qui est Marie ?

B. — Marie est la femme dont le fils est Dieu, et elle-même a été conçue sans péché.

A. — Est-elle bonne ?

B. — Oui, certes, elle est bonne. Elle est bonne pour tous. Elle est bonne pour les pécheurs ; elle est bonne pour cette jeune fille ; mais elle n'est pas bonne pour moi ; elle n'est pas bonne pour les démons.

A. — Est-elle puissante ?

B. — Elle peut tout auprès de son fils.

Dans un autre entretien, le démon indiqua une particularité assez curieuse de la chute des anges. Comme le prêtre prononçait, sans les traduire, les paroles liturgiques connues : *Fugite partes adversæ ; vicit Leo de Tribu Juda* (Fuyez, parties adverses : le Lion de la tribu de Juda a vaincu), le démon en fit le commentaire suivant : « Je le sais bien que le Lion de Juda a vaincu et qu'il vaincra toujours. Oh ! grandes et terribles paroles... Écoute-moi... Nous avons été incrédules, nous ; nous n'avons pas voulu croire en lui... Mais..... »

L'esprit mauvais n'acheva pas. Le prêtre lui objecta qu'il était démon bien avant que le Fils de Dieu prit notre chair, qu'en conséquence, la chute des anges ne pouvait être un châtiment de leur incrédulité envers Notre-Seigneur.

Le démon ajouta: « Je sais ce que je dis : Il s'était caché. Nous l'avons méprisé. Nous n'avons pas voulu nous soumettre à Lui. Mais il s'est levé et il s'est fait connaître. Le Lion de Juda a vaincu et vaincra toujours. »

Ces paroles concordent avec l'opinion théologique d'après laquelle les anges mauvais auraient été précipités du ciel pour n'avoir pas voulu adorer le Verbe de Dieu présenté à leurs hommages sous des apparences humaines, bien des siècles avant qu'il se fût uni hypostatiquement notre mortalité.

Le démon fut enfin vaincu. Il annonça qu'il sortirait de le jeune fille le 11 septembre à 5 heures du soir. Dans un dernier exorcisme, il s'emporta contre la maison des religieuses, l'Eglise et le pays de saint Régis, et il déclara qu'il était venu à La Louvesc *malgré lui*.

On voit par là que ces manifestations démoniaques sont soumises, comme tout le reste des choses créées, à la divine Puissance, et que la liberté des esprits mauvais y est fort restreinte. Les dernières paroles du démon furent des éclats de fureur contre M. Therme, de sainte mémoire, l'annonce que le serviteur de Dieu était au ciel, et que lui, démon, allait rentrer en enfer pour n'en plus sortir.

Il s'éloigna au jour et à l'heure indiqués. Après son départ, le nom de Marie se trouva imprimé non pas sur la main, mais sur le bras droit de la jeune fille, en caractères rouges, comme par un fer récemment appliqué.

En lisant ces lignes, il faut nous souvenir des

paroles sacrées : « Nous n'avons pas à lutter contre la chair et le sang, mais contre les princes et les puissances, contre les rois de ces ténèbres, contre les esprits mauvais. » (*Ad Eph.* 6, 12.)

3° **Les Progrès du Pèlerinage.**

« Ce qui fait le grand honneur, et l'honneur propre de ce tombeau, c'est que son culte et sa renommée fleurissent davantage de jour en jour. Tandis que les autres sépulcres sont peu à peu abandonnés et délaissés, les multitudes ne cessent d'accourir plus nombreuses au sépulcre du vénérable Serviteur de Dieu. »

Ces réflexions datent de 1698.

Durant ces 187 années, bien des changements se sont opérés en France. Les puissants de la terre, rois, parlements et seigneurs, qui avaient imploré la béatification du Serviteur de Dieu, ont vu leur puissance brisée, comme se brise le verre, en parcelles tellement pulvérulentes, qu'il est inutile d'en rêver la reconstruction. Le changement des mœurs a suivi le changement des lois. La langue elle-même varie de plus en plus. Au milieu de ces changements humains, les choses de Dieu restent immobiles. Les décrets pontificaux de 1716 et de 1737 continuent à produire leurs effets. La puissance de saint Régis se manifeste

aujourd'hui, comme autrefois sur les hauteurs de
La Louvesc. Aucun rayon n'est tombé de ses images. La dévotion des peuples ne diminue pas, et
les populations gravissent les montagnes sancti-
fiées par la mort de l'Apôtre, plus nombreuses que
jamais. Les réflexions des *Informations préliminaires*, vraies en 1698, le sont plus encore en 1886.
Le culte et la renommée de saint Régis fleurissent
davantage, non plus de « *jour en jour* », mais
de « *siècle en siècle* », et la Révolution, qui a
rompu si soudainement toutes les autres tradi-
tions françaises, s'est brisée contre celle-là. Elle
n'a pu arrêter ni les embellissements du tombeau,
ni l'augmentation des pèlerinages, ni l'accroisse-
ment de la population, ni la prospérité du pays.

Une église nouvelle s'est élevée sur l'emplacement des deux premières. La construction a duré
douze années, sous le haut patronage de nos
Seigneurs Delcusy et Bonnet, évêques de Viviers.
Le R. P. Pascalin en eut la première pensée et la
première gloire. Eloquent et hardi, il surmonta
des difficultés très considérables, et commença
l'édifice en 1865. Les PP. Nicod et Darlin le continuèrent. Le R. P. Cohanier lui donna son ornementation intérieure, avec les autels latéraux, la
chaire, les fonts baptismaux et la tribune. Les aumônes des fidèles et les largesses de la compagnie
de Jésus, de la province de Lyon en particulier, en
couvrirent les frais. Enfin, un homme éminent,
dont les œuvres marqueront dans l'architecture

française, l'a faite ce qu'elle est, c'est-à-dire un monument de prémier ordre.

On sait trop que notre dix-neuvième siècle, n'a pas d'architecture religieuse à lui : il se borne, en général à reproduire les styles grec, roman, italien gothique et byzantin, comme il se borne, pour les meubles, à copier les genres Louis XIII, Louis XIV, Louis XV et Louis XVI. M. Bossan a cru que le champ du beau n'était jamais complètement exploré ; il a pensé que la gloire d'un siècle ne saurait être dans ses imitations, mais dans ses créations. En conséquence, il a cherché un style religieux et nous croyons que ses recherches n'ont pas été inutiles. L'église de La Louvesc est digne de saint Régis.

Lorsque l'édifice toucha à sa fin, et que ses tours furent assez élevées pour recevoir une cloche, on songea à cet instrument qui est la voix véritable de nos temples.

Ce fut un don de Mlle de Noblet d'Anglure.

M. Gulliet « venait de refondre avec succès le vieux bourdon de Genève, la *Clémence*... Le moule confectionné sur cette cloche antique, justement célèbre et éprouvée par un service d'environ quatre siècles, subsistait encore ; il n'y avait que peu de modifications à lui faire subir, pour en faire une pareille avec des inscriptions et des emblèmes différents. Le fondeur proposa ce parti. » (Ducis.)

C'est ce qui fut exécuté. Le moule absorba plus de 6.000 kilos de métal.

La cloche arriva à La Louvesc le 8 juin 1875, à 7 heures du soir, traînée par six paires de bœufs. Ces animaux n'avaient pas les cornes dorées, comme les victimes anciennes ; mais ils étaient magnifiquement enguirlandés... La cloche avait été couverte de verdure, de fleurs et de couronnes par les habitants de Satillieu.

Le 5 juillet 1877, Mgr Bonnet, alors en visite pastorale, annonça publiquement que la consécration du nouveau sanctuaire aurait lieu le 5 du mois suivant.

Sept prélats, outre l'évêque du diocèse, se rendirent à La Louvesc pour cette solennité, à savoir :

Le cardinal Guibert ;

Le cardinal Donnet ;

L'archevêque d'Avignon, Mgr Dubreil ;

L'évêque coadjuteur de Bordeaux, Mgr de la Bouillerie ;

L'évêque de Périgueux, Mgr Dabert ;

L'évêque de Montpellier, Mgr de Cabrières ;

L'évêque d'Oran, Mgr Vigne.

Ils arrivèrent escortés par un piquet de gendarmerie à cheval, en grande tenue.

La cérémonie s'accomplit au milieu d'un concours de 15.000 pèlerins.

Les prélats consécrateurs furent le cardinal Guibert et Mgr Bonnet. Le cardinal Donnet intervint dans la cérémonie. Des allocutions furent prononcées par l'archevêque d'Avignon, l'évêque de Périgueux et le R. P. Marquigny.

En ce jour, à midi et demi, Marie-Madeleine Crépet, âgée de 29 ans, habitant Montarcher, près Saint-Bonnet-le-Château (Loire), a été guérie à La Louvesc, dans les circonstances suivantes :

Une attaque de paralysie l'avait privée, depuis 12 ans, de l'ouïe et de la parole. Une seconde attaque l'avait privée, depuis 18 mois, de l'usage du bras droit. La jeune fille ne voulait pas recouvrer l'ouïe et la parole : Dans la lettre qu'elle écrivit à saint Régis, et qu'elle déposa auprès de ses reliques, elle dit, en termes naïfs, et que nous nous permettons de trouver fort beaux : « Je ne demande pas l'ouïe ni la parole : tu voudrais me les donner, je les refuserais, pour la plus grande gloire de mon Jésus souffrant. » Mais elle désira la guérison du bras droit, pour venir en aide à sa famille, et elle la demanda pour le temps seulement que sa mère avait encore à vivre ; elle la demanda instamment et persévéramment. Après de nombreuses et ferventes prières, adressées à saint Régis pour cet objet, elle résolut de venir au saint tombeau, et d'y commencer une neuvaine qui se terminerait le jour de la consécration. Elle se rendit à La Louvesc à pied ; elle fit les cinq dernières lieues pieds nus ; elle pria pendant neuf jours dans la chambre mortuaire. Le dixième jour (jour de la consécration), elle délia le mouchoir qui retenait son bras, et fit le signe de la croix. Elle était guérie.

A mesure que les hauteurs de La Louvesc s'ornaient des beautés d'une grande architecture, le nombre des pèlerins augmentait. Nous nous contenterons de donner les chiffres. Les chiffres ne trompent pas. Ceux-ci sont tirés des registres officiels constatant le nombre des communions. Comme il est rare que le même pèlerin communie plus d'une fois dans son pèlerinage, et comme beaucoup ne le font pas même une fois, le nombre des communions restera toujours fort au-dessous du nombre des pèlerins. Les communions suivent, depuis quelques années, une progression ascendante.

On en compte :
— 16.000.
— 33.000.
— 39.000.
— 40.000.
— 50.000.
— 60.000.
— 100.000.

On peut, par un calcul très modéré, fixer la moyenne des pèlerinages à 70.000 par an.

Le nombre des habitants a suivi la même progression. — Récapitulation :

— 1640 — 4 maisons, centre des hameaux voisins.
— 1712 — 20 chefs de famille.
— 1793 — 41 chefs de famille.
— 1828 — 800 habitants.
— 1835 — 921 habitants.

— 1854 — 1.266 habitants.

— 1877 — 1.353 habitants.

Un très grand village a remplacé les anciennes chaumières. Une fontaine décore la place princi-pale. Un bureau de poste et une station télégra-phique desservent la localité. Trois grandes rou-tes partant du Puy, de Tournon et d'Annonay aboutissent à La Louvesc. Les voies ferrées vien-nent jusqu'à Annonay. Elles se rapprocheront en-core.

4° Les Décrets.

Si La Louvesc s'était trouvée sur le territoire de la grande République américaine, ses établisse-ments eussent participé aux faveurs gouvernemen-tales, ses missionnaires eussent obtenu le parcours libre et gracieux sur les voies ferrées ; on eût parlé avec éloges du pèlerinage dans les journaux de toute croyance religieuse et de toute nuance politique. La Louvesc, terre française, fut traitée autrement.

L'histoire dira comment la Compagnie de Jésus, pour avoir étendu le nom français et la puissance française dans les diverses parties de l'Orient, en Syrie, en Arménie, dans le vaste empire de la Chine et dans les îles africaines ; pour s'être con-sacrée à l'éducation nationale depuis 1848 ; pour

avoir peuplé l'armée d'officiers du plus haut mérite, la magistrature et l'administration d'hommes
éminents ; pour avoir dépensé, à cet immense la-
beur, la jeunesse, le talent et la vie de ses fils,
avec une étonnante prodigalité ; pour avoir pris
part à la défense nationale durant nos sinistres
défaites ; l'histoire dira, comment cette Compagnie, fut tout à coup, vers 1880, regardée comme
un danger pour la nation par les chefs de l'État
français. Elle fut condamnée à périr, bien que
protégée par les lois de la France nouvelle. Des
décrets parurent suffisants pour suppléer au
défaut des lois. Ils furent promulgués, et l'exécution en fut ordonnée dans toute la France au
même jour.

La Louvesc ne pouvait échapper à ce déploie-
ment de la force publique. On s'y attendait. Dès
la veille et l'avant-veille, une foule d'hommes ho-
norables se rendirent à La Louvesc pour témoigner de leur sympathie aux Révérends Pères, et
leur servir de témoins dans cette circonstance.
Voici leurs noms tels que nous les avons trouvés
dans différents documents : (1)

Le Comte d'Allard.

M. Joannes Astier.

M. Badin, juge démissionnaire de Tournon.

M. l'Abbé Barret.

(1) Note. Ils n'y sont pas tous. Nous avons pu nous procurer seulement les noms des témoins qui ne font pas leur séjour habituel au
village même de La Louvesc.

M. Battandier.

M. Louis Bertrand.

M. l'Abbé Bouix.

M. l'Abbé Bruyère.

M. Prosper Buisson de la Grange-Neuve.

M. Firmin Buisson, Conseiller général.

M. Charles Buisson.

M. Léon Buisson.

M. Gustave Buisson.

M. Chanal.

M. Ferdinand de Chazotte, Comte de Clavière.

M. Victor Deschaux.

M. Just Destezet.

Le Vicomte Henry de Fay-Solignac.

Le Comte de Fraix.

M. Gachet.

M. de l'Hermuzière.

M. Charles Jacquier.

M. Liogier.

M. l'Abbé Mantelin.

M. l'Abbé Marmet.

M. Pierre Mehlin.

M. Michel, Curé de Vaudevant.

M. Auguste de Missol.

M. Oriol.

M. Léon Patot.

M. Pichot.

M. Etienne Percie du Sert.

M. L. Percie du Sert.

M. E. Percie du Sert.

M. l'Abbé Romans.

M. de Saléon, Curé de Satillieu.

M. de Soras.

Le Comte de Tournon-Simiane.

M. Octave de la Valette.

M. Vidon.

Le 30 juin, au point du jour, six brigades de gendarmerie à cheval, commandées par un capitaine, arrivèrent sur le sommet de la montagne. Elles escortaient une voiture dans laquelle se trouvait un Préfet, (1)un Sous-Préfet, un Procureur et un Commissaire. La participation *matérielle* de ces autorités à l'expédition, fut peu de chose. Arrivés en voiture, les hauts fonctionnaires ne purent ou n'osèrent mettre pied à terre. Ils furent immédiatement abordés par M. Alexandre Costet, Maire, qui vint leur remettre sa démission, ainsi que celle de tout le Conseil municipal. Ce qui allait arriver, devait donc se passer contre la volonté formelle des autorités du pays. Ces autorités n'étaient plus.

Lorsque M. Costet se fut retiré, la foule se massa autour de la voiture où stationnèrent les autorités départementales, pendant de longues heures, dans une attitude qu'elles s'efforcèrent de rendre digne. Seul, le Commissaire avait dû se rendre à la Résidence.

Le R. P. Cohanier déclara qu'il y avait dans sa

____

(1) Edmond Robert.

maison le Curé, trois Vicaires, quatre Missionnaires et deux domestiques. Sa lutte avec le fonctionnaire dura une heure. A la fin, le Commissaire se montra satisfait, demanda à visiter la maison comme simple particulier, donnant, par trois fois, sa parole d'honneur de respecter les personnes, et, après les visites, s'éloigna en annonçant que les choses ne seraient pas poussées plus loin. Il retourna à la voiture.

Que se passa-t-il dans le Conseil qui fut tenu des deux côtés de la portière? On peut croire qu'il parut dur à cette réunion d'autorités civiles, judiciaires et militaires, de se retirer avec leur nombreuse escorte, sans autre résultat. On décida qu'il fallait une expulsion, et le Commissaire se présenta de nouveau à la Résidence. Ici commençaient les dangers de l'expédition. L'aspect de la population, blessée dans sa foi et menacée dans tous ses intérêts spirituels et temporels, n'était pas rassurant. Les hommes étaient pâles de colère, et une inébranlable résolution se lisait sur leurs visages. Si un conflit eût éclaté, il eût été terrible. Il n'y eut pas de conflit. On le doit aux efforts surhumains des Missionnaires, et à cette circonstance que les expulsés furent laissés libres. Si à la suite des incidents qui se produisirent, les hommes du pouvoir eussent eu la malheureuse idée de faire une seule arrestation, rien au monde n'eût empêché la lutte.

Bref, on vit à La Louvesc ce qu'on vit dans

le reste de la France, en cette journée désormais historique.

Le commissaire accompagné des gendarmes et menant à sa suite l'homme du moment, (1) l'homme nécessaire, le crocheteur subalterne, l'indispensable serrurier, trouva cette fois-ci les portes fermées. Le R. P. Supérieur fit son possible pour sauvegarder les droits de ses Religieux. Les assaillants se sentaient si faibles qu'ils eussent voulu sa coopération. Ils la demandèrent. Cet homme de courage et d'honneur accueillit comme il le devait des propositions aussi naïvement basses. Un domicile que protégeaient la loi divine, la loi naturelle, la loi ecclésiastique et les lois françaises depuis le commencement de la monarchie, fut crocheté en plein jour et envahi par la force publique. Les témoins des Révérends Pères furent jetés dehors. Une cellule fut enfoncée. Le R. P. Alexandre Vaux fut appréhendé au corps et traîné hors de la maison. Le R. P. Blein le suivit bientôt après.

Ainsi donc les chefs du département, de l'arrondissement, du parquet et de la police, assistés par un serrurier, et soutenus par un capitaine de gendarmerie commandant six brigades à cheval, avec revolvers et fusils chargés, parvinrent, après trois heures d'opérations, à expulser de leur demeure deux Religieux de la Compagnie de Jésus.

(1) Daniel Dasert.

La victoire, bien que grande, n'était pas pleine. Chacun sait maintenant que toute expédition de ce genre comprend nécessairement deux parties, l'expulsion des personnes et l'apposition des scellés. La première partie du programme avait heureusement abouti ; restait la seconde, dont on ne pouvait convenablement se dispenser. Il fallait mettre les scellés quelque part. Où les mettre ? On ne pouvait guère enfermer sous les ligatures officielles, le Curé et les trois Vicaires. On ne pouvait pas davantage clore les sept portes de l'église paroissiale. Le commissaire, homme ingénieux, eut la pensée de sceller la chapelle mortuaire, c'est-à-dire *le lieu le plus vénéré du pays*. Il s'en ouvrit au Supérieur. « A votre aise », répondit le R. P. Cohanier, « mais... je ne réponds de rien ». Le commissaire comprit, et le signal du départ fut donné.

Le cortège préfectoral qui n'avait pas bougé de sa voiture, immobilisée elle-même sur la place, par la foule, voulut alors reprendre le chemin d'Annonay. Le trouble était si grand qu'on se trompa de direction et qu'on prit le chemin de St-Félicien. Il fallut rebrousser et traverser de nouveau le village au milieu des cris et des huées. La troupe, une fois dans la vraie route, disparut en un clin d'œil sur ses pentes rapides et sinueuses.

Le surlendemain, Monseigneur Bonnet, évêque de Viviers, faisait, aux missionnaires dispersés, une visite que la Compagnie de Jésus n'oubliera pas.

Epilogue.

La vie surnaturelle a, comme la vie naturelle, ses centres nerveux, où s'accumule et d'où rayonne la force vitale. La Louvesc est, en France, un des points les plus favorisés par les influences divines. C'est un des centres de la vie supérieure.

On ne peut s'y tromper.

Tous les ans, soixante-dix mille hommes gravissent ces hauteurs. L'ascension est pénible. Que viennent-ils chercher au terme de leur voyage ? Ce ne sont ni les commodités de la vie, ni les richesses de ce monde ; car ils n'y trouveraient que des bois et des seigles, et les bois et les seigles ne s'emportent pas. Ils viennent chercher ce que ne peut procurer l'or de la terre, c'est-à-dire la grâce d'en haut, la force de l'âme, la résignation dans la souffrance, et très souvent la guérison des corps. Ils n'espèrent pas ces guérisons des propriétés atmosphériques ou d'une composition particulière des eaux. L'air y est âpre, et les eaux ne diffèrent pas, au point de vue chimique, des sources qui arrosent les autres montagnes du Vivarais. Ils les attendent d'une opération puissante et divine, au-dessus des opérations de l'art et de la nature.

Ces soixante-dix mille hommes obtiennent-ils ce qu'ils demandent ?

Si aucun d'eux ne l'obtenait jamais, les solitudes de La Louvesc ne s'animeraient pas chaque année d'un mouvement aussi extraordinaire ? Ils l'obtiennent aux heures marquées par la Providence. Ils savent qu'il n'appartient pas à l'homme de déterminer ces heures, et ils demandent avec humilité. Mais ils savent aussi que ces heures se présentent souvent, et ils demandent avec persévérance. En conséquence ils voient exaucer leurs pieux désirs. Les prodiges de La Louvesc sont innombrables, et innombrables les témoignages qui les établissent.

Ces prodiges manifestés dans la sphère des réalités physiques en ont suscité d'autres d'une nature plus spirituelle. Trois ordres religieux se sont groupés autour d'un tombeau. Quatre autres ordres et une immense société de laïcs chrétiens sont sortis de ce tombeau lui-même, pour se répandre dans le Vivarais, la France, la Belgique, l'Espagne, l'Italie, l'Angleterre, et les deux Amériques.

Le compte-rendu de la dernière fête de Saint-Régis à La Louvesc (1885), fait assez bien ressortir le côté spirituel du pèlerinage. Le voici :

Les Fêtes de Saint-Régis, viennent de se célébrer à La' Louvesc, avec une grande magnificence, magnificence de la nature, magnificence de l'art, magnificence de la piété, magnificence du culte et magnificence de Dieu.

La veille, saint Régis, du haut de son trône

constellé, avait dirigé les plus beaux rayons du
soleil sur la célèbre montagne du Vivarais. Il
avait écarté les nuages et soulevé la brise. Les ge-
nêts d'or couvraient toutes les pentes, couron-
naient toutes les hauteurs, et, ouvrant tous leurs
pétales, répandaient les effluves les plus douces
et les plus pénétrantes. Il semblait qu'une immense procession venait de se dérouler sur les
cimes, et qu'on en respirait les derniers parfums.

L'église de La Louvesc, dressait au milieu de
cette nature rajeunie son architecture digne d'une
Basilique. Nous fûmes frappés, en entrant, des
oriflammes blanches et roses qui ornaient les colonnes, et de l'inscription suspendue entre le
chœur et la nef :

Tu es Sacerdos in æternum.

Nous cherchions déjà et nous allions probablement trouver une relation naturelle entre le texte
du 109ᵉ psaume et la sainteté de Régis. Ce Saint
n'avait-il pas fait briller en lui, dès cette vie, avec
des traits de feu, le caractère éternel du sacerdoce ? Mais une bonne femme arrêta d'un mot les
élans de notre imagination et nous ramena à la
réalité. Elle nous apprit, que, le dimanche précédent, un jeune prêtre, sorti des plus anciennes
familles du pays, avait célébré au près des ossements thaumaturgiques, son premier sacrifice.
Nous sûmes, plus tard, que le R. P. Faurie était

le onzième prêtre donné à Dieu par La Louvesc, en moins d'un demi-siècle.

On avait donc bien fait, de rappeler le sacerdoce de Melchisédech en l'honneur du prêtre nouveau ; on avait bien fait aussi, nous y tenons, de conserver l'inscription en l'honneur du grand Prêtre vivant depuis deux siècles et demi, sur ces hauteurs, d'une vie surnaturelle et impérissable.

Le soir du 15, à 6 heures, les sons puissants du bourdon, annoncèrent jusqu'à Annonay et au-delà, que la fête ecclésiastique du lendemain commençait :

« *Et il y eut soir, puis matin* : *un Jour.* »

En ce moment, les pèlerins arrivaient en foule. C'était comme la première vague ; car les vagues se succédèrent de plus en plus pressées. Il arriva de nouveaux pèlerins pendant la nuit ; il en arriva le matin de la fête ; et sur le soir de la solennité l'affluence redoubla. Tous ne pouvaient rester. Les embarquements croisaient les débarquements, en sorte que l'Eglise, les places et les rues de La Louvesc se remplirent et se vidèrent à plusieurs reprises. Presque tous portaient le costume des montagnes ; on les voyait venir à pied, ou montés sur les chevaux du Mézenc, ou entassés sur des charrettes. Les uns marchaient isolés, les autres par familles et même par villages. Il ne fallait pas chercher dans ces groupes le luxe des vêtements ou des équipages, en un mot, la magnificence du siècle. Mais il y avait ce que j'ai appelé la magnificence de la piété. Ils étaient graves, ils avaient la prière aux lèvres et au cœur. Dans l'Église, ils se prosternaient humblement. Dans la chapelle mortuaire, ils parlaient à Dieu aussi haut que le prêtre offrant le sacrifice. L'allée de sapins qui conduit à la source miraculeuse fut sillonnée du matin au soir par les voyageurs qui terminaient leur pèlerinage. La source était à peu près inabordable. Des personnes de bonne volonté remplissaient les vases qu'on leur tendait. Nous dûmes profiter de leur service, pour satisfaire notre dévotion.

La Messe paroissiale fut chantée avec diacre, sous-diacre, chapiers, assistant et cérémoniaire. Le célébrant était M. de Saléon, curé doyen de Satillieu, si connu par ses luttes pour l'éducation chrétienne.

Soixante-huit prêtres, accompagnaient sa prière; à l'Évangile, M. Ribeyre, curé de Tournon, monta en chaire. Il fit le signe de la croix et prononça son texte:

Quid prodest homini, si mundum universum lucretur, animæ vero suæ detrimentum patiatur?

« Quel serait le profit d'un homme, qui gagnerait l'Universalité du monde, mais qui, en même temps, souffrirait des pertes dans son âme. »

En entendant ce texte, nous, fûmes, nous l'avouerons, charmés. Cette parole si expressive du Christ évoqua en nous les grandes images de

saint Ignace et de saint Xavier. Tout le monde
sait que les premiers saints de la Société de Jésus contribuèrent beaucoup, par leur vie, leurs
exemples, leur parole, à populariser, à vulgariser
cet axiome de la vie chrétienne. Nous sûmes gré
à M. le Curé de Tournon, d'avoir puisé à ces
sources, en faisant l'éloge d'un Jésuite. Il y puisa
à pleine coupe. Son discours fut un très vif et
très pathétique développement du texte sacré. Sur
ce fond, se détacha l'éloge du Saint.

Un détail de l'auditoire nous impressionna.

Toutes les fois que le nom de Régis revenait
sur les lèvres de l'orateur, le silence redoublait
dans la vaste enceinte, et les fidèles levaient la
tête (qu'on nous passe la comparaison) comme
des oiseaux qui boivent. Ils buvaient, en effet, le
nom illustre. C'est qu'autre chose est d'entendre
le nom de Régis, autre chose est de l'entendre à
La Louvesc, dans les pompes de sa fête, et au
pied de son tombeau. Parler de Régis, et entendre parler de lui, pour ainsi dire, *devant lui*, voilà
qui donne à la parole de l'orateur une émouvante
actualité. Régis n'est-il pas présent à La Louvesc
par une partie de lui-même ? Qui sait si son âme
bienheureuse ne planait pas au-dessus de nos têtes, au moment où nous nous entretenions de lui,
au milieu des solennités sacro-saintes ?

. Bref, le temple de Dieu à La Louvesc, était, en
cet instant, plein de lumière, d'harmonie, d'encens, et de célestes influences.

La Magnificence divine s'ajoutait à toutes ces magnificences. Les foules, prosternées devant le Tombeau, étaient transfigurées. Si nous avions eu les yeux des anges, nous eussions vu les humbles vêtements disparaître sous les robes blanches, brodées d'or, de la réconciliation nuptiale, car tous ces chrétiens avaient reçu le pardon et mangé le pain des anges.

Nous nous sommes retirés très émus, et en perdant de vue La Louvesc, sur le chemin de Satillieu, nous nous sommes promis d'y revenir.

Un Pèlerin

du Diocèse d'Autun.

Cette terre est d'une singulière fécondité surnaturelle, et cette fécondité vient d'un seul homme : saint Régis.

C'est saint Régis qui a tout fait ; c'est lui qui donne à la poussière de son sépulcre une vertu plus grande que la vertu cachée dans les germes des flores les plus vigoureuses.

Saint Régis mérite donc la reconnaissance publique.

Cette reconnaissance doit s'affirmer de la manière la plus officielle, la plus visible et la plus durable. C'est pourquoi, en terminant, nous émettons le vœu qu'une statue soit élevée à saint Régis, sur le théâtre de sa mort, de sa gloire et de ses bienfaits.

L'érection des statues a, comme toutes choses,

des lois qu'on ne saurait transgresser impuné-
ment.

Élever une statue à un inconnu est un véritable
contre-sens; car il est absurde de perpétuer le
souvenir de ce qui mérite l'oubli. Quand nous
rencontrons des statues de ce genre sur nos places publiques, nous trouvons qu'elles encombrent
et nous avons raison. Ne connaissant pas le modèle, nous ne comprenons pas la reproduction.
C'est un livre écrit dans une langue à jamais in-
déchiffrable.

Mais, autant il est ridicule de couler dans le
métal ou de tailler dans la pierre des traits dont
personne ne se souvient, autant on aime à contempler les traits de ceux qui remplissent une
contrée de leur souvenir.

Le territoire de La Louvesc est plein de saint
Régis. C'est plus que son souvenir qui plane sur
la contrée, c'est son action, dont on éprouve les
effets. Naturellement, fatalement on cherche ses
traits. Il faudrait qu'on les trouvât. Il faudrait
qu'ils fussent reproduits dans des conditions en
rapport avec la grandeur du personnage.

Quand la Grèce plaçait dans le temple de Del-
phes les statues de ses amiraux, elle les faisait
d'un airain particulier, aux teintes azurées, rappelant par sa couleur les flots des mers, sur lesquels avaient combattu ces citoyens. Il serait
difficile de trouver des couleurs qui rappelassent
l'action du Saint, puisque cette action s'élève bien

au-dessus de tout ce qui a figure ou couleur. Mais on arriverait au même résultat par les dimensions et la place de la statue.

Que ces dimensions soient colossales, pour symboliser la puissance thaumaturgique du Saint.

Que la statue ait pour piédestal le Mont-Chaix, ce mont qui domine toute la contrée, et que Régis a longé quand il venait chercher un tombeau.

Que, renvoyant les rayons du soleil levant et ceux du soleil couchant, elle soit comme l'étendard de La Louvesc, le premier signe de la terre de bénédiction aperçu par les pèlerins qui arrivent, et le dernier signe de cette terre salué par les pèlerins qui s'éloignent, un monument éternel dressé à la gloire de saint Régis, et

A la plus grande gloire de Dieu.

17.

APPENDICE

NOTRE-DAME D'AY

A vingt minutes au sud de La Louvesc et à l'endroit où se réunissent les routes de Saint-Félicien
et de Lafare, quelques gouttes d'eau filtrent sur
la déclivité du Tracol; un filet se dessine; de
petits réservoirs s'échelonnent le long de la gorge
et au milieu des fougères. Puis les eaux s'agglo-
mèrent dans un ravin et se recouvrent d'un fouilli
inextricable de frênes, d'ormeaux, de bouleaux,
de chataigners et de chênes blancs. Elles donnent
naissance à un ruisseau, qui s'appelle, près de sa
source, Malpertuis. Un autre ruisseau, partant de
Saint-Symphorien, vient le rejoindre, et tous deux,
mêlant leur cours, forment la rivière d'Ay. Cette
rivière se jette dans le Rhône, près du village de
Saras, après un cours de six lieues. Elle con-
tourne, vers la moitié de sa route, à 12 kilomètres

de La Louvesc, un rocher que surmontent un ancien château et une église : le château d'Ay, et l'église de Notre-Dame d'Ay.

Le site est des plus pittoresques. Voici la description qu'en a faite le grand critique de notre siècle, le comte Armand de Pontmartin :

« A quelques lieues d'Annonay, au milieu des montagnes de l'Ardèche, on aperçoit de loin, dans un site agreste et sauvage, un groupe de pauvres maisons, serrées autour d'un monastère, et d'une église dont la façade et le clocher se détachent en blanc sur la sombre verdure des sapins et le ton grisâtre des rochers. La terrasse du couvent, plantée d'acacias et de sycomores, domine une colline taillée à pic, arrosée à sa base par un ruisseau plein de caprices et de méandres ; mince filet d'eau en été, et coulant à peine à travers un lit de cailloux, tapissé de ronces et de mousse ; large torrent en automne, dont la voix monte jusqu'aux cellules, comme le sourd murmure d'une tempête lointaine. Sur les cimes voisines se dressent, ainsi que des squelettes de pierre, des ruines de châteaux forts et de résidences seigneuriales ; vestiges de grandeurs tombées, contrastant avec ces grandeurs immortelles. A mi-côte, s'étendent, en pentes douces et inégales, des prairies qui mêlent à ces rudes aspects les scènes de la vie rustique : leur fraîcheur est entretenue par des sources invisibles, qui filtrent à travers le rocher, et fait penser à ces sourires que l'on surprend sur de

pauvres et pieux visages, sans que l'on sache
d'où leur viennent la consolation et la force.
La chanson du pâtre répond à l'hymne matinal des
religieux ; la clochette attachée au cou des vaches
laitières confond ses tintements grêles avec la
cloche de l'église. On ne saurait rêver d'asile plus
propice au recueillement et à la prière. C'est la
Suisse, moins ses élégances mondaines et ses co-
quetteries désespérantes pour les imaginations
altérées d'infini ; c'est le désert, moins ses immen-
sités redoutables qui écrasent l'homme et ne laissent subsister que le saint. Là viennent s'éteindre
et mourir les dernières rumeurs du monde, et rien
ne trouble le mystérieux entretien de l'âme avec
elle-même et avec Dieu. »

A mesure que le voyageur approche de la chapelle, il voit le paysage se resserrer, les hauteurs
lointaines s'affaisser, le tombeau de saint Régis
et le fort de Scray disparaître, la vallée s'enfon-
cer à sa gauche et se creuser en abime. Enfin,
dominée de toutes parts par une côte demi-circu-
laire, plantée de pins et de châtaigners, la pres-
qu'île qui porte le Sanctuaire, le castel et le hameau d'Ay, se détache et s'allonge devant lui.

Bientôt il se trouve en face de la porte d'enceinte. Autrefois, une large excavation, qu'on
franchissait sur un pont-levis, séparait l'enceinte
des habitations voisines. Aujourd'hui, le terrain
se trouve exhaussé jusqu'à .la porte. Celle-ci est
cintrée, a trois mètres de hauteur, deux de lar-

geur, et trois de profondeur. Elle est couronnée par un pilastre de construction moderne, portant à sa face antérieure une statue de la Vierge. A droite, s'ouvre une meurtrière de cinquante centimètres de haut. En franchissant le seuil antique, on aperçoit dans l'épaisseur du cintre, la rainure, maintenant vide, par où glissait la herse. De l'autre côté de la porte, la meurtrière s'évase en une niche pouvant contenir facilement deux hommes, et le pilastre supporte une statue de saint Joseph.

On se trouve alors en face de l'Esplanade du château. C'est le sommet aplani d'un roc. Elle a quatre-vingt-quinze mètres de long. Les bâtiments seigneuriaux en occupent cinquante-trois. Sur la construction centrale, au couchant, s'élevait, jusqu'au milieu de ce siècle, une tour si haute, que les sentinelles debout à son sommet pouvaient voir les sentinelles d'une autre tour placée au loin, derrière des massifs de collines.

« Admis à visiter le castel des barons d'Ay, ou plutôt la maison des Missionnaires, le pèlerin se trouve au milieu d'un labyrinthe de ruines, les unes restaurées, les autres abandonnées, qui fourniraient matière à de longues études. Ce sont des voûtes à plein cintre, avec des écussons effacés, qui surprennent par leur solidité autant que par la régularité de leurs proportions ; des murs d'un mètre d'épaisseur, qui semblent avoir été destinés à braver la force des hommes ; des portes, des

embrasures où le plein cintre, l'arc surbaissé et
l'ogive paraissent jetés au hasard ; un arc extérieur, d'un large diamètre, servant de communication entre deux corps de bâtiments , remarquable par sa légèreté et son élégance ; d'autres
arcs, d'une moindre dimension, qui ont dû porter
autrefois de gracieux balcons ; des têtes de béliers
en granit, servant d'ornementation au cordon
extérieur de la grande tour d'occident, etc., etc. »
(Histoire manuscrite.)

Il n'y a dans le château ni oubliettes, ni traces
d'oubliettes.

L'église actuelle est un rectangle allongé terminé en demi-cercle.

Elle a 24 mètres 36 cent. de longueur,
        8 mètres 12 cent. de largeur,
        7 mètres 74 cent. de hauteur.

Le rocher qui supporte le château et l'église est
entouré par trois terrasses superposées, et allant
en se rétrécissant. La plus basse a 128 mètres de
large; celle du milieu en a 75, et la plus haute
45.

« Ces terrasses, plantées de mûriers, de figuiers,
de vignes, couvertes de lilas et de treilles, entourent le mont circulaire d'une triple ceinture de
verdure et de fleurs. La terrasse sur laquelle est
bâtie la chapelle repose sur dix arceaux, tapis-
sés d'espaliers, formant des serres naturelles à
l'oranger, au citronnier et au laurier-rose. La
chapelle, tournée à l'Orient, se présente comme

suspendue à l'extrémité d'une esplanade plantée de berceaux. Elle pose fièrement sur le roc élevé de 200 pieds au-dessus des eaux. »

La tour placée derrière le chœur, a 80 pieds de haut. Elle est carrée et à trois étages. Le premier et le plus long forme le corps de la tour. Le second a quatre ouvertures cintrées, répondant aux quatre points cardinaux. Le troisième se termine par une sorte de couronne crénelée.

Tout cet ensemble est grand, original, gracieux et un peu triste.

Les possesseurs.

Du Solier, écrivant en 1763, distinguait trois parties dans le château d'Ay : la partie la plus rapprochée de la chapelle, la partie la plus éloignée, et la partie intermédiaire. Ces trois parties (dont il reste encore aujourd'hui des vestiges) n'étaient pas de la même époque. La partie la plus rapprochée de la chapelle, bien qu'ayant, dès ce temps-là, un grand air de vétusté, était la plus moderne, et n'avait pas plus de 200 ans d'existence. Elle datait par conséquent de 1563. La partie du milieu était plus ancienne. Mais la plus ancienne de toutes était la dernière. C'était celle dont les murs étaient les plus épais et la porte la plus inaccessible. C'était là le vieux « *Castrum et for-talitium* » d'Ay.

Quels furent les premiers maîtres de ce Castrum ?

Du Solier commence son article sur le Château d'Ay par ces mélancoliques et malicieuses réflexions :

« Les Seigneurs qui possèdent des terres, et qui en ont les plus anciens titres entre les mains, pourraient connaître la suite de leurs anciens prédécesseurs, s'ils se donnaient la moindre peine pour les rechercher ; mais la plupart ne cherchent, dans leurs parchemins et vieux papiers que des droits à renouveler ou des prétentions à former, et leur esprit, tout occupé de l'utile, ne note que ce qui peut s'y rapporter. Ils n'oublient pas un mot de ce qui peut concerner ces droits, pendant qu'ils laissent échapper tous les noms et qualités de ceux qui les avaient exigés. Cette inattention dans la plupart des Seigneurs, leur fait donc ignorer la suite de leurs prédécesseurs ; et j'en vois un exemple dans la terre d'Ay, etc., etc. »

Qu'aurait donc dit du Solier, s'il avait vécu de nos jours ? — Les Seigneurs du XVIIIe siècle s'occupaient plus de leurs revenus que de leurs titres ; mais ils possédaient ces titres ; s'ils ne les regardaient pas, ils les gardaient, même avec une sorte

de jalousie que la niaiserie contemporaine tourna
plus d'une fois en ridicule. De fait, les couvents
en conservant leurs cartulaires, les Seigneurs en
conservant leurs chartriers, conservaient l'histoire de la patrie. — Que de trésors n'offriraient
pas maintenant ces documents à notre siècle
chercheur et curieux de tout ce qui est vérité historique! Le siècle ne trouvera pas la dixième
partie de ce qu'il cherche. Les anciennes chartes
se sont évanouies, pour la plupart, en fumée. La
Révolution, cette révolution qu'on trouve inévita-
blement sur son chemin, dès qu'il s'agit d'un
mal perpétré ou d'un bien entravé, cette révolution a dansé ses rondes autour des feux qui brû-
laient nos annales. Notre histoire faillit sombrer
en cette heure d'infamie. Les hommes les plus
marquants de l'époque ont fabriqué, avec une
portion de cette histoire, des gargousses pour
nos canons. Nous avons traîné nos canons sur
toutes les routes de l'Europe. Nous avons semé
à leur suite les cadavres de nos soldats. Nous
avons répandu dans des guerres insensées le plus
pur de notre sang. Nous nous trouvons maintenant en proie à l'anémie physique et à l'anémie
morale, sans passé, et... (*quod Deus avertat!*)
peut-être sans avenir.

Pour en revenir à la terre d'Ay, les documents
célés à du Solier, n'existent même plus pour
nous, et nous ne pourrons que recueillir quelques
noms et quelques dates.

En 1003, le Comte de Forez fit une donation à l'Abbaye de Saint-André : l'acte est signé par *Albertin du fort d'Ay, de Castro Ay.*

Guillaume d'Ay, vivait en 1208.

En 1284, Albert d'Ay, un des coseigneurs, fit arracher les yeux à un homme qui avait commis un forfait « in villa de Quintenas. »

Il y avait encore un Josserand d'Ay en 1310.

La terre d'Ay passa des Seigneurs d'Ay, aux Roussillon, Seigneurs d'Annonay, puis, durant le XIVe siècle aux Bressieu, du Dauphiné.

Artaud de Bressieu la porta dans la maison de La Tour de Vinay. Hugues de La Tour de Vinay la laissa à sa veuve, Alix d'Uzès. — Par sentence du Parlement, elle fut adjugée ensuite à Villate de la Tour, épouse d'Archambaud de Grolée et mère d'Eléonore de Grolée.

Elle entra enfin dans la maison de Tournon, par le mariage d'Eléonore de Grolée avec Guillaume IV de Tournon.

Les Tournon construisirent la partie du milieu, et plus tard la partie la plus rapprochée de la Chapelle.

Le 25 août 1480, Antoine de Canson, damoiseau, fit hommage lige et noble à Jacques de Tournon, pour tout ce qu'il possédait dans le mandement de Vocance. L'hommage fut rendu en présence d'Arige de Bastide, docteur ès lois et chevalier, Seigneur de Brézenaud ; de Jean d'Arcoucieu, Gouverneur de Tournon ; de Louis de Préaux, Châtelain de Vocance ; d'Antoine Format de Désaigne ; de Guillaume d'Iscroud, Seigneur de Chomelost ; d'Artaud de Saint-Jeure, Seigneur de la Bastie d'Andance ; de Pierre de Gardis d'Annonay, et de Pierre du Noyer, de Tournon.

Les dix Seigneurs étaient réunis pour cette cérémonie dans la grande Cour du Château d'Ay.

« Acta fuerunt hæc in Castro d'Ay et aulà ma-
« gnâ ejusdem domini. »

En 1631, Ay passa aux Lévi-Ventadour. Les Lévi le vendirent aux Marquis de Satilieu en 1690. Ces derniers le revendirent, en 1753, à M. de la Chavas, Châtelain du Plantier et à M. Fournat.

En 1836, une noble et pieuse femme, Jeanne-Françoise de Laborie, Dame de la Rochette, héritière des La Chavas, désira affecter le Château, le Sanctuaire et le territoire y attenant à la restauration du pélerinage. Une convention fut passée, dans ce sens, au château du Plantier, en présence du Comte et de la Comtesse de Montravel.

Les PP. de la Compagnie de Jésus reçurent, l'hospitalité à Notre-Dame d'Ay et y eurent pendant 11 ans, de 1840 à 1851, une maison de retraite, où les Religieux venaient se préparer à leurs derniers vœux. — Le P. de Ravignan et le P. Félix vinrent retremper leur âme dans cette solitude. Le P. de Ravignan fit entendre plusieurs fois sa grande voix au tombeau de saint Régis.

II

Le Pèlerinage.

Le pèlerinage a survécu à toutes les grandeurs passées et profanes du Château d'Ay. C'est un pèlerinage de la sainte Vierge, invoquée sous le nom de Notre-Dame d'Ay ou du Secours, et où les enfants malades surtout éprouvent la puissance de la Mère de Dieu.

Il est impossible de fixer une date certaine au commencement du pèlerinage et d'en dire les origines. Il est très ancien, et c'est là le dernier mot possible.

Nous ne pensons pas qu'on doive faire grand fond sur les légendes, d'après lesquelles *Ay* aurait été le cri de détresse d'une fille du pays poursuivant un animal de son troupeau et tombant du rocher dans le torrent, ou encore fuyant elle-même une poursuite sur les bords du torrent, et voyant le rocher s'ouvrir devant elle pour se refermer devant son ennemi.

Les faits de la première légende peuvent être vrais ; il n'est pas inouï qu'une bergère tombe dans un ravin en poussant un cri. Il est sûr que l'interjection AI signifie l'angoisse ; mais il ne s'ensuit pas que du cri soit venu le nom de la terre. Les peuples, dans leurs instincts poétiques, sont portés à ces rapprochements. Comme le son AI signifie la douleur, non seulement en Vivarais, mais dans toutes les contrées du monde, on pourrait trouver le pendant de la légende languedocienne dans bien des poésies. On le trouve dans la poésie antique. Le morceau est connu : Orphée commence le chant qui attirait les fauves et les arbres par raconter la mort d'Hyacinthe, changé en la fleur de son nom.

« ... et *AI, AI.*

« *Flos habet inscriptum...*

Il faut pour l'histoire de plus sérieuses origines. Du reste, la légende n'expliquerait pas le nom d'Ay, donné à la rivière elle-même dans tout son parcours. Les termes AI, AY, AIG, AIGUE, signifient trop évidemment, dans le dialecte languedocien, EAU, (AQUA), pour qu'on puisse chercher une autre étymologie. *Agium* est le *Pays de l'Eau.* En réalité, AY est une sorte de promontoire. C'est le nom commun laissé à la rivière, et devenu nom propre.

A la fin du siècle dernier, trois monuments pouvaient nous mettre sur la trace des vraies origines : La Chapelle, un ancien reliquaire réputé aussi ancien que la chapelle, et la statue miraculeuse, cause principale et indisculable du pèlerinage. Ce qui restait de la chapelle a été détruit pour la construction de l'église nouvelle, et nous n'en avons pas retrouvé le plan. C'est une source totalement tarie. Nous avons la description du reliquaire, et nous possédons encore la statue.

1° LE RELIQUAIRE

Ce reliquaire appartenait à l'ancienne chapelle et était très vénéré des populations. Il contenait la note suivante que nons transcrivons sans y rien changer. Car nous la croyons précieuse au point de vue historique :

« Ce reliquaire, dont j'ai voulu faire la visite le 6ᵉ de janvier 1773, me parait respectable par son ancienneté et par les reliques qu'il contient, de toutes lesquelles je n'ai pu me rendre certain, puisque le papier qui les contenait chacune est tombé en poussière en voulant le déplier, à la réserve des dents où j'ai lu avec bien de peine : *Dents de Saint-Apollinaire et de Saint-Laurent.* Quant à tout le reste, quoique je l'ignore, je le respecte et je l'ai remis dans ledit reliquaire, avec une petite fiole, dont la tradition populaire choquerait, si elle était adoptée, disant être du lait de la sainte Vierge, et que l'homme éclairé ne doit pas croire. Si le reliquaire est aussi ancien que la chapelle, comme il y a lieu de le croire par l'affluence populaire et continuée des fidèles, on doit être assuré que le tout existait dans le xɪᵉ siècle, deux cents ans avant la construction

du château d'Ay, puisqu'on voit, dans un diplôme
de Frédéric Barberousse, qui prend sous sa protection toutes les églises du prieuré de Quintenas,
où celle de Saint-Romain est dénommée : *Ecclesia
sancti Romani, cum capella de Agio.* » Ce diplôme
est de l'an 1184, le 16 des calendes de décembre,
le 23ᵉ de son règne, et le 3ᵉ de son empire. Donné
à Vicence en Italie. » (1)

Cette note est signée : *Barrier, Curé official,
primitial et archiprêtre.*

Les lecteurs relèveront d'eux-mêmes les inexactitudes matérielles de cette note. Il est difficile,
même pour un *homme éclairé*, d'affirmer l'existence de la chapelle d'Ay au xiᵉ siècle, d'après la
bulle de Fréderic Barberousse, puisque cette bulle
est de la fin du xiiᵉ (1184). On ne peut non plus
faire remonter l'existence de la chapelle deux
cents ans avant celle du château, puisque le château existait dès le commencement du xiᵉ siècle
(1003).

La bulle impériale, il est vrai, parle de la chapelle, mais ne parle pas du pèlerinage.

Cependant, on ne comprendrait pas l'indication
de cette chapelle dans la bulle de Frédéric, s'il

(1) « In Pago Viennensi, Ecclesias de Quintiniaco cum prioratu, et
de Ruffiaco et de Ardolio cum capellâ d'Oriol, Ecclesiam Sancti Albani
et Sancti Georgii et Sancti Romani cum capella de Agio. »

La Bulle est citée dans l'*Histoire du Séquanais.*

Frédéric avait épousé Béatrix, héritière de la Franche-Comté (qui
était un fief féminin). Ceci explique pourquoi il prend sous sa protection le Prieuré de Quintenas, dépendant de l'abbaye de Saint Claude.

s'agissait d'une simple chapelle de château. C'était une chapelle publique dépendante de l'abbaye de Saint - Claude, et vraisemblablement centre d'un pèlerinage, dès 1184.

La note de l'abbé Barrier, prouve la haute antiquité du reliquaire. Il faut de bien longues années pour que le papier, soustrait à l'action de l'air, tombe en poudre. Il est question d'un *concours* populaire et *continué*, c'est-à-dire ininterrompu depuis le xiie siècle, appelé inexactement le xie. La relique même, qui a tant choqué l'archiprêtre official et primitial, contient une indication (1). Ne serait-ce pas à cette relique qu'on devrait, dans le pèlerinage d'Ay, l'invocation de la Vierge pour les enfants malades? Cela nous paraît très probable. Cette relique ne ressemble-t-elle pas à beaucoup d'autres reliques rapportées d'Orient par les Croisés?

Nous ne serions pas surpris que le pèlerinage datât au moins des Croisades. L'examen de la statue nous amène aux mêmes conclusions.

(1) Un peu d'érudition aurait appris à l'abbé Barrier que les reliques connues sous le nom de *Lac Virginis*, sont une terre naturellement rouge, blanchie à l'eau, et tapissant la grotte située non loin de Bethléem, où la Vierge se réfugia, selon la Tradition, avec Jésus. Ce ne sont pas seulement les chrétiens qui recueillent cette terre. Les femmes turques et arabes en prennent une grande quantité. Il n'est pas possible que les Croisés n'aient pas été frappés de la puissance attribuée à la grotte appelée la *Grotte du Lait*.

2° LA STATUE

La statue a 76 centimètres de haut. La Vierge,
assise, tient l'Enfant Jésus sur son genou gauche.
Les cheveux de la Mère et de l'Enfant sont dorés.
Leurs figures, ainsi que leurs mains, sont peintes
en noir. Les vêtements sont blancs, doublés de
bleu et bordés de dessins rouges. La statue, répa-
rée en 1835 par un artiste lyonnais, l'a été dans
le sens des anciens ornements. Le goût, et surtout
la dévotion populaire l'ont exigé.

La statue est en bois.

Ces détails, bien entendu, sont ignorés d'un bon
nombre de personnes ; car la statue d'Ay n'a pas
échappé au sort des autres statues miraculeuses
de Notre-Dame. Elle a dû subir ces couronnes et
ces robes additionnelles qu'on renouvelle aux différentes saisons, et grâce auxquelles les Vierges
miraculeuses se ressemblent toutes, et affectent
toutes la forme d'un paquet de riches étoffes d'où
émergent deux têtes, une grosse et une petite.

Le P. Pouget fait de la statue un portrait qu'il
faut retenir pour les raisons qu'on verra :

« C'est, dans l'attitude et tous les traits, une douceur, un calme, un mélange de dignité et de sim-
plicité qui ravissent ; c'est, par-dessus tout, une
expression de bonté maternelle qui pénètre le
cœur et le remplit de paix et de suavité. Il est
peut-être peu d'images de Marie qui donnent de

leur modèle une idée aussi approchante et aussi
naturelle... Le visage de Marie est calme et paisible, avec un air extrêmement doux. Elle est
heureuse de voir son fils bénir le peuple. Comme
l'Enfant Sauveur a été sculpté dans des proportions beaucoup plus petites, on ne peut guère,
quand on ne le voit que de loin, s'en faire une
idée convenable sous le rapport de l'art et du
travail. Vu de près, il a le visage tout riant, avec
un gracieux qui a quelque chose de céleste. »

On ne doit pas prendre à la lettre cette description. La belle imagination et la belle âme de l'auteur lui ont fait idéaliser l'œuvre dont il avait à
rendre la pure réalité. De semblables descriptions
sont dangereuses. Dans un demi-siècle, par exemple,
ple, l'érudit qui, confiant au texte du P. Pouget,
rapprocherait le texte de la statue, serait tenté de
croire qu'on a changé la statue.

Il y a cependant du vrai dans l'ensemble. La
statue (sans avoir cette beauté incomparable sous
laquelle elle est apparue au P. Pouget) est bien
proportionnée ; la pose est naturelle et les traits
gracieux. Elle n'a rien des aspects émaciés, des
raides allures, des airs lugubres, des draperies
étriquées, et du manque d'élégance qu'évitent difficilement les artistes de l'école ogivale.

Elle est certainement antérieure au xiiie siècle,
ou n'est pas sortie d'un ciseau français.

La tradition populaire appuie cette induction :
D'après cette tradition, *les deux Vierges de Four-*

vière et du Puy étaient sœurs ; celle d'Ay était leur cousine. Chaque année la Vierge d'Ay recevait la visite des deux premières, le 8 septembre. C'est là une légende dont la forme est fréquente dans -les vieilles poésies. Le peuple anime facilement les statues, facilement aussi il donne des personnalités multiples à des représentations dont le type est un. Mais la légende vient évidemment de l'origine similaire des trois statues. Or, les différents historiens de Notre-Dame du Puy, Odo de Gissey, Théodore, Caillau, Hamon, admettent que cette statue fut apportée d'Orient par saint Louis, en 1254. Notre-Dame d'Ay viendrait donc aussi d'Orient.

CONCLUSION

Vraisemblablement, les Croisés, c'est-à-dire les premiers Seigneurs de la terre et du nom d'Ay, rapportèrent d'Orient les reliques et en firent don à leur chapelle. La statue, ou fut placée à la même époque dans son sanctuaire, ou s'y trouvait déjà. Les peuples vénérèrent avec foi ces souvenirs et ces emblèmes de la Mère de Dieu. Ils invoquèrent la Vierge pour leurs enfants malades. Les miracles alors commencèrent à se produire, pour se continuer sans interruption jusqu'à nos jours,

PIÈCES JUSTIFICATIVES

N° I

LE MONASTÈRE DE SAINTE CLAIRE, A AVIGNON

1239. — Lettre du Pape adressée au Podestat et aux Consuls d'Avignon, pour leur recommander Sœur Marie qui allait dans cette ville pour y fonder un monastère de son ordre.

1250.— Fondation.

1274. — Abbesse : Gérarde de Sabran.

1284. — Les Sœurs Auzia et Afrosa, Converses, présentent à Mathieu de Forti, juge d'Avignon, les lettres de Charles, fils aîné du Roi de Sicile et Prince de Salernes, et en même temps les lettres de la communauté (ville) de Sisteron, pour la construction d'un monastère de Sainte-Claire, fondé dans cette ville par A. de Medullione, Dame de Carban.

1285. — Gérarde de Sabran, première Abbesse de Sisteron.

1320. — R. C. et Raymond de Aldobrandinis, font construire une chapelle dans le monastère.

1324. — Le Pape Jean XXI mande à Galbert de Valle, Archevêque d'Arles, de prendre connaissance de l'élection de Bérengère de Corvo, après la mort d'Alasie de Salvano.

1368. — Jeanne de Luxembourg, sœur du bienheureux Pierre de Luxembourg, du tiers-ordre de Saint-François, se fait ensevelir dans le monastère. Miracles, dit-on, à son tombeau.

1517 (16 mars). Réforme du monastère. — « Le monastère fut réformé de part le Révérendissime Monseigneur François de Clermont, Légat d'Avignon, et de par Révérende Mère Abbesse, Sœur Marie de Clermont. »

Les Religieuses alors présentes, étaient :

Jeanne Vergerie, vicaire,
Claude de Guivonio,
Louise de Guivonio,
Jeanne de Lafon,
Avienne de Lafon.

1601. — Rapport de l'Archevêque :

« Premier monastère de Sainte-Claire, de ordre des Mineurs de l'Observance, dans lequel sont environ cent Religieuses, presque toutes nobles, et d'une vie absolument exemplaire. Leur Abbesse perpétuelle est de la famille des Marquis de Oseron. Elles sont dirigées par les Frères de leur Ordre. J'ai visité le Saint-Sacrement et la clôture. »

1708. — Vingt Religieuses.

1761. — Dix-huit.

(Ces pièces sont tirées des archives du Vaucluse, des collections Massillian, au Musée Calvet, et de la bibliothèque de M. le Chanoine Coranson.)

Les Clarisses d'Annonay, qui eurent pour première Abbesse Catherine de La Louvesc, professe d'Avignon étaient vingt Religieuses en 1540. A cette époque, elles avaient pour Abbesse Louise de Chastellard, et pour Secrétaire Louise de Chasnelost.

Elles percevaient, au mandement d'Ay :

    Argent — 1 sol.
    Seigle   — 3 setiers et 1 pugn. 1 2.
    Vin   — 1 baral.
    Noyaux — 1 ras.
    Conil   — 1.
    Avoine — 1 setier.

Nº II

Reconnaissance en faveur du Prieuré de Veyrines, par M. Bilhot, Curé de La Louvesc, du 6 septembre 1759.

« Lequel a dit et déclaré devoir aux Révérends Pères Jésuites du collège du Puy, Prieurs du Prieuré de Veyrines et La Louvesc, à l'acceptation du notaire soussigné, la redevance annuelle de dix sols, imposée sur la dite cure de La Louvesc et Veyrines, d'ycelles conformément à la reconnaissance de Messire Antoine Delorme, Curé du dit

La Louvesc, reçue Bonnet, notaire, le 26 d'août 1713, et à celle vénérable personne Messire Claude Giraudon, cy devant aussi et Curé de La Louvesc, reçue le 21 octobre 1603.

« Plus le dit sieur Bilhot, en la dite qualité de Curé, tenir, posséder de la dite Seigneurie, emphythéose perpétuelle, portant tout droit de directe des dits Révérends Pères Jésuites toujours à cause de leurs dits priorés de Veyrines, un pré dépendant de la dite cure, appelé la Claustre, près le dit lieu de La Louvesc. Contenant environ neuf quartes, confrontant du matin pré et terre de Demoiselle Deschamps Demeure que fut de noble Denys Giraud, de cette même directe encore matin et vent terre et pré de la dite Demoiselle Demeure, directe de Mahun... pour la cense annuelle de argent six deniers tournois aux usages du château de Mahun et portant droit de mutation, comme fut ci devant reconnu par le dit Messire Delorme au terrier Bonnet, le dit jour 26° août 1713, précédemment par le dit Messire Giraudon au terrier marchand, le dit jour 21° octobre 1603.

« Lesquels censes et redevances le dit sieur Bilhot, pour lui et ses successeurs en la dite cure a promis payer aux dits Révérends Pères Jésuites, leurs successeurs ayant cause au dit Prieuré, recevant fermier et mandataire à chaque fête de Tous-saint... promettant d'être loyal tenancier emphytéote,... etc. »

(Pièce passée devant Chomel, notaire royal.)

N° III

LES DROITS DE LA COMMANDERIE DE SAINTE-ÉPINE
A LA LOUVESC

La première reconnaissance de ces Droits que nous ayons pu retrouver date de 1321. Les propriétés de Sainte-Epine dépendaient du Mas de la Vialette. La reconnaissance est signée par Jean de la Vialette, le 13 avril 1321.

En 1703, Lesta de Saint-Georges, chef de l'Ordre de Saint-Jean-de-Jérusalem et Grand Bailli de Lyon, eut un procès à propos de ces propriétés.

En 1755, une nouvelle reconnaissance de ces propriétés eut lieu entre les mains de Messire Jean-Philibert de Fay de Latour-Maubourg, Commandeur de Montchamp Sainte-Epine de Tournon, et de frère Georges Dawency, Grand Bailli de Lyon, et Baron de Devesset.

(Ces pièces appartiennent à MM. Buisson. du Chifflet.)

N° IV

LA MAISON FORTE DE LA LOUVESC

Nous n'avons pu retrouver tous les propriétaires de cette maison qui subsiste encore aujourd'hui, et est la plus ancienne habitation du pays.

Nous savons qu'en 1648 elle appartenait à Gilles de Lafranchière,

Gilles de Lafranchière était probablement père d'Etienne de Lafranchière, Seigneur de Marcoux, et premier mari de Louise de Romesins. Louise de Romesins, mariée à Etienne en 1638, veuve en 1639, mère la même année Louis de Lafranchière, demeura probablement à la maison forte de son beau-père, durant son séjour à La Louvesc, en 1640.

Un siècle après (1747), la maison forte appartenait à Marie-Thérèse Deschamps-Demeure.

Fondation du 16 janvier 1747 :

« Demoiselle Marie-Thérèse Deschamps, habitant dans sa maison forte appelée de Maison Claire, paroisse de La Louvesc, laquelle ayant dévotion de fonder douze messes, une chaque mois de l'année, pour le repos de l'âme de ses parents, tant ascendants que descendants, en sa chapelle qui est édifiée près des bâtiments du dit Maison Claire, du patronage tant de la dite Demoiselle que des Demoi-

selles ses sœurs, sous le vocable de Saint-Jean-François
Régis, le corps duquel repose dans l'église de La Louvesc... etc. »

La fondatrice règle ensuite que les messes après la mort
de son frère Louis Deschamps, prêtre, seront célébrées
dans l'église de La Louvesc par le curé et ses successeurs.

La maison forte passe ensuite, nous ne savons comment, aux Véron de Saint-Julien, qu'il ne faut pas con-
fondre avec les MM. de Jullien, principaux propriétaires
de La Louvesc, en 1648, avec Gilles de Lafranchière.— Les
Véron de Saint-Julien sont plus modernes. Ils ont produit le Docteur Véron, auteur des *Mémoires d'un Bourgeois de Paris*.

Des Véron de Saint-Julien, la maison forte passa à
MM. de l'Hermuzière.

N° V

DESCRIPTION DE LA CAISSE AYANT CONTENU
LES OSSEMENTS DE SAINT RÉGIS, DE 1716 A 1873

« Caisse de bois peinte à l'huile, fond gris, avec deux
branches croisées au-devant, une couronne de différentes
couleurs au-dessus du trou de la serrure, lequel forme un
angle, et la susdite caisse un octogone par-dessus et par-
dessous, le derrière est un carré long d'environ deux pieds

sur trois pouces d'élévation et un de large ; le devant forme
aussi un carré long d'un pied et demi sur treize pouces de
hauteur, avec une demi-lune de chaque côté ; les scellés
qui y avaient été apposés sur la serrure se trouvent brisés
par rapport à l'humidité ; mais la caisse n'a pas été ouverte par nous, la clef se trouvant entre les mains de qui
de droit. »

(Extrait du procès verbal rédigé par MM. Buisson, en
1794.)

N° VI

LETTRES AUTHENTIQUES ENTOURANT LA RELIQUE
DE SAINT RÉGIS, A AVIGNON

Carolus Vincencius de Giovo, Patricius Perusinus, Dei
et Sanctæ Sedis Apostolicæ gratiâ, Archiepiscopus Avenionensis.

Universis et singulis præsentes litteras inspecturis fidem
facimus et attestamur quod Nos, ad majorem omnipotentis
Dei gloriam, suorumque sanctorum venerationem, recogno-
vimus.

Reliquiam ex ossibus Brachii seu navis superioris sancti
Joannis Francisci Regis, Dono datam a DD. de Crillon,
tunc Archiepiscopo Viennensi in Delphinatu, Civitate Ave-
nionensi, eamdemque reliquiam posteà dono concessam
ab ipsâ civitate Patribus Societatis Jesu, ut in ecclesiâ

Collegii publice veneraretur, quamque dehinc PP. Societatis deposuerunt tempore exstinctionis, Consulibus, ex-
tractam esse ex locis authenticis, et à nobis collocatam in
capsâ ligneâ aureatâ, ex tribus partibus crystallo munitâ,
interius et exterius bene clausâ et funicô serico coloris vio-
lacei colligatâ, ne sigillo nostro munitâ, eamque consigna-
vimus..... etc.

Die 22 h Mensis aprilis, anno 1784.

† C. V. Archiepiscopus Avenionensis.

Visum et approbatum,

Avenione, 16 decembris 1811.

† J. F. Ep. Avenionensis.

N° VII

ÉTAT DU PAYS AUX APPROCHES DE LA RÉVOLUTION

A

Revenus du Collége du Puy
confirmés par lettres patentes du 20 avril 1767.

Mont-Regard   — 5.900 livres.
Veyrines   — 1.100 livres.
(Avec droits de lods et ventes sur les paroisses de Veyri-
nes, La Louvesc et Saint-Pierre-des-Machabées.)
Macheville   — 8.000 livres.
Colombier-le-Jeune   — 2.000 livres.

B

Redevances dues à l'archevêque de Vienne.

Le prieur de Veyrines — 25 livres, 48 gros.

Le chapelain de Veyrines — 6 livres.

Le chapelain de La Louvesc — 6 l. 10 sols, 18 g.

Le chapelain de Saint-Romain-d'Ay — 7 l. 8 g.

Le chapelain de Saint-Symphorien — 8 l, 8 g.

Le chapelain de Saint-Symphorien-de-Mahun — 0 l. 8 g.

C

Nombre des habitants.

Communautés	Feux		Habitants
Satillieu	— 270	—	1.515
Saint-Pierre-des-Machabées	— 84	—	378
Saint-Romain-d'Ay	— 96	—	432
La Louvesc	— 51	—	229
Mahun et Veyrines	— 126	—	567

D

État des paroisses composant le canton du district du Mézenc, avec le nombre de leurs citoyens actifs et leurs impositions en 1790.

Dixième canton.

La Louvesc	—	42 citoyens actifs,
—	—	2.534 francs d'impositions.
Saint-Romain-d'Ay	—	62 citoyens actifs,
—	—	1.432 francs d'impositions.

N° VIII

RENSEIGNEMENTS DONNÉS AU COMITÉ DE SURVEILLANCE AU SUJET DES PRÊTRES RÉFRACTAIRES

Renseignements que j'ay pris depuis le premier jour de nivose jusqu'à ce jour, 23.

Dans le domaine appelé Duméas (1), près la Valette, la rivière entre deux, au-dessus du ruisseau de Chirol, à côté d'une petite plaine, est un prêtre réfractaire, dont je n'ay pu savoir le nom n'y me procurer son signalement.

Un peu au-dessous, le long d'un petit ruisseau, dans un hameau de deux ou trois maisons, dans les arbres, le hameau appelé Mouray, paroisse de Satilleul, sont deux autres prêtres réfractaires, dont un, travesty en paysant appelé Fouret, cy-devant vicaire à La Louvesc, taille d'environ 5 pieds, 5 pouces, âgé d'environ 30 ans, visage oval, yeux noirs, cheveux, barbe et sourcils noirs, maigre, pâle, voûté, jambes minces, ned aquilain, bouche moyenne : il travaille la terre avec ses frères.

L'autre étoit cy devant vicaire à Eclassant ; les renseignements pour le signalement sont à peu près les mêmes mais moins voûté.

Le Curé de La Louvesc se tient souvent au lieu du Besset, derrière la montagne au midy de La Louvesc, près du tracol du faut, dans la maison de son granger, ou au Bes-

(1) Appartenant à Buisson, maire de La Louvesc.

19.

set, vis-à-vis la croix des chevilles ; il est travesty en paysant, agé d'environ 40 ans, taille d'environ 5 pieds, cheveux noirs tirant sur le gris (1), les yeux, sourcils et barbe noire, nd aquilain, bouche moyenne.

Le ci devant Vicaire de Quintenas, appelé Bésset, rode aussi dans les environs ; c'est une grande machine engendrée d'un coq et d'une oye. (sot et malin.)

Un ex capucin, cidevant missionnaire, agé de 35 à 40 ans, taille de 5 pieds 3 ou 4 pouces, assé jolli figure, se tient aussi habituellement dans un lieu appelé le buisson, paroisse de Satillieu ; ce domaine apartien à Roumesi.

Tous ces Vampires travaillent avec succès les habitants des environs et de nos mantagnes : ce qui achève d'exciter la surveillance, c'est que l'on m'a assuré que, Mourgue, officier municipal à La Louvesc, Régis Buisson, fils du maire, Astier de Fournet, Bergeron, et 18 personnes de la commune de Saint-Pierre Machabés, ont signé, à Satillieul, chez un homme appelé cy devant homme d'affaires, un engagement ou promesse pour fournir de l'argent et des hommes pour réavoir un Roy ; je n'ai pu me procurer autres renseignements sur cet objet.

Buisson Maire de La Louvesc n'est point assé conu, il est absolument contraire à la révolution, suivant plusieurs rapports, il tourne tout en ridicule, il a ainsi que Mourgue refusé de signer un aquit à caution pour le transport de deux septier de seigle, depuis le 23 brumaire, j'ay en main une preuve à conviction contre ces deux.

Ils s'aproprient le produit des domaines assé productifs, appelé, le domaine de Chérol, Mondout et l'ou Mâquy achete par feu Billon, ci devant curé de La Louvesc, pro-

(1) Je dis les cheveux seulement, c'est un peu gris, on ne croit pas qu'il en soit de même de la barbe,

duisant beaucoup de bled dont feu Billon a laissé à sa
mort le produit pour les pauvres et que Buisson Maire et
Mourgue, distribuent une partie à des êtres vallides, à des
femmes prostituées de La Louvesc et s'aproprient le reste.
On m'a assuré qu'il y a des bleds dans les domaines in·
diqués.

J'ajoute à ces renseignem n̄ts que la municipalité d'Annonay a écrit à celle de La Louvesc le 17 frimaire (7 décembre v. s.) et lui a fait passer Extrait des articles 1 et
2 de l'arrêté des représentans du peuple Collo d'herbois,
Fouché, Albite et Laporte en date du 12 frimaire, relatif à
la libre circulation des grains, avec menace de les dénon-
cer, nous n'avons eu aucune réponse ; ils ont persisté, ils
persistent et se f..... de nous.

(Pièce communiquée par M. Firmin Buisson.)

<h1 style="text-align:center">N° IX</h1>

<h3 style="text-align:center">ÉTABLISSEMENT DE LA CONFRÉRIE DU ROSAIRE</h3>
<h3 style="text-align:center">A LA LOUVESC</h3>

Le 2 mai 1777, Lettre du F. Thomas de Boxadors, professeur de théologie, humble maître général de l'ordre des
Frères Prêcheurs, établissant la Confrérie du Rosaire,
adressée aux Chrétiens :

« Loci vulgo dicti de La Louvesc et de Veyrines »
la Confrérie est érigée,

« In Ecclesiâ sub vocabulo Sanctæ Agathæ dicti loci, »

« Et vicarium Beatæ Mariæ Virginis de Vitrinis. »

En vertu de ces lettres, et du consentement de Mgr Jean-Georges Lefranc de Pompignan, Archevêque de Vienne, fut instituée... Frère N., le 8 juillet 1778, par Frère Jean Dominique Ponderoux, du couvent de Saint-Dominique de la ville du Puy.

Le 12 juin 1828, Mgr Bonnel, évêque de Viviers, érigea la même Confrérie à La Louvesc, en vertu d'un bref du Pape Léon XII, en date du 5 avril 1826.

N° X

ORNEMENTS DE LA GRANDE CLOCHE

1° Saint-Joseph couronné, nimbé, auréolé, tenant à la main un fascicule de lys.

2° Deux Cœurs accolés, (le Cœur Sacré et le Cœur Immaculé).

3° Saint Michel, les ailes étendues, avec cuirasse, brassards, jambards, cuissards, bouclier et épée, marchant sur le Dragon replié.

4° Les Armes de S. Sainteté Pie IX.

5° Les Armes de Mgr Delcusy, évêque de Viviers.

6° Les Armes des Noblet d'Anglure :

d'azur au sautoir d'or.

Couronne de Marquis,

Supports : deux Licornes,

Devise : Nobilitat Bellica Virtus.

7° Un quatrième Ecusson, ainsi composé :

De gueules à l'Aigle d'or éployée et couronnée, cantonnée de trois trèfles de même.

On a voulu représenter l'écusson des Régis de Gatimel ; or, les Régis de Gatimel ont pour armes :

Ecartelé au 1 et 4 d'or à trois couronnes ducales de gueules, au 2 et 3 de gueules à l'aigle éployée et couronnée, d'or, cantonnée de 4 trèfles de même.

On sait que dans tout écu à quatre quartiers répétés deux à deux, la 1re et la 4e places sont occupées par les armes de la famille, tandis que les armes de la 2e et de la 3e place indiquent l'alliance. On a représenté sur la cloche de La Louvesc es armes, non pas *des Régis*, mais *des Feraudi.*

Puisque nous en sommes sur les armes, les armes sculptées au-dessus des portes qui donnent dans le chœur : *D'or à la bande de gueules, chargée d'une couronne,* sont celles des Régis de Provence. Cette branche n'est pas celle de Fontecouverte qui a produit le Saint.

<h1 style="text-align:center">N° XI</h1>

LES SUPÉRIEURS DE LA RÉSIDENCE DE LA LOUVESC

PP.

Louis Sellier   du 1er oct. 1832 au 13 nov. 1833.
Philibert Guichenet — 13 nov. 1833 au 15 fév. 1835.

Pierre Rigaud	—	15	fév.	1835	au	16	août	1840.
Casimir Laurens	—	16	août	1840	au	15	août	1842.
Théofred Richard	—	15	août	1842	au	4	oct.	1846.
Jules Payan	—	4	oct.	1846	au	18	oct.	1849.
Pierre Rigaud	—	18	oct.	1849	au	13	juin	1854.
Uldéric Buffière	—	13	juin	1854	au	31	août	1857.
Joseph Delévaud	—	31	août	1857	au	8	sept.	1863.
Etienne Pascalin	—	8	sept.	1863	au	15	mai	1866.
Joseph Contamin	—	21	juin	1866	au	13	mai	1867.
Franç.-Xav. Nicod	—	15	juin	1867	au	20	sept.	1874.
Joseph Darlin	—	20	sept.	1874	au	26	août	1877.
Marie Cohanier	—	26	août	1877.				

Nº XII

HYMNE A SAINT RÉGIS

Composée par le R. P. Gourdan.

Intaminatas, nunc Pater ô Deus,
Attende cœlo Regisii vias,
Spectans et immensos labores,
Excipe nunc data vota terris.

Supplex ab annis hic juvenilibus
Sese supernis sacrat amoribus,
Nomenque dans inter sequaces
Ignatii, tibi certat uni.

Complexa Christum dulcibus osculis
Mens, ut fruatur, membra alligat cruci,
Nunquàm revellit fixa clavis
Perpetuis cruciat flagellis.

In mille pagos quis rapit impetus ?
Quem sorte vitæ non trahit improbæ ?
Quos nonperennis dux salutis
Æthereas dat ardore sedes.

Cursus beatos intolerabilis
Non bruma tardat, non via montium
Inhospitalis, non pruinis
Aut nivibus madefacta tellus.

Quamvis minaci fronte superbiat
Excsa rupes, vallis hiantibus
Apponat aut sese cavernis,
Hic celeres amor addit alas.

Si purpuratam Sanguine non datur
Cervice domptà tollere lauream,
Mors lenta, fletus, lucta jugis
Martyrii rapiunt coronam.

Verbi potentis flumine limpido
Quam tu rigasti protege Galliam,
Christi minister, das in arrham
Prodigiis radians sepulcrum.

Laus Summa Patri, Summaque Filio,
Sit par et albo laus quoque Flamini,
Quo mirà incensus Joannes,
Præco novus, populos docebat.

N° XIII

O nimis felix La Lovesca, plaude,
Ossa quæ servas pretiosa Regis,
Cui caput sacrâ redimere lauro
    Gestit olympus.

Hic Deo plenus, teneris sub annis,
Concipit magnos animo triumphos ;
Major et mundo, peritura quæque
    Gaudia calcat.

Mox novus Christi capit arma miles,
Tartarus frendet, vitium fugatur :
Quot vivit pugnas, totidem tropæa
    Fama recenset.

Efferos cultus hominum reformat ;
Grandibus dictis domat obstinatos ;
Grandior quamquam traheret silendo
    Moribus omnes.

Sævæ quæ rupes ? quod iter ferarum
Huic inaccessum ? quod inhospitale
Littus ? ut possit tibi Christi plura
    Corda lucrari.

Pauperum viles casulas pererrat;
Hos bonus curat Pater atque nutrit,
Vestit et nudos veluti sub illis,
    Christe, lateres.

Mors venit tandem, toties vocata ;
Pauperum cinctus moritur coronâ.
Vivit at cœlo ; cinis et jacentem
    Altius effert.

Dive ! nos, vultu placido, precantes
Cerne, dùm regnas solio perenni,
Insidens astris, animumque toto
    Numine mergens.

Patris et nati, Paracleti
Summum Numen, duce quo phalanges
Vicit infernas animosus Heros,
    Mundus adoret.
      Amen.

TABLE

PREMIÈRE PARTIE

La Louvesc.

SECONDE PARTIE

Saint Régis à La Louvesc.

CHAPITRE PREMIER

CHAPITRE SECOND

CHAPITRE TROISIÈME

CHAPITRE QUATRIÈME

CHAPITRE CINQUIÈME

CHAPITRE SIXIÈME

APPENDICE

I

II

www.ingramcontent.com/pod-product-compliance
Lightning Source LLC
Chambersburg PA
CBHW051529060726
47597CB00001B/210